第2卷

NANYA DONGNANYA YANJIU JIKAN

# 南亚东南亚研究辑刊

成汉平 潘远洋 主编

中国出版集团
世界图书出版公司

图书在版编目（CIP）数据

南亚东南亚研究辑刊.第2卷/成汉平，潘远洋主编.
—广州：世界图书出版广东有限公司，2014.8
ISBN 978-7-5100-8459-1

Ⅰ.①南… Ⅱ.①成… ②潘… Ⅲ.①南亚—研究②东南亚—研究 Ⅳ.①D73

中国版本图书馆 CIP 数据核字（2014）第 192704 号

## 南亚东南亚研究辑刊（第 2 卷）

**策划编辑**：刘正武
**责任编辑**：程　静　张东文
**出版发行**：世界图书出版广东有限公司
　　　　　　（地址：广州市新港西路大江冲 25 号　邮编：510300
　　　　　　网址：http://www.gdst.com.cn）
**联系方式**：020-84451969　84459539　　E-mail：pub@gdst.com.cn
**经　销**：各地新华书店
**印　刷**：虎彩印艺股份有限公司
**版　次**：2014 年 8 月第 1 版　2016 年 1 月第 2 次印刷
**开　本**：880 mm × 1230 mm　1/32
**字　数**：212 千
**印　张**：8.25
ISBN 978-7-5100-8459-1 / Z・0078
**定　价**：35.00 元

版权所有　侵权必究
咨询、投稿：020-84460251　　gzlzw@126.com

# 目 录

## 语言研究

浅谈越南"八月革命"诗歌形式的发展 …………………方晨明 / 3
对老挝语汉语翻译的理论思考 ……………………………曾文斌 / 32
雅利安语在印度 ……………………………………………秦庆冰 / 47
老挝地名的命名理据及翻译策略 …………………………杨 玙 / 64
浅谈泰语中的动物熟语 ……………………………………李 露 / 76

## 文化研究

浅议汉语和越南语中数字"二"的文化含义对比
　………………………………………………栾育惠　苏武成 / 93
越南日常生活民俗文化特点管窥 …………………………张 飞 / 101
新加坡华人神灵崇拜的形态、演变、特征及社会文化功能
　…………………………………………………………张 跃 / 113
越南影片中的战争受害者解读——以 1990—2010 年间的越南电影
　为例 ……………………………………………………宦玉娟 / 125
从历史沿革看老挝民族思维的两面性 ……………………董泽林 / 140
浅谈缅族服饰文化 …………………………………………宁 威 / 150
浅析越泰槟榔文化之异同 …………………………………陈家健 / 161

## 地区安全问题研究

浅析印尼政府处理亚齐民族分离运动对我启示 ………… 龚益波 / 173

安贝德卡尔与印度新佛教运动 ……………………………… 张洪雷 / 189

浅析印巴核军控的现状与挑战 ……………………………… 陈伟明 / 202

印度东北部地区的安全问题 ………………………………… 陈　伟 / 214

浅谈泰南穆斯林的现存问题 ………………………………… 刘学成 / 224

从我军参加 2014 年度"金色眼镜蛇"联合军事演习看中泰军事安全
　合作制约因素 ……………………………………………… 潘远洋 / 235

冷战后东盟区域内海上军事安全合作的基本态势分析
　………………………………………………… 贺利　虞群 / 243

# 语言研究

# 浅谈越南"八月革命"诗歌形式的发展

方晨明

>**摘　要**：综观"八月革命"越南诗歌体裁的发展十分丰富，与之前各时期相比，该时期的诗歌是最丰富多样的。其特点是内容与形式的和谐统一逐渐得以在诗歌中实现；诗歌表现形式日益完美，具有民族性和大众性；民族诗歌形式的优良传统得以发展，一些单纯为了艺术、用词过分考究、形式主义、崇洋媚外的现象渐渐被淘汰；抗战诗歌有一种真实、简单、纯朴的美；抗美救国诗已经在现实和理想，平凡和伟大，个体和整体间良好结合并获得和谐统一；抗战时期的自由体诗得到迅速发展。
>
>**关键词**：越南"八月革命"；诗歌；体裁；特色

1940年9月日本入侵越南，越南人民掀起抗日反法斗争。1941年6月，越南独立同盟（简称"越盟"）成立，团结全国人民，开展武装斗争，在越南北部建立革命根据地。1945年初，抗日救国运动渐趋高潮，共产党和越盟控制的解放区逐步扩大。在世界反法西斯战争即将胜利的形势下，1945年8月12日越盟发出起义令。8月13日至15日，越南共产党在宣光省新潮召开全国会议，决定集中力量，统一指挥与行动，及时发动起义。8月

15日，日本投降。8月16日至17日，越南独立同盟在新潮举行国民大会，提出夺取政权、在完全独立的基础上建立越南民主共和国、武装人民和实行民主改革等的十大政策，选出以胡志明为主席的民族解放委员会和以武元甲为主席的起义委员会，决定在盟军开进越南之前从日军手里夺取全国政权。河静、广义两省人民首先发动起义。同年8月16日越南解放军攻克太原，揭开起义序幕。8月19日，河内人民起义，夺取政权。8月23日，中部古都顺化起义，25日南部大城市西贡起义相继胜利。从8月17日至28日，全国有60个省市先后起义，从南到北建立了新政权。8月27日，越南国民大会决定成立越南民主共和国临时政府，推举胡志明为主席。8月30日，阮朝末代皇帝保大在顺化宣布退位。"八月革命"在全国范围内取得胜利。9月2日，胡志明代表临时政府在河内巴亭广场庆祝大会上宣读《独立宣言》，宣布推翻长达80年的殖民统治和上千年的封建专制制度，取消法国在越南的一切特权，并宣告越南独立和越南民主共和国成立。"八月革命"开辟了越南历史的新篇章。

## 一、越南"八月革命"诗歌的特点

"八月革命"的成功为诗歌的创作开辟了一条新的道路。在封建社会统治多年后，越南人民已经冲破所有的枷锁，越南民族已经获得自由。新生活为诗歌创造了极为有利的条件，引领诗歌从旧时代的崎岖小道中走了出来。诗人的崇高理想是能为革命斗争事业服务。诗歌的内容并不倾向于描写个人资本主义中孤独的内心世界，而是革命群众的劳动创造。

新的内容为诗歌带来了新的表现形式，总的来说，从"八月革命"之后诗歌的发展趋势有如下特点：

（1）内容与形式的和谐统一渐渐得以在诗歌中实现。在"八月革命"的初期,诗人们还使用旧的表现手法。

（2）表现形式日益完美,带有民族性和大众性,民族诗歌形式的优良传统得以发展,一些单纯为了艺术、用词过分考究、形式主义、崇洋媚外的现象渐渐被淘汰。

（3）诗歌的多种风格得以发展。创作个性可以体现在内容和形式上。粗犷、不严谨的现象也渐渐得以克服,表现形式的创作性质日益明显。

（4）诗歌类型的扩展。一些传统形式恢复使用,多种新形式又不断涌现。形式服务内容的规律能被充分运用,使形式更符合内容。

上述诗歌形式的特点在不同的革命时期以及不同的作者身上表现出的程度都是不一样的。

虽然在革命初期诗歌仍带有规约性和象征性,但是此时的诗句带有革命斗争胜利的高昂斗志,还带有人们刚从黑暗冲向光明的陌生感。这个时期的诗歌虽然不吝惜情感歌颂了革命理想和自由生活,但缺乏对新生活和人的具体描写。在歌颂新制度时,诗人还带有主观感受,使用规约形象和象征手法。像其他诗人一样,春妙在《国旗》和《山河颂》中也是运用了旧的表现手法来表达新思想和新情感,正因如此,使得形象诗变得笼统,难以勾起情感的共鸣。

> Cờ bay sáng! Cờ bay hồng! Rạng rỡ!
> Hỡi dân Việt! Cờ của ta vẫy đó
> Tiến lên! Tiến lên! Theo sứ mạng non sông!
> Cờ là ta, là dân chúng, cờ mọc tựa vừng đông
> Sống hay chết chẳng nhục dòng giống Việt
> Dân là nước, nước là ta đã quyết!

Kìa sao vàng máu đỏ đã cao treo!
飘扬的黛青旗!飘扬的红旗!艳丽夺目!
越南民众!我们旗帜在召唤!
前进!前进!祖国的使命!
旗帜即我们,即民众!旗帜升起靠红日!
生与死不辱越人宗族,
民众即国家,国家即坚定的我们!
那金星红旗高高飘扬!

一些诗人如制兰园、辉瑾、阮春堂等都倾向于进行诗歌创作以服务革命。但由于深受宗教形而上学的影响,所以还有很多陈旧的思想和表现。处在世纪中期,辉瑾感受到了新生活正在崛起,而旧制度也即将分崩离析。辉瑾的诗句也多少运用了象征描写的手法,并且在革命前带有形而上学的特点。

Nằm giữa lòng thế kỷ
Nghe bay thoát lên từ lòng thế kỷ
Dòng tâm tư ấp úng buổi tiền thân
Nghe xương sống ca bài ca hùng vĩ
Của ngàn muôn thế hệ ngẩng lên dần
躺在世纪的中心
感觉从世纪的中心摆脱
神志哽咽前身
听脊椎赞颂雄伟之歌
千万代人渐渐昂首挺胸

就如同阮春堂的喜悦之情,淡淡的喜悦分散在模糊的认识上,诗的形象得以根据主观联想而结合。

Ta khát vô biên ngọn sóng vang
Ta mừng hội gió lúc lên đàng
Ta hát vô biên trên sách mới
Và trên thế giới đượm tràng giang
咱渴望无垠的浪尖咆哮
咱喜欢风上路之际
咱在新书里纵情歌唱
且世界上还有长江

  该时期的诗歌语言还表现出热闹喧嚣，有时甚至空洞浮泛的特点。政治和生活的新词汇也得以运用到诗歌中，但少了几分圆润。各类型的诗歌并没有太大的变化。通过实例，我们清楚认识到诗歌的形式和内容并不相符。之所以会出现这个现象是因为形式的改变通常比内容慢，更为重要的是诗人对于新生活的理解不够深刻，一些陈旧的艺术观点还在支配着他们的想法和表现。

  上述的限制在以 1930—1945 年革命斗争为题材的诗人身上比较不明显，代表诗人是素友。有些作者的诗作既不属于上一辈的体系，也没有明显表现出上述弱点。事实上，那正造就了简易、清新的诗歌与受古代诗歌影响、用字考究的诗歌交错并共存的现象。

## 二、抗战初期的越南诗歌简约真实

  从全国抗战开始，是一个到处常年战乱、生活艰辛的年代，诗人们已经对形式和内容都进行了改革。战争奇妙的发展步伐，以及群众在生产和战斗中所起到的先锋作用，对文学提出不少重要的问题。群众是革命的核心，力量雄厚，那么文学艺术是否是脱离人民群众的一种活动呢？写给谁，怎么写是创作中最直接、具体的问题，批判资本主义文学艺术的争论也涌现出来，艺术家们已经走上了革命的道路还要继续"认路"，在抗战初期文学艺术氛围十分浓厚。思想和内容的重要变化决定了文学形式的发展，特别是诗歌的形式。诗歌，原本是被看作容易脱离现实生活的文学类型，已经成为革命群众亲近的好友。正是在该时期内，诗歌形式的发展特别迅猛。群众不仅仅是读者，更是参与诗歌创作的人。诗歌队伍里的所有人，包括专业和非专业的诗人，都对诗的发展做出了这样或那样的贡献。诗歌自由发展，诗没有押韵，军队里的诗、企业板报上的诗、合唱、快板、独奏等形式已经十分普遍。诗歌是生产和战斗的动力来源。虽然诗歌的形式变化多样，但总的来看有以下几个基本要素：

（1）诗歌日益彰显出简单真实的美，一些单纯为了艺术、用词过分考究、形式主义、崇洋媚外的现象也渐渐淡出；

（2）各种形式的民族诗歌的优良传统得到开发和发展，非常符合创作需要体现的爱国情怀。

追求诗歌简单真实的过程，也是与形式主义做斗争的过程。也正是民族艰苦而光荣的斗争决定了这个转变，正如济亨对该时期自己作品的思考一样：

> 从一开始到1948、1949年，我写的大部分作品都是抽象并且远离人民群众战争实际的，比如为了纪念入党日：
> 
> Sang bờ tư tưởng, ta lìa ta
> 
> Một tiếng gà lên, tiễn nguyệt tà
> 
> 到达思想的彼岸，我们彼此分离
> 
> 一阵鸡鸣，弯弯的月为我饯行

抗战诗歌为越南留下了很多有价值的作品，内容真实丰富，形式简单清新。诗歌的形象和语言十分熟悉，贴近生活，就如同我们每天在生活遇到的一般。战线上的战士、工人、参加抗战的母亲、女游击队员、儿童联络员，这些形象都被记录到抗战诗歌中。军民之情、战友之情、同志之情，同胞团结一致，相亲相爱，如同蚕丝般。抗战诗歌同时也肯定了表现艺术的新审美标准。在抗战初期，形式主义、唯美主义仍在一些诗歌中出现。个人英雄主义、小资产色彩经常在诗歌中以一种考究的形式和浮华空洞的词语来表达，比如"迷运会"、"妖娆芬芳"、"英雄债"、"万里鞋"、"长征尘"、"琉璃后跟"、"镇御"、"冤仇"、"巍峨"、"辉煌"、"容颜"等。抗战诗歌是在内容和形式上对民族传统诗歌进行开发和发展的。抗战歌谣发展较为成熟，演歌得以运用精湛的艺术水平。诗人们巧妙地将现代性与民族观念结合一起，将《金云翘传》、《征妇吟》和民歌歌谣的气息运用到自己的诗歌中。诗的形象十分熟悉、亲近，诗的语言充满了传统的韵调。素友的《越北》诗集就结合了以上优点。英雄爱国主义通过一些典型的感受和美好的人物形象得以具体表现出来，特别是妇女，从《开路》中的妇女，《老妇人》、《母亲》中的母亲形象，到《越北》中的姑娘。

我们从诗歌中看到了妇女在家事国事中能干的一面，辛勤劳作，富有同情心，有越南妇女传统的品行和观念。

诗集《越北》的成功并非偶然，与素友革命前的创作是密不可分的。从诗人进入革命生活后，素友的诗魂已经和时代发展的步调保持一致。素友并不受限于前一辈诗人所创造出来的成熟规律，他跨出了代表"八月革命"诗人新一代勇敢但并未稳固的第一步。除了素友的诗作外，这一时期很多作品都反映了民族性格，如阮亭施的《祖国》，济亨的《宁顺的妇女》，新色的《登禁山》，陈友椿的《拜访水稻》，姜有用的《行军》，英诗的《武凌记事》，黄忠聪的《开地歌》，黄禄的《探友》，洪原的《思念》，明惠的《今夜胡志明不入眠》。秀肥的《抗战中的笑脸》在打破内容和嘲讽类诗歌的形式上发挥了民族本色。抗战诗歌有一种真实、简单、纯朴的美，但还不够丰富。诗歌的潮流有宽度但还没有深度，取得了很多令人瞩目的成绩，但并不均衡。诗中的形象很多时候还略显简单粗略。上一代诗人在新的实践中也逐渐成长起来。春蚕食桑已经开始吐丝结茧，但还没到收获丝的季节。新生活经验、新感触、新思想的累积过程是一个复杂的过程，根据情感与理智的和谐规律、思想从量变到质变规律而发生变化。济亨写得一手好诗，但他也不得不承认："我的摸索可以说持续了整个抗法战争时期。"

如果和今后的诗路比起来，辉谨的作品并不多，他解释道："我那时的内心世界并没有萌生什么新的情感要素，在诗歌创作中思想必须与情感一道变为唯一的心理状态，在催促之下才会有新的作品。"

制兰园的《致同志们》描写了真实生活的本质和战火纷飞的不安，但还缺乏创造力的深度。春妙同样受到旧的表现手法规律的支配，虽说他的作品较多一些。

从一个脱离现实的艺术观念到与生产、战斗的实际生活紧密联系，从把艺术当作一个只有少部分人可以享受的奇妙的精神产品到把艺术作为革命群众的精神食粮——这个转变的过程并不是单一的，有时会从这一极发展到那一极。创作诗歌中的简单粗犷现象也曾经在上一代诗人中出现过，这些诗人曾经被当作是"老练艺术"的诗人。

### 三、抗战时期的诗歌"与新的实践一起成长"

回到诗人和"八月革命"一起成长的话题，我们发现有不一样的表现。他们没有走"和新的实践一起成熟"的道路,而是走了"和新的实践一起成长"的道路。两条不同的诗路引向了同一条道路。在抗战时代,阮庭诗创作了大量关于战士和民族斗争的诗作。诗集《战士》在形式上就较为新颖,新颖在于还带有体验的意味。阮庭诗在格律原则上并没有被定律或者习惯所束缚,但仍知道在形式上保持正确的规律。《战士》中的很多诗篇都是自由体诗。诗的节奏灵活而顺畅,形象得以甄选,思绪沉淀而没有蔓延。在形式上,阮庭诗的诗已经从自由体诗发展到无韵诗,这也引起了广泛的讨论。实际上韵仍是一把利器、一种有效的表达方式,但应避免受到韵调的束缚。阮庭诗可以根据无韵诗来创作最终写出好诗。

一些别的诗人如黄中通、光勇、政友、武高、陈友椿、姜有用、明惠等,也有不小的贡献。特别的一点是,一些诗人已经在创作生涯中达到了巅峰。我们想起了黄中通的《何时归来》和《开荒之歌》,光勇的《西进》,黄琴的《天德江的另一头》,明惠的《今夜胡志明不入眠》,陈友椿的《拜访水稻》,姜有用的《行军》,农国振的《回乡》等。有时提起抗战时期的诗歌,我们会从作者想到了社会运动。上一代的诗人正身处改革的环境中,并为自己创建新的风格。和"八月革命"一起成长的诗人处在了形成风格的大环境下。

广泛地说,所有的抗战诗歌都是一种大的风格,每位诗人都为此做了贡献。这种创作风格,在人民步入社会主义建设高潮时通过典型的笔法而发展到了一定的高度。对于革命后创作过程的思考,辉瑾想到了1958年,在这一年,作者的《诗魂》仿佛是最后一滴水将瓶子注满:"深入矿区不仅激发了我之前的情感,还开花结果——《天越来越亮》诗集,在那之后又推出两本诗集《开花的土地》和《生活的诗篇》。"

在1958—1965年间，春妙也连续出版了多本诗集，《个性与共性》(1960)，《握手，金瓯角》(1962)，《一片红》(1964)。别的诗集也在陆续出版中。济亨的《南方之心》、《致北方》、《浪声》、《相亲的两半》，制兰园的《阳光与泥沙》，阮庭诗的《黑海之歌》，黄中通的《我们的旅程》、《船帆》等。除此之外，还有很多别的诗人在该时期内出版了诗集，如阮春堂、范虎、元鸿、彭士原、征唐、明惠、姜有用、远方、春黄、桃春贵、永梅等。

成批作品的诞生标志着诗歌的发展迈出了重要的一步，这也是现代诗歌从未出现过的盛况。这并不是偶然的成功，而是由于在10年革命中对于情感、思想、生活经验和表现技术的长年累月的积累和变化的过程。

这个文学现象证明了上一辈的诗人已经在新的实践中成熟起来，在创作过程中有很高的质量；同时也证明了和革命抗战一起成长起来的诗人已经形成了一支庞大的队伍。美好的成长结果是在形式和内容上出现了各种诗的风格，事实上很多风格已经形成并改变和发展。

在写了《越北》后，素友写了《狂风》，从《从那时起》到《越北》再到《狂风》，素友诗的风格已经发生了很大的变化。

素友诗中主要的情感是和民族生活中的一些代表事情密不可分的。理想强大的吸引力总是在时代和战争的最前沿，真挚深厚的情感，珍视并歌颂人生的美好给素友带来的特别品质。素友的诗在普及和提高之间，民族传统和现代性之间，简约和丰富的创作能力之间，情感和言语之间深刻结合。从《从那时起》到《狂风》，素友的诗作风格得以日益开阔，境界也有所提高，歌颂生活中源源不断的美和力量。而他的诗作中思想性和概括力也与生产、战斗生活的人们的形象和心境的联系日益紧密起来。

从《致同志们》到《阳光与泥沙》，制兰园已经迈出了很大的一步。《阳光与泥沙》更倾向于描写人物的内心世界。他找到并肯定了联想和斗争中新的、现代的东西，并弃用旧的、过去的东西。他的诗容易引起读者的共鸣，时而深切浓厚，时而惆怅孤单。他的诗富含情感和思考，诗的形象富有创造性，运用很多新颖的联想和对比。在写了《阳光与泥沙》之后，他的诗句承载的思想越来越沉重，语言也越来越自然流畅。

在革命前，辉瑾对于惆怅和孤单的情感十分敏感，而今他的诗言语仁厚，深切联系着新生活。他的诗又有了新的起色，成熟却富有活力，在智慧和情感、在真实人生和浪漫理想间巧妙结合。辉瑾的诗少了几分热切和浓烈，他的诗几乎没有什么改变和发展。

在革命后，春妙写了很多诗，并不断摸索创造。他的诗充满了对革命和生活的热情。他的诗句似乎在变化，在突破，在变开阔，在变形式和内容上愈加深入。他的诗有不变的东西，也有变化的东西，有出彩的地方，也有略显粗糙的地方，在形式和内容上还少了几分抑扬顿挫。

济亨的诗言语热情，情感温暖。他在统一斗争的题材上大获成功。他诗里的情感并不单调，在新理想的光芒下萌生了更多的情感。他的诗的情感并没有限制他反映现实的能力。

阮庭诗的诗十分有号召力，理智的气息偏沉重。对于代表性情感和形象的甄选，理智的认知能力给阮庭诗的诗带来不一般的魅力。他的诗集中于形象和感触，言语和结构相对严密（如《祖国》《黑海之歌》），然而他的诗缺乏一种出于本能的沉醉，在充满生活的孕育下，诗难免受束缚。

黄中通从《我们的旅程》到《船帆》，已经"自我"肯定了一种艺术创造风格，他的诗紧凑而有力量，带有浓厚的生活色彩。黄中通的起点就是现在，他很少谈到过去，他的诗也很少提将来。他的诗缺乏让人为之沉醉的东西。我们还可以总结很多诗人的创作风格，如英诗、农国振、斑才矑、刘重庐、姜有用、玄骄、陈友椿、征唐、元鸿、范虎、明惠等等。上述诗人都有可贵的品质，英诗情感细腻开放，农国振纯朴浓厚，斑才矑朴素真诚，刘重庐强烈热忱，陈友椿质朴而清新，征唐辗转反侧、探寻，元鸿苦苦冥思，范虎彷徨、创作，明惠简单成熟。

"八月革命"后诗歌风格的形成，对于越南诗歌来说在内容和形式上都前进了一大步。获得如此大的成就，是因为诗人在思想、情感、生活经验和表现技术上长期积累和经过严谨的锻炼。

## 四、抗美救国时期爱国爱社会主义的诗歌

第二次民族抗战（1961年）在奠边府大战胜利十年后爆发。越南人民带着强烈的爱国情怀、坚强不屈的优良传统和勇敢的精神再次步入无比光荣的历史任务中。越南人民是突击队，是进攻先锋，是历史支点，越南已经粉碎了美帝国主义的侵略，粉碎时代最凶暴的敌人的阴谋。美好的事件、勇敢的榜样、可爱的人们，每天都出现在这片可爱的土地上。革命英雄主义也达到了最高峰，带有十分丰富的内容，有着强大的动员力量。光荣传统中一些美好的事物在更高的新阶段得以延续，而这是以十年社会主义建设为基础的。抗美救国为诗歌的发展开辟了一条新的道路。在抗战初期，艺术家们就意识到了在历史最神圣的时刻自己对于民族对于时代的责任。抗美的枪炮声响起，充满歌颂和仇恨的诗歌也同步响起：

> Yêu với căm hai đợt sóng ào ào
> Vỗ bên lòng và dội mãi tới trăng sao
> 爱与恨交织，如两重喧腾的浪潮，

击拍着我们的胸膛，在夜空中回响。

（春妙）

  诗歌发挥了及时的战斗性和灵敏的实事性。在仇恨的战火上，在每一颗爱国心中，诗歌无处不在。描写生活许多不同的方面，从对抗敌军军机的战斗到建设一座桥梁，从阵地上的司机到田野上的女游击队员，从战斗中的欣喜之情到分别时的留恋不舍。抗美诗歌在初期便肯定了诗歌新发展阶段取得的成就。

  抗美救国诗深刻表达了爱国、爱社会主义的思想，一股新力量深入到诗歌中。那是对旧时传统、对当下胜利、对未来信心的自豪。抗美救国诗是抗战之歌，诗性和钢性相互交融，对革命乐观的态度超越了损失的伤痛。思想上没有任何限制，比如抗法战争初期的诗歌，或者和平年代祖国统一斗争诗歌。抗美诗歌带着远大的理想，充满了战斗性，真实却不粗略，提及生死别离却不是一味沉浸在悲痛中，肯定信心和梦想却不是一味幻想。

  革命英雄主义是主要的内容和情感，得以用多种不同的方式去诠释和表达。可以有很多不同的观察角度和欣赏方式，但可以明确的是所有都为了一个唯一的目标。爱国主义在社会主义思想的基础上得以提高。阶级基础创造了情感的深度和有关民族观点内容的灵活性。

  诗人内心忧虑的是如何才能在最光荣的历史时刻表现出越南人民的性格和精神，如何诠释过去、现在和将来之间，民族的斗争和时代发展之间的既具体又无形的羁绊。除了一些描写真人真事的诗歌如阮文崛、阮写春、陈氏里、阿穿的母亲等等，越南有描写战争前线上人物的诗歌，描写了高射炮战士、工兵战士、女游击队员，也有诗人想要对祖国和英雄人物的印象在创作中进行概括。

抗美救国诗明显体现了理想和现实，平凡和伟大，总体和个体，现实和浪漫等的结合。以上范畴在诗歌中，在对立和谐的关系中比比皆是，但并非总是这么和谐。在革命前，诗歌中仿佛有很多永远的对立面，革命带来了很多现实的基础和辩证的观点，使诗人在这些范畴中看出统一性。这是对于原理和可能性来说，实际上诗歌的发展也会在某一时段呈现出参差不齐的特点。抗美救国诗已经在现实和理想，平凡和伟大，个体和整体间良好结合并获得和谐统一。

每天理想都在变成现实，而每天现实也会为理想插上翅膀使其飞得更远更高。战斗十分伟大而具体的一点是它深入诗歌中，并成为诗歌稳固的基石，又同时保持诗意的纯洁。从这样的现实展翅飞向美好的理想和梦想。很多上一辈的诗人也如同新生的诗人一样，注意培养自己诗歌中生活的实际性和理想的诗性。春妙很注重将生活实际写入诗中。黄忠聪则是从现实的基础将诗意体现得更淋漓尽致。素友、辉瑾从共性中表露出明显深刻的个性。春妙、制兰园则是一开始从个性中找寻到普遍的共性。

抗美救国诗继承了南方革命诗歌的积极传统并不断发展。江南、青海、秋盆、黎英春的抗美救国诗体现了热切深沉的情感和英雄主义。如果没有注意到题材和作者的创作风格，那么将很难区别南方革命诗歌和北方的抗美救国诗歌。另一方面是，祖国统一斗争的诗和打击美军、伪政府的诗一样，也是直面打向敌人。以上条件都为诗歌进入抗美救国时期取得出色成就奠定了基础。

在《上阵》、《血与花》等诗集中，素友仍然坚持和发展传统诗歌的风格，在构思上也维持了对立面的和谐，思考和政论要素得到了加强。制兰园的抨击敌人的诗如《百日花》、《报凤鸟》肯定了诗歌风格的新发展。从伤悲的盆地到喜悦的田野，制兰园在诗中深刻表现了革命英雄主义。智慧和思考得以培养和提高,作为形象诗的中心。除了七言四绝诗清新充满感情色彩之外,制兰园的形象诗很多时候陷入了理智的泥潭中。辉瑾的《60年代》、《近战场》努力将战场生活的气息带到诗中。在思考和政论得到加强时,诗的形式也会有变化。诗集《两个手掌》对少儿诗歌做出了不小的贡献。春妙的《两行波涛》、《我的双眼》,能维持着在日益丰富的题材上的情感充盈的舒畅气息。从《一片红》到《两行波涛》,春妙努力通过创作实践来肯定自己提倡的观念,但在春妙的作品中很多时候会将实际生活和粗略的材料混淆。济亨的《新的赞歌》是诗歌发展的一个新标志。济亨的实践有一些获得了成功,也有一些不幸夭折。

政友凭借着《枪与月亮》为自己创造了一种新的创作风格。政友的诗既深刻刻画了人物形象,同时又隐藏内心的想法。语言的含蓄性、调律的短促坚定,形成了与内容相符的形式。《枪与月亮》集合了政友十五年的诗,其中在全国人民情绪亢奋下写出的抗美的诗歌在气势上略胜其他诗歌一筹。从《船帆》到《波澜》,黄忠聪努力创作力求更进一步。他的诗与战斗、生产的实际紧密相连,但同时想象力也使诗的档次提高。农国振对于实事有很强的敏感性。他的诗既朴实无华又展开想象进行概括,农国振保持了有个人特色、清新的诗意。全民的抗美救国事业给诗人带来了很多感触,如同正在燃烧的火把照亮诗人的内心。刘重庐的《筝江的姑娘》,英诗的《白色的菠萝花》,阮春睦的《滨海故乡日记》,在每个人的创作历程上都画下了浓重的一笔。刘重庐的诗包含深情和诗意,但在内容和形式上略显陈旧。英诗的《白色的菠萝花》仍有七言四绝的踪迹,但明确的是同《玉岛》相比更贴近生活,并且情感更加真实和强烈。春黄、征唐、彭士原、明惠、阮写览、玄骄、范虎、梁安都付出了自己的努力。

值得注意的是,抗美诗出现了一股十分年轻的力量。时代的诗兴在崛起并影响着每一个人。除了众所周知的作者外,报纸上刊登了很多新人的诗作。新力量的诗大多感情丰富,真实且新颖。战斗中的喜悦,美好的一次纪念,疼痛的伤口和满腔的仇恨,对生活诗意的一瞥等都是诗绪的起点。年轻一代诗人的诗很少受到陈词滥调规约的束缚,情感也不会受理智影响,他们的作品清新,充满梦想和纪念的喜悦。

许多诗人几十年来与前线紧密联系并一同成长,从江南、清海、秋盆,到年轻一代如阮科恬、青草、杨香离等等,还有一些参加斗争的诗人如友请、范进聿、阮维、阮德茂、黄润琴、王重等,女诗人如春琼、林氏美夜、意儿、潘氏清颜等,河内及和平年代后方的诗人如鹏越、武群芳、武文直、吴文富等。可贵的是,在抗美战争时期涌现出来的诗人已经通过有价值的作品做出了不小贡献,如江南的《家乡》,清海的《你的墓地鲜花盛开》,范进聿的《月环与火晕》,阮科恬的《郊区》,春琼的《老挝热风和白沙》,阮维的《白沙》,友醒的《到城市的路》,青草的《到海边的人们》和秋盆出彩的叙事长诗。在抗战结束后,他们将会是20世纪末诗坛的中坚力量。战士诗人如阮维、秋盆、友请、范进聿等,女诗人如意儿、春琼、林氏美夜在革新时期对诗歌的发展都做出了重要贡献。

### 五、抗战时期自由体诗得到迅速发展

革命抗战初期,自由体诗得以普遍运用来体现革命和抗战的热情与激烈。这个时期的自由体诗与新世纪的自由体诗是有区别的。前一个阶段的自由体诗很多时候带有内容的主观秩序性。革命后的自由体诗有丰富的内容和强盛的生命力,仿佛要从纸张上的每一行字涌出一般。它决定了陈梅宁的《忆鲜血》、《祖国

情》、陈玄珍的《海防1946年11月19日》,鸿原的《想念》和黄忠聪的《开地歌》的调律。素友在《从那时起》还没有开始写自由体诗。他的《香江歌声》、《胡志明》等诗歌体现了豪放不羁的文风,但这只是个别现象。他几乎所有的诗都是按照古诗和新诗的类别来进行创作的。在诗集《越北》中,素友写了很多自由体诗,从革命和抗战初期写的《冷漠》、《蓝色的夜》、《在荒凉的城市》,到抗战末期的诗如《欢呼奠边府战士》、《我们到了》等。之后的诗集有《狂风》,还有很多有价值的自由体诗。通过以上的自由体诗作,读者可以看到自由体形式得以正确运用,即形式服务内容。他的诗句得以扩展,因为内容的原因格律已经被破坏。

陈玄珍运用长短诗句结合大量的叠词来描写《海防1946年11月19日》的紧张气氛。特别是陈梅宁的《祖国情》和《忆鲜血》。《忆鲜血》的脉络感很强,迸发出革命、鲜血、火焰、信心和胜利的紧张气氛。作者已经可以灵活运用形式来服务斗争和革命内容的表现要求。这种形式在1935—1940年公开诗歌中表现的消极心态是不能有也是不符合的。

自由体诗不断发展,很多时候发展成无韵诗。无韵诗是自由体诗的一种。自由体诗在节奏和形象的基础上建立内容。无韵诗也是在节奏和形象的基础上建立内容的。无韵常常会限制诗的和谐韵调,所以大部分诗人只是在特殊的场合选择不押韵。

1950年春天关于阮庭诗在《越北》无韵诗的争论,已经说明了诗歌形式的基本转变。阮庭诗勇敢探索并创造诗的表现形式。他有些时候获得成功,而有时候他的工作带有体验的性质。但提出的更广的问题是,诗歌表现形式的扩展如何能符合表现新生活新人民的要求。大家都清楚诗歌形式的创作规律是形式必须符合并且不能限制内容的表达。自由体诗在内容要求时是必要的,同样无韵诗也可以被接受。但并非所有题材、所有情感、所有构思都符合自由体诗。另一方面，越南还有很多别的体诗，它们经受了时间的考验，深受人民的喜爱。各种体诗如六八体诗、二七体诗、四言、五言、六言、七言、八言等，这些在古诗和现代诗中都得到了普遍运用。比如《越北》中的28首诗，有3首诗按四言写的，4首按五言来写，3首按七言来写，7首按自由体诗来写，11首按六八体和六八变体来写。这个比例说明了民族的各种体诗都得到了重视和发展，实际上没有哪一种体诗是被遗忘的。四言在之前的诗很少被用到，但在《越北》中却有表现多方面的能力，有时质朴如歌声一般：

> Voi là voi ơi
> Voi ta đầu thép
> Voi cong chân đẹp
> Voi nghểnh voi cười
> 大象呀大象，
> 我们的大象如钢铁一般，
> 漂亮的弯弯的四足，
> 仰起头来笑。

有时通过具体集中的描写来烘托欢快热闹的气氛，例如在《越北母亲》：

> Cờ treo đỏ chói
> Trên nóc trên cây
> Phi lè inh ỏi
> Suốt đêm suốt ngày
> 悬挂的红旗耀眼，
> 在屋顶在树上。

喧闹飘扬，

日日夜夜。

特别在《拾取》中，四言诗句因叠词而更具诗意，有特别的格调，生动描写了一个小联络员的形象：

> Chú bé loắt choắt
> 
> Cái xắc xinh xinh
> 
> Cái chân thoăn thoắt
> 
> Cái đầu nghênh nghênh
> 
> 矮小的男孩，
> 
> 漂亮的提包，
> 
> 快速奔跑的小脚丫，
> 
> 脑袋到处摇晃。

通过对话的形式使四言诗更现代：

> Cháu cười híp mí
> 
> Má đỏ bồ quân
> 
> Thôi chào đồng chí
> 
> Cháu đi xa dần
> 
> 小孩笑得眯缝着双眼，
> 
> 脸蛋红扑扑如桃李般，
> 
> ——同志好！
> 
> 小孩慢慢走远了。

或者通过特别的语调和感叹的话语：

> Chợt nghe tin nhà
> 
> Ra thế

> Lượm ơi
> 突然听到家中的消息，
> 原来是这样，
> 阿鸾啊

或者通过修辞的问句：

> Lượm ơi, còn không?
> 阿鸾，你还在吗？

那正是在各体裁诗中除了结构之外关于句子、词语新的东西。

## 六、"八月革命"后各种诗歌体裁的发展

"八月革命"后各体诗由于一些风格的形成和稳定而逐渐发展丰富起来。如果在革命 15 周年纪念日将《越南诗选集》的诞生作为一个里程碑，我们将会在这里看到丰富的体诗。

关于主要的体诗，在平原地区的 126 篇诗作中有 28 首诗根据自由体诗来写，17 首诗根据八言来写，26 首诗根据七言来写，23 首诗根据五言来写，15 首根据六八体来写。这个集合在体诗上有一定的偶然性，比例在一定程度上反映了体诗的发展状况。通过《越南诗选集》（1945—1960）及近些年其他作者的诗集，我们对体诗可以做出初步认定。自由体诗越来越普遍，并逐渐发展为一种正式的体诗，代表作品有《我们的九龙江》（原鸿），《我们到了》、《与列宁一起》（素友），《想念》（鸿原），《想起鲜血》（陈梅宁），《开荒之歌》（黄中通），《送给卢山的战士》（武廉山），《浪拍打着松树门》（刘重庐）等。在新诗歌运动时期，八言诗仍保持着新颖的特点。八言诗常被用来描写需要深入多方面问题

或者结合来引起思考深度的对象。诗的格律婉转，脉络开阔，无论是喧嚣或是安静，都十分严谨。有很多有价值的八言诗如素友的《越南姑娘》，制兰园的《故乡入党记》和《植树节期间》，春妙的《泪》和《国旗》，辉瑾的《两个木头人》，济亨的《思念故乡的河》，阮庭诗的《两个人的异地爱情故事》等。

七言诗在字数、句数上并没有变化，但有一些新的要素。

在古诗中 3/4 断句形式又得以恢复，使诗的脉络更稳固，对表现新的主题很有帮助。间隔押韵、混合与捆绑形式相结合，诗句并无艰涩反而更和谐，抑扬顿挫。例如素友的《妹妹啊，波兰》：

> Anh đã đến / quê em Ban-tích
> Sóng ngời xanh / ngọc bích biển khơi
> Đã xóa sạch / những ngày Đăng-dích
> Máu Ba-Lan / trong trắng đỏ tươi...
> 你已经到 / 我的故乡——班极，
> 波涛绿 / 海碧玉，
> 已经抹净 / 登益的日子
> 波兰血 / 纯洁鲜红

一些作家将 3/4 和 4/3 的断句方法结合在一起，在现代诗中 4/3 是七言诗最普遍的断句方法。用 4/3 方法来断句会使得诗句婉转轻柔，但在一些场合下就少了几分需要的坚定。采取 4/3，2-2/3 和 3/4，3/2-2 相互配合的方式使诗更坚定但同时不失节奏性。例如阮庭诗的《国家》：

> Xiềng xích / chúng bay / không khóa được
> Trời đầy chim / và đất đầy hoa

Súng đạn / chúng bay / không bắn được

Lòng dân ta / yêu nước thương nhà

镣铐 / 在飞 / 锁不住

天空满是鸟儿 / 大地开满花朵

枪弹 / 在飞 / 射不着

民心 / 爱国爱家

在《妹妹啊,波兰》中,素友灵活运用了七言诗各不同的断句方法,全篇包括好几段相似的诗,但格律变化得十分婉转。彭士原的《夫妻俩上集市》节奏十分自由,仿佛舞蹈一般,与主题吻合。

五言诗在现代诗中仍占据着重要的位置。诗句有 5 个音节,节奏较为短促,有灵活的进退能力:可以通过凌乱的诗脉来叙事或者表达情感(如制兰园的《回首十五年》,阮忠诚的《小联络员》,陈友椿的《拜访水稻》等等);可以在一定的诗段中集中阐述主题(如黄禄的《探友》,刘重庐的《芜荽芥菜开花》等)。五言诗歌声调很强大,虽字数较少,但如果倾向于仄韵,并不比韵律倾向于平韵差。在诗集《战士》中,阮庭诗已经成功运用五言诗创作了抗战题材的诗作,坚定而充满形象与思考。辉瑾的《生活的诗歌》也向读者介绍了五言体诗丰富的表现能力。

六八体诗仍旧抑扬顿挫、婉转。素友、辉瑾、春妙、济亨、阮庭诗等仍继续使用六八体来写不同题材的诗。六八体诗中有不少诗句与民歌歌谣十分相似。

Việt Nam đất nước ta ơi

Mênh mông biển lúa đâu trời đẹp hơn

Cánh cò bay là rập rờn

Mây mờ che đỉnh Trường Sơn sớm chiều.

我们的祖国啊,

一片片稻海还有哪比这更美呢?

白鹭盘旋在田野上空,时隐时现,

阴云日日笼罩着长山顶。

(阮庭诗)

Một ngôi sao chẳng sáng đêm

Một thân lúa chín chẳng nên mùa vàng

Một người – đâu phải nhân gian?

Sống chăng một đốm lửa tàn mà thôi.

一颗星不足以照亮整个黑夜,

一株庄稼的成熟也不意味着丰收。

而一个人——怎会是整个人间?

活着就要像火焰一样,灭了也就罢了。

(素友)

有一些诗结合了《金云翘传》、七言四绝和现代语言:

Ve kêu rừng phách đổ vàng

Nhớ cô em gái hái măng một mình

树林丛中知了鸣,打着拍子叫不停,

记得姑娘独自一人采摘竹笋的倩影。

(素友)

Dãi dầu nào có tiếc đời

Đăm đăm đôi mắt trông vời quê hương

经受了什么才会感慨人生,

而此时我只能在远方凝视故乡。

(阮庭诗)

除了常见的结构外，我们还看到有一些特别的六八体诗句。或者在一小段诗中有一句诗延长：

> Con ong làm mật yêu hoa
> Con cá bơi yêu nước, con chim ca yêu đời
> 酿蜜蜂儿爱恋花朵，
> 游泳的鱼儿爱水，翱翔的鸟儿爱生活。

（素友）

或者有些诗句进行梯田式断句：

> Từ nay xin đặt tên hoa
> "Hoa anh ơi"
> Một chiều ta
> Nở đầy.
> 从现在开始，请以花来命名，
> 樱花儿呀，
> 一个下午，
> 便开满了枝头。

（春妙）

疑问句、嘱咐的话语、问候的话语、缩写字、口语词等都运用到六八体诗中，使诗歌带有新的色彩。

凝视当下，展望未来，相信六八体诗还会有很多的变化。但无论有怎样的变化，都应尊重六八体诗的特点，节奏婉转轻快；格律更倾向于平而非仄，诗的气息应更连贯。阮炳、辉谨和素友的诗，表明六八体诗在现代诗中取得了不小的成就。阮炳的《质朴》、素友的《惆怅》就属于六八体诗。在"八月革命"结束后，素友还是一位擅长写六八体的诗人。抗法时期的《越北》以及抗美时期的《山河颂》，都达到了六八体诗的顶峰。抗美时期还有其他的诗人在六八体诗创作上十分成熟，如阮勇、阮科恬、阮重造等。

除了上述的主要体诗，我们看到还有一些别的诗恢复使用并配合新内容发展，比如四绝、六言、散文诗、对话诗等。随着新诗运动的诞生，四绝渐渐被诗坛遗忘。近来有些诗人通过写四绝来深入表达某个小小的意思，或激起某种情感、某种心境，或是深入介绍某种景物的美。七言四绝没有被格律所束缚，反而更显潇洒自由，有时包含四句，但每一句并不一定是7个字，可以是6个或8个字。阮庭诗、制兰园、辉瑾等都有非常不错的六言诗作品。制兰园和辉瑾还写散文诗。上述体诗都为新内容题材服务，并发挥了很好的表达作用。

深入探究每位诗人诗歌体裁的运用情况，可发现现代诗歌形式发展的一般规律都能在每位诗人身上体现出来，可以以制兰园为例。在诗集《凋残》中，制兰园写了36首七言或八言诗。在诗集《光明》、《阳光与泥沙》中，制兰园运用了多种体诗如四言、六八体、对话诗、四绝、自由体诗、散文诗等。作者在这些体诗中都能运用自如，十分老到。

到了20世纪60年代，自由体诗在诗坛的地位日益重要。对于时代、祖国和秀丽山川的感悟使得诗句得以扩展，在字词的排序上更为自由，节奏也变换灵活。

自由体诗已经成为除了民族传统诗歌外相当重要的体诗，自由体诗特别符合思维的扩散，容纳很多的联想和思考。自由体诗对于体现激烈的战斗下人们最丰富的情感以及澎湃的内心活动也十分适合。

自由体诗并不是一种稳定的形式，实际上在体诗发展历程中，诗歌运动会倾向于自由体诗，自由体诗没有句数、字数、押韵的束缚,只有一个原则便是要有律动,言语有情绪且和谐,因为它毕竟也是在诗的范畴内。自由体诗为诗人建立自己的形式创造了条件。每首自由体诗在结构上都是不一样的,从考察研究的角度上可以找到某位诗人所有自由体诗的共同点,比如政友的自由体诗对政友艺术风格的形成有很大的贡献。自由体诗承认多种表达方式。六八体和叙事结合,情感流露自然,而在表现战争年代生活中激烈的问题上也是游刃有余。但无论如何也没法将《抗敌歌曲》转换成六八体。

实际存在的英雄主义情感使得诗歌多了几分豪迈。为了揭示民族神圣斗争最强烈的情感,在主观上诗人更倾向于用感叹词、修辞问句和命令式语气。在历史最光荣的时刻想到了亲爱的祖国:

Hỡi Sông Hồn tiếng hát bốn nghìn năm
Tổ quốc bao giờ đẹp thế này chăng?
红河上歌声延续了四千年,
祖国何时如此美丽?

(制兰园)

Tổ quốc thân yêu, ngàn lời ca ngợi!
Nay càng thêm tha thiết với tim ta
亲爱的祖国,千言万语的歌颂!
此刻我们的内心更加澎湃。

(春妙)

除了政治上的英雄主义情感外,抗美救国诗还充满了智慧和思考。诗歌中的思考不仅只是和一两种风格有联系,而是整个运动的共同特点。抗美救国事业对民族和时代提出了不少问题。如果诗句只是情感和本能的自然语言，诗人是否能完成自己的使命？政论和思考被大幅度写入诗中，这已经影响并支配着表现形式。在体现思考和政论上，格律诗受到的限制比自由体诗多很多。制兰园的《百日花》、《报风鸟》就很好地体现了作者的思考。在《百日花》中，情感和思考相互融合，是内心情感因素的中心，所以作者主要使用格律诗。《报风鸟》的思考直接涌现，所以说自由体诗是主要的表现形式。到了《抗敌歌曲》时，争论要素又成了思维的主要脉络。论时局，批判控诉敌人的罪行，歌颂民族和人民的英雄品质，一些歼敌诗歌的涌现就如同是灵活并且有效果的文字武器。诗句扩展，有时难以和散文进行区别。

　　上述作者的抗美诗扩充了描写方法。辉瑾和春妙创作了许多优秀的歼敌政论诗。诗的思维是多种创作能力的综合。自由体诗和很多丰富灵活的表现形式共同发展。古体诗和其他为人们所知的体诗也继续发挥自身的优势和能力。运用哪种体诗和表现形式，主要基于客观的描述对象和每个人主观的思维。素友用民族体诗来描写母亲和用自由体诗来写《小艾米丽》并非偶然。像辉瑾用自由体来进行多首抗美诗的创作，而《致义安、河静的朋友》、《故乡河静听渡船歌》则是用民族体，特别是五言与义安、河静的曲调结合。

　　综观"八月革命"后体诗的发展，我们看到体诗得到很大的发展，和之前各时期相比，该时期的体诗是最丰富多样的。民族的体诗也得以恢复使用、发展和提高，使其表现能力符合新的题材和内容。有一些体诗由于借用了外国诗歌的表现方式而增加新的要素。形式规律与内容紧密相连并且是为之服务的，而内容也日益体现出各类体诗的运用和发展状况。

## 七、结语

上千年的历史，越南人民已经创造出了富有民族特色、积淀丰厚的文学。越南诗歌同悠久传统在整个历史过程中向前迈进了一步又一步。仿佛是一湾承载民族思索与情感的流水，越南诗歌从这个时代发展到另一个时代，有时默默怀揣着深厚的情感，有时随着斗争的激烈气氛如浪潮一样翻滚。诗歌河流为生命培育了肥沃的淤沙，为民族思想和情感带来了纯净。

民间诗歌朴素自然，充满情和意，从遥远的过去到现在，仍在不断发展壮大，有生命力，通过许多不同的形式和色彩来表现不同的内容。非民间诗歌则笔法精湛，花费很多功夫，与多个世纪以来的社会斗争和人民群众的愿望相关联，已经留下了许多优秀的作品。

正是内容的丰富性决定了诗歌形式的丰富性。民族形式就好比是一种不会被埋没的牢固的精炼的东西，在外围的进攻和筹谋下改变。另一方面，它也会受到外国诗歌中积极因素的影响。

与人民群众浪漫、进步的审美观相符，一些民族诗歌形式仍保持了简约婉转、情感丰富的特点。一些过分斟酌、标新立异、晦涩、形式主义的现象时而会侵入诗歌，但很快又被淘汰。民族诗歌形式的积极因素是现代诗歌发展的基础，也是一笔宝贵的财富。现代性是一个至关重要的因素，包括了艺术创作中的内容和形式。现代性的内容实质是革命斗争中新出现的，并且是人民正当践行的因素和价值。斗争不仅深刻反映了民族优良的品质，同时也达到了最高峰，对时代基本特性的概括最为深刻。

民族传统和现代性的深刻结合，是保证诗歌多样性发展的一项重要方针。革命后在诗歌领域取得的令人瞩目的成就已经充分证明了这一点。党的文学艺术道路已经为文学、为诗歌指明了最正确的方向和最积极的创作原则。

回顾诗歌发展的上千年历史，越南对过去的道路、对当下的成就感到十分自豪。除了有价值的民间诗歌作品，越南还有阮廌、阮秉谦、阮攸、胡春香、阮庭沼、潘佩珠等著名诗人，每一位诗人都是引领所在时代的最高峰。在内容上，他们的作品包含了浓浓的爱意，对统治制度的深刻反抗，深切的哀怨之声；在形式上，他们的作品都是艺术创作的典范。现代诗歌正在解决过去遗留下来的，并且是现在一些有才之人很难逾越的矛盾。理想与现实、梦想与实际能力的统一，为诗歌插上双翅，使其越飞越高、越飞越远，达到时代的顶峰。

半个多世纪以来革命诗歌取得的成就像是一座姹紫嫣红的花园，使越南诗歌更加坚信前进的道路。

## 参考文献

［1］Bùi Văn Nguyên, Hà Minh Đức, *Thơ ca Việt Nam hình thức và thể loại*, Nxb ĐHQGHN, 2003.

［2］Nguyễn Xuân Kính, *Thi pháp ca dao*, Nxb ĐHQGHN, 2004.

［3］Bùi Minh Đức, *Thơ ca Việt Nam*, Nxb ĐHQGHN, 2003.

［4］Mã Ging Lân, *Văn học Việt Nam hiện đại vấn đề - tác giả*, Nxb giáo dục, 2005.

［5］Phan Cự Đệ (chủ biên), *Văn học Việt Nam thế kỷ XX*, Nxb giáo dục, 2004.

（作者系云南民族大学副教授）

# 对老挝语汉语翻译的理论思考

曾文斌

**摘　要**：老挝语和汉语同属汉藏语系，两种语言在词法和句法上存在着许多相似之处。但老挝语与汉语毕竟是两种不同的语言，两者在语言和文化上均存在较大的差异，在将老挝语翻译成汉语的过程中，需要考虑许多因素，包括意思的转换和文化内涵的迁移等诸多方面。本文将从翻译目的、翻译对译员的要求、翻译批评、翻译策略和注意事项等方面对老挝语汉语翻译进行宏观的论述，力求总结出适合老挝语汉语翻译的理论。

**关键词**：老挝语；汉语；翻译理论

翻译是一门科学，需要理论指导。经过几千年的发展，翻译理论已经发展到相当成熟的阶段，尤其是在西方，翻译研究已经发展到很高的水平，出现了许多具有代表性的翻译理论流派，例如功能派、文化学派、语言学派、阐释学派、后殖民学派、女性主义派等。随着翻译理论的不断发展，人们对翻译的认识不断深化，翻译不再只停留在对字句的转写上，例如根据翻译文化学派的观点，翻译不仅涉及语言的转换，更涉及文化的迁移。老挝语是世界众多语言中的一种，是老挝的官方语言，在老挝使用人数最多。在将老挝语翻译成汉语的过程中，由于老挝语与汉语的巨大差异，加之翻译目的和标准的要求，为使译文既能传达原文精神，又能满足译语接受者要求，这就需要一定的理论指导，以使译文的质量更高。老挝语和汉语有着不同的使用人群，两种语言所处的文化也不相同，做好老挝翻译是一件艰巨的工作，这既要求译者有扎实的语言能力，还要求译者具备一定的翻译理论知识。因此有必要对涉及老挝语汉语翻译的一些理论问题进行阐述，以便于更加深入地研究老挝语汉语翻译，为做好老挝语汉语翻译打下坚实的理论基础。

## 一、老挝语汉语翻译之目的

根据德国功能学派的观点，任何翻译都具有一定的目的，整个翻译过程，包括翻译方法和翻译策略的选择，都是由翻译行为所要达到的目的决定的[①]。同样，老挝语汉语翻译也具有很强的目的性，在翻译过程中，老挝语汉语翻译的方法和策略都由翻译行为的目的决定。翻译的目的由多种因素决定，大致包括主观因素和客观因素两方面。老挝语汉语翻译的目的也要受到多种因素的影响，笔者认为，老挝语汉语翻译的目的主要有：

1. 具体目的

翻译的功能学派认为，翻译需要遵循"目的法则"，任何一项翻译活动开始之前，必须首先弄清它的目的是什么，而目的主要包括译者的目的、译文的交际目的和使用某种手段需要达到的目的[②]。这里所指的具体目的主要是指译文的交际目的和使用某种手段需要达到的目的。译文的交际目的是老挝语汉语翻译的首要目的，也是老挝语汉语翻译最重要的目的。老挝语汉语翻译需要实现的目的是将老挝语翻译成汉语,将老挝语原文的意义转换成汉语,使汉语译文在内容上和形式上均能与老挝语原文保持一致,更重要的是还要使译文和原文在功能上保持对等,确保原文接受者和译文接受者具有同样的感受,这样才能使译文达到交际的目的。另一方面,由于老挝语和汉语存在巨大的差异,在翻译中存在许多难以解决的问题,例如两种语言在语序、词汇、文化内涵等方面的差异,所以在翻译过程中必须寻找相应的翻译策略,以使老挝语汉语翻译得以顺利进行。寻找翻译策略是老挝语翻译的重要目的,是具体目的的重要组成部分。具体而言,老挝语汉语翻译的具体目的主要包括实现语言的转换、实现文化的迁移、使原语接受者与译语接受者获得同样的感受。

2. 理论目的

经过几千年的发展和总结,翻译理论得到了极大的发展,当今世界翻译理论层出不穷,内容极其丰富。但这些翻译理论是在翻译许多使用较广的语言实践过程中总结出来的,这些理论的出现主要是用于解决大语种翻译的问题,专门针对老挝语汉语翻译的理论在国内还是一片空白。因此,老挝语汉语翻译的理论目的主要包括两方面的内容:一是使用现有的翻译理论,解决老挝语汉语翻译过程中出现的难题;二是在使用其他语种翻译理论的过程中对老挝语汉语翻译的规律和特点进行一定的总结,进而总结归纳出适合老挝语汉语翻译的理论。

## 二、老挝语汉语翻译对译者的要求

翻译主要涉及原文、原文接受者、译者、译文接受者等诸方面,而在这几方面起决定作用的是译者,这主要是因为原文、原文接受者和译文接受者是相对比较固定的,翻译无法对其进行改变，而译者在这之间扮演着桥梁的作用，译者是翻译的关键因素，他所译文本的质量是评价翻译成果的重要依据。因此，在老挝语汉语翻译的理论层面，译者必须达到相应的能力水平才能做好老挝语汉语翻译工作，这些要求主要包括以下几方面的内容：

### 1. 精通老挝语和汉语

早在古罗马时期，奥古斯丁就提出译者必须具备的条件，其中之一便是要求译者通晓两种语言[③]。老挝语汉语翻译主要涉及老挝语和汉语的意义转换问题，其翻译的过程就是将老挝语转换成汉语。高水平的译者必须具备高水平的理解力[④]，只有在精通老挝语的前提下，才能具备较高的老挝语理解力，从而才能用汉语将所理解的老挝语表达出来。精通老挝语主要包括三方面的内容：一是要掌握足够的词汇量，二是理解老挝语言的表达习惯，三是较高的老挝语理解力。精通老挝语是做好老挝语汉语翻译的基础。另一方面，为使译文更加符合汉语的表达习惯，译者还必须具备较高的汉语水平，译者只有具备较高的汉语水平，才能更好地把自己对老挝语的理解转化为汉语表达出来，并使译文更易被汉语读者接受，这是做好老挝语汉语翻译的重要条件。译者只有同时精通老挝语和汉语，才能使语言的转换更加顺畅，更加符合语言的理解和表达要求。

### 2. 熟悉老挝语和汉语所承载的文化内涵

翻译不仅是语句意义的转换，更重要的是文化的迁移，即把原文所蕴含的文化等值地转移到译语中来。文化学派的翻译家认为，文本不是静止不变的，它蕴含着丰富的文化内涵，译者在翻译的过程中必须将原文的文化内涵等值地转移到另一种语言中，翻译是文化的协调和控制。在进行老挝语汉语翻译的过程中，译者也必须使老挝语句所蕴含的文化等值地转移到汉语中来，这是评价翻译质量的重要标准。老挝语蕴含丰富的文化内涵，尤其是文学、诗歌等，不熟悉原文所蕴含的文化是造成错译、乱译的重要原因。另一方面，汉语也是一门内涵极其丰富的语言，将老挝语所表达的文化意义用汉语表达出来，并使译文与原文一样具有丰富的文化内涵，与原文表达相同的功能，这就要求译者在熟悉老挝文化的基础上熟悉汉语文化，目的是使译文与原文在精神上对等。因此，要做好老挝语汉语翻译，需要熟悉两种语言所在的文化，只有对文化背景深入了解，才能更好地理解文字所蕴含的文化，更好地把握老挝语所表达的意义，进而使用合适的汉语表达出来，使译文具有同等的文化寓意。

3. 具有明确的翻译目的

翻译功能派认为，翻译并不是一个转码过程，而是人类一种具体形式的行动，任何行动都有一定的目的，翻译也不例外[5]。这说明人类在从事翻译时具有一定的目的，人类是在一定的目的支配下从事翻译工作的。德国翻译目的学派重要创始人汉斯·弗米尔同样认为，任何一种翻译行为的形式，包括翻译本身，都可以被看作是一种行为，而所有行为都有一个目标，只有明确制定出翻译的目的及译本实现的方式，文本译者才能完成其任务[6]。翻译目的具有多重性，它既包括译者的目的，也包括下达翻译任务的客户的目的。因此，在进行翻译之前，首先要明确翻译目的，把握译者和客户的目的是完成翻译任务的重要因素。同样，老挝语汉语翻译也是一种目的性很强的行为，在翻译前需要明确翻译的目的。老挝语汉语翻译的范围很广，涉及时文、诗歌、文学、宗教、成语等各个领域和各种不同文体的翻译，不同领域的原文使用的翻译方法肯定存在一定的差异，对译者的要求肯定也会不同。翻译还要考虑译语接受者的因素,不同的译语接受者对译文的评价标准不一样,因此有必要根据译语接受者来确定翻译的目的。例如在翻译神话作品时,译语接受者是儿童,就应该采用浅显易懂的措辞;如果译语接受者是文学家,措辞就应该尽量文学化。因此,在做老挝语汉语翻译之前,需要明确翻译的具体目的。

4. 在翻译理论的指导下灵活运用各种翻译策略

翻译理论是支撑翻译的重要工具,一名好的译者必须具备一定的翻译理论。不懂翻译理论的译者,他所做的翻译一定是感性的,没有上升到理论的高度,这也决定了他不可能生产高质量的翻译作品。老挝语汉语翻译涉及两种语言的转换,两种语言的巨大差异使得逐字对译在老挝语汉语翻译中行不通,仅仅掌握两种语言是不够的,在翻译过程中必须在翻译理论的指导下,采取一定的策略,使老挝语顺利地转换为汉语。

除了以上所列举的要求以外,译者还要具备许多能力素质,例如译者需要具有广阔的知识面,具有正确的政治立场,具有较好的语言表达能力等。译者只有具备足够的知识和能力,在翻译理论的指导下,采取相应的翻译策略,这样才能生产出高质量的老挝语汉语翻译作品。

## 三、对老挝语汉语翻译成果的评判标准

在中西翻译史上,许多翻译家都曾提出过翻译的标准,这些标准从不同角度阐述了对译作的要求。如严复的"信、达、雅",傅雷的"神似",泰特勒的翻译"三原则",曾虚白的"神韵"与"达",尤金·奈达的"对等原则"。老挝语汉语翻译的成果也需要达到相应的标准才算是好的译作。笔者认为,评判一则老汉译

作是否成功，主要看是否达到以下要求：

### 1. 是否准确再现老挝语原文的意义

翻译的首要目的便是准确再现原作的意义，只有把原作的意义充分准确地表达出来，才能使译文接受者全方位地了解到原作所传达的意义。因此，评判译作好坏的首要标准便是看译作是否再现原文的意义，用鲁迅的话说便是"保存原作的风姿"。不管是哪种文体的翻译，都必须使原文和译文在意义上对等，只有意义对等，才能使译语接受者了解到原文作者的思想，这是译语接受者了解原文的先决条件。古今中外许多翻译家在谈及翻译标准时，都将再现原作的意义放在首位。例如英国近代翻译家乔治·坎贝尔的翻译"三原则"，第一条原则便是要求准确再现原作的意思[7]。翻译的直接目的是为了将原文介绍给译语接受者，使译语接受者了解原文的内容和精神，使译文在原作与译语接受者之间真正起到交流沟通的功能。如果译作不能较准确地传达原作的内容，这肯定是一则不成功的译文。在将老挝语翻译为汉语的过程中，必须做到意思的忠实，这是评判译文的首要标准。

### 2. 译文是否符合汉语的表达习惯

在准确传达原作内容的基础上，需要使译文符合译文语言的表达方式，符合译文表达方式是便于译语接受者理解译文的重要条件。老挝语和汉语在语法结构上存在较大的差异，句子的词序不尽相同，如果采用直译，不将老挝语的表达方式转化为汉语的表达方式，翻译过来的老挝语就很难被接受，有可能还会使译语读者产生错误的理解。在将老挝语翻译成汉语后，需要将译语整理为更加符合汉语表达习惯的语句，这样便于读者理解原文的意思和精神。例如老挝语的句式与汉语最大的不同是修饰语后置，在涉及修饰语和中心语的翻译时，需要对语序进行适当的调整。译语符合汉语表达习惯的程度可以作为评判老汉译作质量的重要标准之一。

3.译文是否再现老挝语原文的创作精神和风格

原作的创作肯定包含着原作者的精神和风格，在将老挝语翻译为汉语时，不仅需要将老挝语原文的意思表达清楚，还要将原作的创作精神和风格表达出来，译文不仅要形似，还要神似。可以说，原文的创作精神和风格是原作的灵魂，创作精神体现了原作者植入原文中的思想感情，原文风格体现了原文的创作形式，如果原文和译文在创作精神和风格上不能实现对等，译文接受者肯定无法产生与原文接受者相同甚至相似的反应。因此，在进行翻译时，需要在创作精神和风格上实现原文和译文的对等。例如原文是诗歌，不能将其译为散文；原文是革命小说，不能将其译为通俗小说。老挝语汉语翻译也是一样，老挝原文涉及的文体很多，内容也很丰富，作者的创作思想也各不相同，这就需要译者在翻译时对原文的创作精神和风格进行等效移植，使得原文和译文在创作精神和风格上保持一致。但事实上，在进行老挝语汉语翻译时，完全做到原文和译文在创作精神和风格上的完全对等是极其困难的，这也是老挝语汉语翻译需要实现突破的重要方面。译者水平的高低直接决定着原作的创作精神和风格的再现程度，这种程度的高低是评判老挝语汉语翻译作品的重要标准。

4.原文和译文在功能上是否对等

高质量的翻译作品通常具有这样的特点，即原文有什么功能，就要求译文同样具备这些功能。但要做到功能上的完全对等是一件很难做到的事情，因为两种语言存在着巨大的差异，尤其是文化上的巨大差异，使得译文与原文在功能上实现完全的对等是一件很困难的事情。在翻译过程中，原文与译文在功能上的对等，主要是指原文接受者的反应应该与译文接受者的反应相同。由于此项标准得到了普遍的认可，许多翻译理论家都将译语接受者作为翻译的中心，认为翻译的最主要目的便是取得译语接受者的认可。原文和译文在功能上是否实现对等，以及对等的程度是决定翻译质量的重要标准。因此，在将老挝语翻译成汉语的过程中，应该力求做到原文与译文在功能上的对等，尽可能使原文接受者与译文接受者达到相同或相似的反应。

## 四、老挝语汉语翻译的策略问题

翻译策略的使用可以使翻译工作更加高效，可以使译文的质量更高。在进行老挝语汉语翻译时，不能僵硬地采用直译或意译的方法，把翻译停留在对词语的理解上是远远不够的，老挝语汉语翻译必须使用相应的翻译策略，以提高译作的质量。

1. 异化和归化

在中西翻译史上，直译和意译一直是翻译研究关注的重点之一，而异化和归化是直译和意译的延续，是在实际翻译中必须考虑的因素，也是翻译的重要策略。异化是指在翻译过程中，保留原文与译文的差异，把原文的语言和文化差异移植到译语中来；归化是指在翻译过程中，使外语文本符合译入语的文化价值观。换言之，归化要求翻译以译语接受者为中心，而异化要求翻译以原文为中心。在老挝语汉语翻译的过程中，采用异化的方式进行翻译往往能够更加准确、更加充分地再现老挝语原文的信息，因此，异化是首先考虑的翻译策略。但在将老挝语翻译成汉语的过程中，经常会遇到由于语言和文化的差异造成的种种障碍，在这种情况下,译者一般要采用归化的译法,将老挝语原文纳入汉语的轨道中,使译文更加汉语化。但在采用归化译法的时候,应该避免归化过头的情况出现,即过于强调译文的通顺和语句的优美而丧失原文的精神和意思。

在更多情况下,需要采用异化和归化相结合的策略,以使译文既不背离原文,也符合译文语言的表达习惯。通常情况下,翻译的最初标准是实现译文的忠实和通顺,要实现忠实,就得采用异化的翻译策略;而要实现通顺,又需要采用归化的翻译策略。因此,在实际的翻译过程中,需要将异化和归化相结合。异化和归化是一对矛盾的统一体,在不同的翻译场景下有主次之分。在翻译过程中,要使译文做到形神皆似,就必须将异化和归化相结合使用。在老挝语汉语翻译过程中,异化和归化必须结合使用,但异化和归化在翻译中究竟各占多大比重视具体情况而定,翻译的目标是使老挝语原文与汉语译文实现形式和动态的对等,异化和归化使用的"度"由译者决定。

2.语言对比

通过语言之间的对比,可以发现翻译具有一些特定的规律,这些规律有助于更好地做好翻译工作。老挝语和汉语存在巨大的差异,这种差异既表现在句法结构上,也表现在文化上。因此,在将老挝语译为汉语的过程中,需要对这两种语言进行对比,找出两种语言的相似之处和不同之处,以便于采用更加合适的翻译策略。在将老挝语翻译成汉语的过程中,需要对这两种语言进行对比的方面包括:一是语义对比,语义对比主要涉及词汇层面,在进行语义对比过程中,要充分考虑到老挝语词汇及语句的灵活多变性,准确把握住词语和语句的意义,以便做出正确无误的翻译;二是语法对比,主要包括词法对比和句法对比,通过对比发现老挝语与汉语在词法和句法上的共同点和不同点，以便在翻译时做出正确的处理；三是文化内涵对比，包括语句的文化寓意和原作者的精神等方面，通过对老挝语原文文化内涵的分析，才能发现作者的创作精神和语句的文化内涵，从而为正确地迁移文化内涵提供条件。通过对老挝语和汉语进行全方位的对比，可以找出两种语言的相似处和不同之处，进而采取具有一定针对性的翻译策略，这对老挝语汉语翻译具有十分重要的意义。

3.翻译单位的确定和语篇分析

关于翻译单位的界定，国内外存在很多不同的观点，有的主张以句为单位，有的主张以词为单位，有的主张以意群为单位，还有的主张以篇章为单位，这些观点都有各自的依据。笔者认为，老挝语汉语翻译可分为多个层次，包括词汇层、短语层、意群层、句层、段落层和篇章层，以不同层次为翻译单位得出的译文会存在一定的差异，因为层次越低翻译就越倾向于死译，层次越高越倾向于活译，为了把两种倾向进行一定程度的综合，在进行老挝语汉语翻译时，以段落为翻译的基本单位比较恰当。老挝语句使用的标点符号较少，断句也不统一，加之老挝语的复合句比较复杂，一个长句一般有许多成分组成，许多修饰与被修饰成分交织在一起，让人很难理清，因此在将老挝语翻译成汉语的过程中，以段落为翻译单位具有一定的理据性。以段落为翻译基本单位，可以避免单个词语和短语在词义上的束缚，可以拓宽译者的视野，便于译者将一连串的意群连贯起来，使译者更好地把握从词汇到篇章的意思，从而获得质量更高的译作。

语篇分析最先由美国语言学家哈里斯提出，之后被广泛运用于语言学的各个方面，在语言学的许多分支学科中都会运用到语篇分析的原理,如社会语言学、语言哲学、语用学等,它对做好翻译同样具有十分重要的意义。任何语篇中的句子、词组、单词都不是孤立存在的,在翻译时不可能孤立地考虑字句的意思,因为翻译的不是孤立存在的字或者句子。只有在理解语篇的基础上,对语篇中的各个段落、意群、字句进行分析,才能准确把握语篇中字句的意思,从而更好地开展翻译。对老挝语语篇进行分析的主要内容包括词汇的衔接、语句的结构分析、语境、多义词在文中的具体含义等。只有做好语篇分析,才能准确把握老挝语原文的意思,才能获得高质量的老挝语汉语翻译作品。

### 五、老挝语汉语翻译的注意事项

老挝语和汉语既存在很大的差异,但也存在一些相似的地方,这些相同点与不同点交织在一起,使得在将老挝语翻译成汉语的过程中,容易出现许多失误,例如句子的语序问题、词语的对等问题、句型的转换问题等。为了尽可能减少老挝语汉语翻译中的失误,在具备较高翻译能力的同时,也有许多需要译者注意的地方,主要包括以下几方面:

1. 避免逐字对译

在早期的翻译历史中,许多翻译家都认为翻译应该采用逐字对译的方法。持这种观点的翻译家一般是从事宗教翻译的,他们认为宗教经典是神圣的,不能随意改动,因此在翻译时采用直译的方式,力求最大限度地保留原文的面貌。但随着翻译理论的发展和翻译对象的扩大,意译思想也开始活跃起来。许多翻译家发现直译的弊端,开始摒弃直译法,主张采用意译法,例如西赛罗、哲罗姆等早期西方翻译理论家。在中国的翻译史上也是如此,早在汉朝,支谦倾向于直译,维祇倾向于意译,这开启了

"文"、"质"之争的先河。逐字对译即为直译。在将老挝语翻译成汉语的过程中,逐字对译比较容易出现。这主要是因为老挝语与汉语在句式上大致相同,都是 SVO 句型,这给老挝语汉语翻译的进行带来了便利。但老挝语和汉语在句法结构上也存在一定的差异,老挝语与汉语存在的最大不同之处在于修饰语与中心语的位置问题,汉语一般是中心语在修饰语之后,而老挝语却是修饰语在中心语之后。这就使得老挝语语句的词序与汉语语句的词序存在部分不同之处,在翻译时需要对语序进行相应的调整,以使译文符合汉语的表达习惯。此外,老挝语与汉语在某些词汇的寓意上也存在很大的差别,许多词汇的文化寓意不对等,例如"猪"在老挝语中是褒义,而在汉语中是贬义。由于以上特点的存在,使得在进行相关的老挝语汉语翻译时,很容易出现对语句处理不恰当的情况,译者在享受老挝语与汉语相似性带来方便的同时,没有对这两种语言的差异性形成足够的重视,从而使得译文不符合汉语的表达习惯。因此,在进行老挝语汉语翻译时,切忌采用逐字对译的方法,否则会使译文晦涩难懂,影响译文的质量,从而使得译文难以被接受。

2. 以翻译目的为导向

任何翻译实践都属于人的行为,都具有一定的目的,老挝语汉语翻译也不例外,它的目的性很强。翻译的目的论认为,翻译实践要有明确的目的,这样才能使翻译活动具有针对性,才能使译作的质量更高。在从事老挝语汉语翻译的过程中,首先需要明确翻译要达到的目的,并采用与目的相一致的翻译方法,以使翻译活动更具有针对性。在将老挝语翻译成汉语的过程中,翻译目的主要有以下几类:一是以保留原文的原姿原貌为目的,这要求对原文尽可能忠实,实现原文和译文在形式上的对等;二是以译语接受者的反应为目的,这要求译文必须符合译语接受者的要求;三是以保留原文意思为目的,在一定情况下可以舍弃原文的形式。在从事老挝语汉语翻译时,可以根据实际情况明确翻译的目的。例如在时文翻译方面,要以传达意思为首要目的,这就要求译者在从事时文翻译时把实现意思的等值转换作为翻译的首要目的,在形式上可以对原文进行适当的改变;在文学翻译方面,就要以原文和译文的动态对等为首要目的,这时翻译可以被理解为再创作。因此翻译文学作品时可以进行灵活变通,力求使译文和原文具有相同的文学气息。

翻译是一门科学,在不断的研究总结过程中,可以得到许多新的翻译理论,用更新、更有效的翻译理论指导翻译实践,是翻译出高质量译文的重要条件。老挝语汉语翻译也是一门科学,在进行老挝语汉语翻译时,不仅要做到意思的转换,还要实现文化的迁移,为达到这一目标,要求译者在翻译方面具备较高的理论知识和实践能力。通过研究老挝语汉语翻译,可以总结出适合老挝语汉语翻译的翻译理论,找出老挝语汉语翻译过程中的难点,进而对译者的能力素质提出相应的要求,在此基础上为老挝语汉语翻译的开展打下坚实的理论基础。

**注释:**

① 李文革:《西方翻译理论流派研究》,北京:中国社会科学出版社,2004年,第139页。

② 同上,第139页。

③ 谭载喜:《西方翻译简史》,北京:商务印书馆,1991年,第28页。

④ 孙致礼:《新编英汉翻译教程》,上海:上海外语教育出版社,2003年,第13页。

⑤ 谭载喜：《西方翻译简史》，北京：商务印书馆，1991年，第255页。

⑥ 谢天振等：《中西翻译简史》，北京：外语教学与研究出版社，2009年，第159页。

⑦ 谭载喜：《西方翻译简史》，北京：商务印书馆，1991年，第128页。

（作者系解放军国际关系学院讲师）

# 雅利安语在印度

秦庆冰

**摘 要**：雅利安语进入印度后逐步演变成为独具特色的印度雅利安语支。印度雅利安语支有着数千年的悠久历史，经历了古代、中世纪和近现代三大发展时期。在古代，梵语日渐成熟，逐步规范，对后世印度语言的产生和发展有深刻的影响；在中世纪，各种俗语相继涌现，取代梵语成为当时印度社会的主要语言，并为近现代印度雅利安语支各语言的产生和发展奠定了深厚的基础；在近现代，印度雅利安语支延续了中世纪俗语的发展历程，语言形式越来越成熟，使用人数越来越多，影响也越来越大。

**关键词**：印度；雅利安语支；梵语；俗语

印度不仅人种复杂，民族众多，而且还是一个多语言国家。根据印度政府 1961 年的人口普查，印度有 1652 种语言（含方言）[1]。它们分属印欧语系、达罗毗荼语系、汉藏语系、南亚语系和闪-含语系，其中属于印欧语系印度雅利安语支的语言使用人数最多，在 1991 年达到了印度总人口的 75.30%[2]。

印度雅利安语支属于印欧语系印度-伊朗语族，其发展与进入印度的雅利安人密切相关。多数学者认为，大约在公元前

1500年，雅利安人开始大规模进入印度。与此同时，他们也把自己的语言——雅利安语带入了印度。此后，雅利安语在印度逐步演变成为独具特色的印度雅利安语支，产生了许多有影响的语言，发展成为如今的形式。

在印度，雅利安语的发展大致可以分为三个时期：

（1）古代印度雅利安语时期（约公元前1500年到公元前500年）；

（2）中世纪印度雅利安语时期（公元前500年至公元1000年）；

（3）近现代印度雅利安语时期（公元1000年至今）。

## 一、古代印度雅利安语时期

古代印度雅利安语时期开始于约公元前1500年，到公元前500年结束。在此期间，各种吠陀文献相继出现。在公元前5世纪，为规范当时流行的语言，著名梵语语法学家波你尼（पाणिनि）编纂了《八章书》（अष्टाध्यायी）。这本语法书的出现一方面规范了梵语，但另一方面也制约了梵语的进一步发展，使其开始走向衰落，各种俗语也因此得到了发展的机会。正因为如此，学者们一般将公元前500年视为这一时期的终点。

在这个时期，雅利安语在印度主要产生了两种语言形式：吠陀梵语（वैदिक संस्कृत）和古典梵语（लौकिक संस्कृत）。

（1）吠陀梵语。吠陀梵语是迄今发现的印度雅利安语支最古老的语言形式，保存在吠陀文献中。吠陀梵语的产生和发展深受印度土著居民语言的影响，吸收了其中的许多词汇。吠陀梵语对后世印度的语言产生了重要影响，现代印地语的语音系统即源于吠陀梵语。

从形式上看，吠陀梵语并不统一。这可能是由两方面的原因造成的：一是雅利安人是在不同时期分批进入印度的，二是吠陀文献是经过漫长的时期才最终形成的。广义的吠陀文献不仅包括吠陀本集，还包括梵书、森林书和奥义书，以及有关教育、语法、韵律、天文、词源和医学等的吠陀支（वेदांग），产生的时间相隔数百年。在此期间，一门语言是不可能一成不变的。从吠陀文献可以看出，吠陀梵语结构复杂，有八种格、三种性（阳性、阴性、中性）和三种数（单数、双数、复数）以及几百个后缀。在吠陀梵语的语音系统中，有包括ॠ、ऌ、ॡ等在内的 64 个音，元音字母ऐ和औ分别发作आइ和आउ。在吠陀梵语中，词的位置不固定，部分前缀可以离开中心词独立使用，诗节有固定音节数，长短音节排列有序，词汇联合使用的情况较少，复合词比较短小，通常为两词复合，复合方式只有四种。此外，吠陀梵语还存在大量异形形式。如表示主格复数时，देवा 和 देवासः 两种形式都在使用，表示具格单数时，देव्या 和 देवाः 两种形式都能见到。

（2）古典梵语。古典梵语是雅利安语在古代印度出现的第二种主要语言形式。它原是印度俱卢－潘查拉（कुरू-पांचाल）地区老百姓的口头语言，经波你尼对其进行改进和规范后，才发展成为古典梵语。古典梵语是继吠陀梵语之后古代印度的主要文学语言，产生了《罗摩衍那》、《摩诃婆罗多》、《云使》、《沙恭达罗》等大量优秀文学作品。但过于严格复杂的语法使古典梵语失去了继续发展的动力，在公元前 500 年之后，虽然其文学传统仍在延续，但使用人群较少，仅局限于上层人士和文学家。

古典梵语虽然源自吠陀梵语，但与后者有着明显不同。吠陀梵语更接近老百姓的口头语言，形式并不规范，而古典梵语主要是文学语言，有着严格的语法、规范的形式。在古典梵语中，前缀只能和中心词构成派生词，不能独立使用，复合词很长，由十多个词构成的复合词比比皆是，复合形式也增加到了 6 种，词汇联合使用的情况大量存在。古典梵语还摒弃了吠陀梵语的 ख 和 फ，元音字母 ऐ 和 औ 的发音也发生了变化，分别读作 अइ 和 अउ。此外，在古典梵语中，诗节中的音节选择更加严格，来自吠陀梵词的一些词汇也发生了词义变化。如 क्षिति 在吠陀梵语中的意思是"居住地"，而在古典梵语中则表示"地球"。

## 二、中世纪印度雅利安语时期

中世纪印度雅利安语时期开始于公元前 500 年，到公元 1000 年结束。在此期间，印度雅利安语支的各种俗语发展成为当时印度社会的主要语言。这些俗语无论是形式，还是语法规则，都与古代印度雅利安语有着巨大差别。

在中世纪之前，婆罗门教是印度的主要宗教，在思想领域占据着统治地位。这门宗教强调祭祀，仪式复杂。同时，婆罗门祭司还垄断了文化知识的权利。对此，不仅普通老百姓十分反感，而且掌握世俗权力的刹帝利武士和财富迅速增长的大商人也非常不满。在这种情况下，印度思想领域出现了反婆罗门教运动，产生了反婆罗门教的各种"沙门"思想。佛教和耆那教应运而生，迅速发展壮大，掀起了一场新宗教运动。佛教甚至还走出了印度国门，传播到了中国、日本和斯里兰卡等国家。

思想领域的变革和新宗教运动，对印度语言的发展也产生了巨大影响。当时，梵语仍由婆罗门控制，普通老百姓说的是各种俗语。佛教和耆那教为争取普通老百姓，就使用俗语传教，这有力地促进了俗语的发展。梵语文学传统虽在延续，但用俗语创作的文学作品如雨后春笋般不断涌现。这种俗语文学传统持续了约 1500 年，对近现代印度雅利安语支各语言的文学产生了深刻影响。一般认为，中世纪印度雅利安语时期就是这些俗语的发展时期。这一时期大致可以分为三个阶段：

(1) 巴利语（पालि）时期（公元前 500 年至公元 100 年）；

(2) 波罗克利特语（प्राकृत）时期（公元 100 年至公元 500 年）；

(3) 阿波布朗希语（अपभ्रंश）时期（公元 500 年至公元 1000 年）。

1. 巴利语时期（公元前 500 年至公元 100 年）

巴利语时期是中世纪印度雅利安语发展的第一个时期，即俗语发展的第一个阶段。当时，印度雅利安语支出现了多种俗语，但以巴利语留下的文献最丰富，对后世的影响最大，因此这一时期被学者们称为巴利语时期。现在发现的巴利语文献主要与佛教有关，其中就包括佛教卷帙浩繁的巴利语"三藏"等。在印度语言发展史上，巴利语是古代印度雅利安语和近现代印度雅利安语之间非常重要的中间环节。在从梵语发展到现代印地语的阶梯中，巴利语是第一个台阶。

关于"巴利"一词的来源，学者们看法不一。有的学者认为，"巴利"一词最初并不是语言的名称，而是专门用于表示佛陀的教诲[③]。也有学者因巴利语是一门在乡村发展起来的语言，推测它的名字源于一个名叫"巴利"的村庄。还有学者把摩揭陀或羯陵伽、乌贾因、温迪亚等地的语言视为巴利语的基础[④]。不过，就巴利语的形式来看，它应该属于古代印度的西部方言[⑤]。

巴利语的形式明显不同于古代印度雅利安语，它们的区别主要表现在以下几个方面：

(1) 在巴利语中，既没有古代印度雅利安语的ऋ、ॠ、ऌ、ॡ、ऐ、औ等元音，也没有止音（विसर्ग）。在辅音系统中，巴利语保留了古代印度雅利安语的क、च、ट、त四组辅音，以及य、र、ल、व、स和ह等辅音。吠陀梵语中的辅音श、ष在巴利语中都变

成了 स，元音 ऋ 变成了 अ、इ 或 उ，元音 ऐ 和 औ 也分别变成了 ए 和 ओ。

（2）巴利语用辅音复迭的形式取代了古代印度雅利安语的复合辅音。如梵语词 धर्म 和 भक्त 在巴利语中分别变成了 धम्म 和 भत्त。

（3）许多梵语词中的非送气音在巴利语中变成了送气音。如梵语词 परशु 和 कील 的巴利语形式分别是 फरसु 和 खीर。

（4）梵语中的齿音在巴利语中变成了上颚音。如梵语词 दाह 和 स्थान 在巴利语中分别变成了 डाह 和 ठान。

（5）梵语中的 न 在巴利语中变成了 ण。如与梵语词 ध्यान 和 शकुन 对应的巴利语形式分别是 झाण 和 सकुण。

（6）在巴利语中，以辅音结尾的词很少，梵语中以辅音结尾的词在巴利语中该辅音经常被省略。如梵语词 भगवान् 和 यावत् 的巴利语形式分别是 भगवा 和 याव。

（7）梵语词中的 त्य、व्य、द्य 和 ध्य 在巴利语中分别成为 च्च、च्छ、ज्ज 和 ज्झ。如梵语词 कात्यायन、मिथ्या、अद्य 和 बुध्यते 在巴利语中分别变成了 कच्चायन、मिच्छा、अज्ज 和 बुज्झइ。

（8）巴利语的语法比梵语语法简单。虽然巴利语仍有三种性（阳性、阴性和中性），但数和格的数量少于梵语。梵语有三种数（单数、双数和复数），而巴利语只有两种数（单数和复数）；梵语有八种格，而巴利语只有六种格。

2. 波罗克利特语时期（公元 100 年至公元 500 年）

波罗克利特语时期是中世纪印度雅利安语发展的第二个时期，也是俗语发展的第二个阶段。当时，印度雅利安语支的各种俗语发展迅速，词汇及形态变化不断简化，被称为波罗克利特语。学者们认为，在吠陀梵语时期波罗克利特语就已经存在，吠陀梵语甚至还吸收了后者的部分词汇。在公元 1 世纪后，波罗克利特语开始独立发展,产生了许多优秀文学作品。

波罗克利特语虽与梵语关系密切,但语法更为简单,语言形式与梵语也有许多不同。这些不同主要表现在以下几个方面:

(1) 梵语中的元音字母 ऐ 和 औ 在波罗克利特语中分别变成了 अइ 和 अउ。如梵语词 कैलाश 和 कौरव 的波罗克利特语形式分别是 कइलास 和 कउरव。

(2) 梵语中的辅音 ष 被波罗克利特语摒弃,取而代之的是 स 或 श。如梵语词 शीर्ष 在波罗克利特语中变成了 सीस。

(3) 梵语中的元音 अ 在波罗克利特语中往往被 आ、इ、ई、ए 或 ओ 替代。如梵语词 हर 和 पद्म 的波罗克利特语形式分别是 होर 和 पोम्म。

(4) 梵语中的 ऋ、ऌ 和 ॡ 在波罗克利特语中分别被 अ、इ 和 उ 替代。如梵语词 घृणा、प्रावृष 和 जृम्भ 在波罗克利特语中分别变成了 घिण、पाउस 和 जम्भा。

(5) 梵语字母 न 和 य 在波罗克利特语中分别变成了 ण 和 ज。如梵语词 नगर 和 यव 在波罗克利特语中的形式分别是 णयर 和 जव。

(6) 梵语中的齿音在波罗克利特语中变成了上颚音。如与梵语词 स्थित 和 दोला 对应的波罗克利特语形式分别是 ठिय 和 डोला。

(7) 梵语词中的词中辅音在波罗克利特语中多被元音或半元音替代。如梵语词 सागर 和 वचन 在波罗克利特语中分别变成了 साअर 和 वयण。

(8) 梵语中的送气音在波罗克利特语中被 ह 替代。如梵语词 कथन 和 गभीर 的波罗克利特语形式分别是 कहण 和 गहीर。

(9) 梵语中的 ट 和 ठ 在波罗克利特语中分别变成了 ड 和 ढ。如与梵语词 भट 和 पठ 对应的波罗克利特语词分别是 भड 和 पढ。

总的来说,波罗克利特语延续了巴利语中出现的语言变化传统,继承了巴利语的所有语音。

关于波罗克利特语到底有多少种形式，学者们看法不一。多数学者认为当时出现了 27 种波罗克利特语形式，其中以摩诃剌陀波罗克利特语（महाराष्ट्री प्राकृत）、毕舍遮波罗克利特语（पैशाची प्राकृत）、修罗塞纳波罗克利特语（शौरसेनी प्राकृत）、摩揭陀波罗克利特语（मागधी प्राकृत）和半摩揭陀波罗克利特语（अर्धमागधी प्राकृत）最为重要。

（1）摩诃剌陀波罗克利特语。一般认为，在波罗克利特语的各种形式中，摩诃剌陀波罗克利特语最发达，也最典型。它产生于马哈拉施特拉地区，但它的使用范围除了马哈拉施特拉地区，还有古吉拉特、拉贾斯坦西部等。有的梵语戏剧家甚至打破常规，让上等人物也使用这种语言形式，而不用梵语。迦梨陀娑、戒日王曷利沙等梵语戏剧家在自己的戏剧中还使用它来创作歌曲。摩诃剌陀波罗克利特语深受修罗塞纳波罗克利特语的影响，吸收了后者的全部语音，并继承了巴利语和修罗塞纳波罗克利特语的传统，将梵语中的辅音字母श、ष变成स。此外，它还将梵语中的送气音变成ह。如梵语词 यथा 在这门语言中的形式即是 यहा。

（2）毕舍遮波罗克利特语。毕舍遮波罗克利特语主要在印度西北部以及拉贾斯坦等地区使用，对信德、旁遮普和克什米尔等地区的语言产生了较大影响。由于这种语言的使用地区多、地域广，学者们据此推断，它是当时印度下层人民使用的一种非常有影响的语言。据说，德富的《伟大的故事》就是用这种语言写成的[⑥]。在毕舍遮波罗克利特语中，梵语中的ण被न替代，ष变成了两种形式——श或स，浊辅音也变成了相应的清辅音。如：梵语词 गुण 在这门语言中的形式是 गुन；梵语词 विषम 有两种对应的毕舍遮波罗克利特语形式 विशम 和 विसम；梵语词 नगर 和 राजा 在这门语言中的形式分别是 नकर 和 राचा。

（3）修罗塞纳波罗克利特语。修罗塞纳波罗克利特语是当时北印度中部地区的主要语言。它是梵语戏剧中穿插使用的俗语的典型，使用者多为妇女和小丑。由于它与古典梵语产生的地区相同，因此在众多俗语形式中，它同后者最接近，并被视为是梵语向印地语发展的中间阶段。修罗塞纳波罗克利特语不论是语法，还是词汇都深受梵语的影响，有着大量梵语原形词和半原形词。但它与梵语在一些方面也有明显差别，梵语中的清辅音 त 和थ 在这门语言中分别变成了 द 和 ध，梵语中的短元音在这门语言中往往要变成对应的长元音。如梵语词 गच्छति、रक्त 和 उत्सव 在这门语言中的形式分别是 गच्छदि、रअद 和 ऊत्सव。

（4）摩揭陀波罗克利特语。摩揭陀波罗克利特语是古印度摩揭陀地区的主要语言，并因此得名。它的使用地域不仅限于摩揭陀地区，从北方邦东部的阿沃提（अवध）一直到孟加拉都有使用。学者们认为，这门语言是佛陀传教语言的改进形式，其形式保留在梵语戏剧作品中，使用角色是下等人。摩揭陀波罗克利特语的元音系统与巴利语相同，辅音系统与梵语相比有所简化，在梵语的辅音字母 श、ष 和 स 中只保留了 श，梵语的辅音字母 र 和 ज 分别变成了 ल 和 य，梵语的止音也被变成了元音 ए。如这门语言与梵语词 पुरुष: 和 जायत 对应的形式分别是 पुलिशे 和 यायदे。

（5）半摩揭陀波罗克利特语。半摩揭陀波罗克利特语主要流行于迦尸（काशी）等地，深受修罗塞纳波罗克利特语和摩揭陀波罗克利特语的影响。在梵语戏剧中，也有这门语言的使用。它在借用梵语词时，往往将梵语词中两个元音中间的辅音变成半元音 य，清辅音 क 变成浊辅音 ग。如梵语词 सागर 和 एक 在这门语言中的形式分别是 सायर 和 एग。此外，半摩揭陀波罗克利特语还用上颚音取代梵语的齿音。如这门语言与梵语词 स्थित 对应的形式即是 ठिय。

### 3. 阿波布朗希语时期（公元 500 年至公元 1000 年）

阿波布朗希语时期是中世纪印度雅利安语发展的第三个时期，也是俗语发展的第三个阶段。阿波布朗希语是公元 500 年至公元 1000 年间在印度西部发展和使用的语言。它在广义上常指任何一种与作为典范的标准梵语相左的语言，也指与书面波罗克利特语有别的口头俗语。关于这种语言的起源和发展，语言学家们意见并不一致。多数学者把这种语言视作是阿皮尔人（आभीर）的语言。他们认为，在公元 5 世纪左右，阿皮尔人中的一支越过印度河进入印度西部，主要以畜牧为生。他们的到来对当地的社会和语言产生了重大影响。在阿皮尔人的语言中，乡土词汇很多。阿波布朗希语即是这些阿皮尔人的语言和修罗塞纳波罗克利特语相互影响的产物，其使用地域很广，包括信德、拉贾斯坦、古吉拉特、旁遮普等地。但也有少数学者持不同意见，他们认为，阿波布朗希语源于中世纪的波罗克利特语。在他们看来，摩揭陀阿波布朗希语（मागधी अपभ्रंश）、半摩揭陀阿波布朗希语（अर्धमागधी अपभ्रंश）、修罗塞纳阿波布朗希语（शौरसैनी अपभ्रंश）和摩诃刺陀阿波布朗希语（महाराष्ट्री अपभ्रंश）等阿波布朗希语形式，分别是从相应的摩揭陀波罗克利特语、半摩揭陀波罗克利特语、修罗塞纳波罗克利特语和摩诃刺陀波罗克利特语等波罗克利特语形式发展而来的。

阿波布朗希语作为语言的名称在公元 6 世纪就被当时的语言学家提及，到公元 10 世纪，这门语言已成为使用地区最多的语言，并出现了多种形式。从使用地区来看，这些形式大致可以分为三类：婆罗遮吒阿波布朗希语（ब्राचड अपभ्रंश）、城市阿波布朗希语（नागर अपभ्रंश）和乡镇阿波布朗希语（उपनागर अपभ्रंश）。婆罗遮吒阿波布朗希语主要在信德地区使用，城市阿波布朗希语主要在古吉拉特使用，而乡镇阿波布朗希语的主要使用地区是拉贾斯坦和旁遮普南部。

从学者们对阿波布朗希语的描述来看，这门语言具有以下特征：

（1）阿波布朗希语继承了波罗克利特语的所有语音。

（2）在阿波布朗希语中，曲折词尾开始被后置词取代，语言的简化趋势明显，开始用 सहु、तण 表示具格，用 केर 表示属格，用 रेसि、केहि 表示为格，用 होन्तउ、होन्त 表示从格，用 महं、मज्झे 等表示依格。现代印地语中的后置词 से、का、म 等即由这些形式发展而来。

（3）在阿波布朗希语中，代词的形式有所减少。这门语言中的代词形式 हौं、मई、अम्हे、तु、तुज्झ、ओइ、जो、सो、को、कोउ、अपाण 和 मोर、अम्हार、तोर 等也是现代印地语代词形式的基础。

（4）在阿波布朗希语中，除了地方性词汇，还有梵语同形词、梵语同源词以及外来词。

（5）在阿波布朗希语中，元音  उ 的使用非常广泛，现代印地语中的伯勒杰方言（ब्रज）、阿沃提方言（अवधी）受此影响很大。

（6）在阿波布朗希语中，大量存在以元音 अ 结尾的阳性名词，出现了以单辅音代替复迭辅音的趋势。

（7）梵语词中的送气音在阿波布朗希语中变成了 ह。如梵语词 कथा 和 दीर्घ 在阿波布朗希语中的形式分别是 कहा 和 दीह。

（8）阿波布朗希语的语法比梵语简单，只有阳性和阴性两种性，单数和复数两种数，中性梵语名词被用作阳性名词，双数梵语名词被用作复数名词。此外，与梵语相比，阿波布朗希语的时态数量也有所减少。

（9）在阿波布朗希语中，梵语中的长元音有很大一部分变成了对应的短元音。如梵语词 विरूप 和 राज्य 在阿波布朗希语中的形

式分别是 विरुअ 和 रज्ज。

由于阿波布朗希语在发音和语法上的特点，语言学家通常将其视为典型的俗语和近现代印度各语言之间的桥梁，认为其对近现代印度雅利安语产生了重大影响，尤其是对印地语的发展贡献更大。事实上，阿波布朗希语和印地语不仅在语言形式和语法方面存在密切联系，而且在文学方面，两门语言也存在深厚的渊源，阿波布朗希语的多种文学描写方式和文学体裁在印地语中均有继承和发展。在《赫米尔王颂》、《地王颂》等早期印地语文学作品中，阿波布朗希语人物传记诗的影响清晰可见。阿波布朗希语有关离愁别绪和对人体部位的描写方式，以及对笑容的细致分类等，在印地语文学创作中都得到了继承。印地语修士诗人的诗歌也深受阿波布朗希语的影响，印地语诗歌中的两行体或四行体形式在阿波布朗希语中就已存在。

## 三、近现代印度雅利安语时期

虽然在阿波布朗希语中期（公元 8 世纪左右），印地语的早期形式已经出现，但鲜有文学作品问世。在 9—10 世纪用于文学创作的印地语形式深受阿波布朗希语的影响，被学者们称为古印地语或杂有阿波布朗希语的印地语，因而也不能算真正意义上的印地语文学创作。因此，学者们一般认为近现代印度雅利安语时期始自公元 1000 年。

属于近现代印度雅利安语支的语言形式很多，在当今印度使用人口超过千万的就有旁遮普语（ਪੰਜਾਬੀ）、孟加拉语（বাংলা）、马拉提语（मराठी）、古吉拉特语（ગુજરાતી）、拉贾斯坦语（राजस्थानी）、比哈尔语（बिहारी）、奥里萨语（ଉଡ଼ିଆ）和印地语（हिन्दी，含乌尔都语 उर्दू[⑦]）等八种。

（1）旁遮普语。旁遮普语的主要使用地区不仅包括当今印度的旁遮普邦，还包括印巴分治时划归巴基斯坦的原旁遮普西部地区。学者们认为，这门语言源自修罗塞纳波罗克利特语，并受到了修罗塞纳阿波布朗希语的影响。旁遮普语的主要书写方式是祖师体（गुरुमुखी लिपि），此外还可以用波斯体（फ़ारसी लिपि）、天城体（नागरी लिपि）或陵达体（लंडा लिपि）书写。旁遮普语主要有马尔瓦（मालवाई）、波瓦提（पोवाधी）等多种方言，著名文学家有那纳克·辛格（नानकसिंह）、特尼拉姆·查特利克（धनीराम चात्रिक）、杜格尔（दुग्गल）等。

（2）孟加拉语。孟加拉语是非常繁荣的一门语言，它可以分为两支：一支是东孟加拉语，中心是达卡，如今在孟加拉国境内；另一支是西孟加拉语，中心是加尔各答。孟加拉语源自摩揭陀阿波布朗希语，不仅有梵语词，还从波斯语、英语等语言中吸收了大量词汇。孟加拉语有自己的书写方式，但这种书写方式受天城体的影响很大。孟加拉语的文学非常发达，出现了许多著名文学家，其中罗宾德拉纳特·泰戈尔（रविन्द्रनाथ ठाकुर）甚至还是诺贝尔文学奖得主。

（3）马拉提语。马拉提语主要在印度马哈拉施特拉邦使用。马拉提语源自摩诃剌陀阿波布朗希语，并深受达罗毗荼语系语言的影响，用莫利体（मोडी लिपि）或天城体书写，有哈尔维（हलवी）、贡格尼（काकणी）等多种方言。马拉提语的文学比较发达，出现了拉姆达斯（रामदास）、拉姆·觉西（राम जोशी）、阿伯代（आप्टे）、巴布特（बापट）等著名文学家。

（4）古吉拉特语。古吉拉特语主要在印度古吉拉特邦和孟买使用。古吉拉特语的产生与发展和古吉拉特人在印度的活动密切相关。在历史上，古吉拉特人的主要居住地是拉贾斯坦和古吉拉特地区。正因为如此，古吉拉特语和拉贾斯坦语存在许多相似之处。学者们据此推断，在16世纪之前，这两门语言是同一种语言。此后,古吉拉特语才与拉贾斯坦语分离,发展成为独立的语言。古吉拉特语在 17 世纪之前一直使用天城体书写,此后,才用盖提体（કેથી લિપિ）书写,主要方言有伽梯雅瓦尔方言（કાઠિયાવાડી）等。古吉拉特语的文学传统最早可以追溯到公元 1200 年,有大量文学作品存世,出现了迦梨达斯（કાલિદાસ）、特鲁沃（ધ્રુવ）、马纳拉尔（માનાલાલ）等著名文学家。

（5）拉贾斯坦语。拉贾斯坦语主要在印度拉贾斯坦邦使用。语言学家一般将其视作广义印地语的一种形式,称作拉贾斯坦印地语。拉贾斯坦语的方言有 30 来种,文学传统悠久,出现了米拉（मीरा）、赫利达斯（हरिदास）等重要文学家。

（6）比哈尔语。比哈尔语主要在印度比哈尔邦使用。这门语言也被语言学家视作广义印地语的一种形式,被称作比哈尔印地语。比哈尔语源自摩揭陀阿波布朗希语,有莫格西（मगही）、迈提利（मैथिली）两种主要方言,其中莫格西方言用盖提体书写,而迈提利方言用天城体书写。从文学创作来看,迈提利方言更为发达,出现了维德瓦伯第（विद्यापति）、戈温德达斯（गोविन्ददास）等著名文学家。

（7）奥里萨语。奥里萨语主要在印度奥里萨邦使用。由于奥里萨邦毗邻孟加拉地区,因此奥里萨语与孟加拉语在形式上有很多相同点。奥里萨语有自己的书写方式,但这种书写方式源自天城体,与天城体有很多相同之处。薄得利方言（भत्री）是奥里萨语的主要方言。在历史上,奥里萨地区长期受泰卢固人和马拉提人的统治,因此奥里萨语中吸收了泰卢固语和马拉提语的大量词汇。这门语言的文学传统比较悠久,有大量优秀文学作品问世,不仅有乌本德拉·帕杰（उपेन्द्र भज）等虔诚运动黑天派著名诗人,也有罗怙那特·罗易（रघुनाथ राय）等有名的近现代文学家。

（8）印地语。印地语是当今印度的主要官方语言,也是印度雅利安语支使用人数最多的语言。印地语的标准语以德里及其附近地区的方言,即克利方言（खड़ी बोली）为基础,以德里语音为标准音,以印地语的文学作品和报刊文章为语法规范。印地语的主要方言可以分为两支:西部印地语和东部印地语。西部印地语的主要使用地区是北方邦、拉贾斯坦邦、比哈尔邦、喜马偕尔邦、哈里亚那邦以及中央邦。西部印地语源自修罗塞纳阿波布朗希语,吸收了多种语言和方言的词汇,主要有班加罗方言（बांगरू）、克利方言、伯勒杰方言和甘诺吉方言（कनोजी）等,这些方言均有独立的文学传统。西部印地语用天城体书写,文学创作始自公元 10 世纪之前,文学作品十分丰富,涌现了苏尔达斯（सूरदास）、格比尔（कबीर）、帕勒登杜（भारतेन्दु）、杰耶辛格尔·普拉萨德（जयशंकर प्रसाद）、普列姆昌德（प्रेमचन्द）、尼拉腊（निराला）等有影响的优秀文学家。东部印地语源自半摩揭陀阿波布朗希语,主要在西部印地语区和比哈尔语区之间的地区使用。在历史上,这些地区位于印度古国乔萨罗（कोशल）的中部,因此东部印地语也被称作乔萨罗语（कोशली）。东部印地语深受西部印地语和比哈尔语的影响,主要方言有阿沃提方言、博杰普尔方言（भोजपुरी）和三十六堡方言（छत्तीसगढ़ी）。在这些方言中,阿沃提方言用天城体书写,文学最为发达,产生了诸如《罗摩功行之湖》之类的不朽名篇,出现了以杜尔西达斯（तुलसीदास）为代表的许多优秀文学家。

总的来说,近现代印度雅利安语支延续了中世纪俗语的发展传统,语言形式越来越成熟,使用人数越来越多,影响也越来越大。除上述八门在印度使用人数超过千万的语言外,属于近现代印度雅利安语支的重要语言还有主要在印度使用的阿萨姆语（असमी）、山地语（पहाड़ी）,主要在巴基斯坦使用的信德语（सिंधी）和勒亨达语（लहंदा）,以及主要在尼泊尔使用的尼泊尔语（नेपाली）等。由于篇幅原因,本文不再一一介绍。

**注释：**

① 陈峰群主编：《印度社会述论》，北京：中国社会科学出版社，1981年，第200页。

② 司玉英：《印度的语言问题和语言教育》，载《扬州大学学报》，2007年第6期，第37页。

③ डॉ. बालेन्दु शेखर तिवारी, डॉ. लक्ष्मी लाल वैरागी: "हिन्दी: स्वरूप और समस्याएं", संघी प्रकाशन, 1998, पृ. 12.

④ 同上，पृ. 13.

⑤ 刘建、朱明忠、葛维钧：《印度文明》，福州：福建教育出版社，2008年，第178页。

⑥ 同上，第178页。

⑦ 乌尔都语在印度的使用人数也在千万以上，但多数语言学家并不将其视为一门独立的语言，而只是将其视作印地语的一种形式，称为乌尔都印地语。

## 参考文献

[1] डॉ. केशवदत्त रुवाली, *हिन्दी भाषा का इतिहास*, श्री अलमोड़ा बुक डिपो, संस्करण: प्रथम, 1990.

[2] डॉ. बालेन्दु शेखर तिवारी, डॉ लक्ष्मी लाल वैरागी, *हिन्दी: स्वरूप और समस्याएं*, विजेन्द्र कुमार संघी प्रकाशन, संस्करण: प्रथम, 1998.

[3] प्रभुदयालु अग्निहोत्री, *प्राचीन भारतीय संस्कृति और समाज*, ईस्टर्न बुक लिंकर्स, संस्करण: प्रथम, 2000.

[4] 刘建、朱明忠、葛维钧：《印度文明》，福州：福建教育出版社，2008年。

[5] 林太：《印度通史》，上海：上海社会科学出版社，2007年。

［6］刘安武：《印度印地语文学史》，北京：人民文学出版社，1987 年。

［7］金克木：《梵语文学史》，南昌：江西教育出版社，1999 年。

［8］尚会鹏：《印度文化史》，桂林：广西师范大学出版社，2007 年。

［9］陈峰群主编：《印度社会述论》，北京：中国社会科学出版社，1981 年。

（作者系解放军国际关系学院副教授）

# 老挝地名的命名理据及翻译策略

杨 玙

**摘 要:** 本文就老挝地名的命名特点和汉译问题,对其省、县两级地名和其他一些代表性地名实例进行梳理分析,研究发现老挝地名的主要命名理据可分为物产、自然地理、历史事件、宗教、数字等方面。本文同时认为老挝地名的汉译存在不规范统一的问题,在此基础上提出了一些针对性的翻译策略以助两国跨文化交际的开展。

**关键词:** 老挝地名;命名理据;翻译策略

地名是对应某一地域的指称名性词,地名的使用与人们的政治、经济、军事、文化等一切社会活动密切相连。在跨文化交际中,探寻对方国家的地名命名理据是我们了解双方文化的一个重要窗口,恰当地翻译和使用地名也是促成文化交流的重要渠道。老挝是我国的友好邻邦,两国在官方和民间有多渠道的交流,本文针对老挝地名的命名特点和汉译问题,主要以老挝省、县两级地名作为研究实例,并引用其他一些代表性的老挝地名,对老挝地名命名的理据进行梳理分析,并尝试提出一些翻译策略,以期对今后的老挝语翻译工作提供参考。

## 一、老挝地名的命名理据

地名是人类为了便利自己的生产和生活而命定的用来识别某一地域的记号、标志。地名是否便于识记运用往往是命名时所要考虑的首要因素，因此地名命名中虽不排除命名人主观因素的影响，但更多依据的是客观现实，尤其是那些易于感知的、直观的、现实的、特定的、能引起注意的、显著度高的或为人熟知的事或物。老挝地名的命名就突出体现了这一特点。

### （一）依据物产

语言形式是由人们对客观世界的认知突显所决定的，某地显著的事物总是容易引起人们的注意。以物产命名选取当地某一有特色的或突出的事物来指代某地。地名自然地说明了当地拥有的显著的自然资源，如动植物、矿产等。

#### 1. 依据动物

依据动物命名地名的情况在老挝颇为常见。某地某种动物较多或有某种珍稀动物，地形地貌的形状与某种动物或某个动物器官类似，借用某些动物名为某地祈福等都是地名命名的依据。（老挝文字前的汉字为现有汉译，括号内为对应意译，下同）如：芒阿县 ມ.ງາ（象牙）、波登县 ມ.ບໍ່ແຕນ（胡蜂）、鸿洒县 ມ.ຫົງສາ（凤凰、天鹅）、普考块山 ພູເຂົາຄວາຍ（水牛山）、基奈莫村 ບ້ານຈິ່ນາຍໄມ້（大蟋蟀）、农黑县 ມ.ຫນອງແຮດ（犀牛塘）等。

#### 2. 依据植物

居住地附近的标志性植物容易引人关注，人们就以此植物命名此地。如：万象省 ແຂວງວຽງຈັນ（檀香之城）、沙拉湾 ແຂວງສາລະວັນ（白柳安树林）、占巴塞 ແຂວງຈຳປາສັກ（多占巴花和柚木）、丰沙里 ແຂວງຜົ້ງສາລີ（玉米地）、顿蓬县 ມ.ຕຶ້ນເຜິ້ງ（大花杜英树)、芒昏县 ມ.ຊນ（一种番薯）、香库县 ມ.ຂງງດ້（蒲葵城）、芒北县 ມ.ແປກ（松树）、芒昆县 ມ.ຄູນ（腊肠树、牛角树）、芒方县 ມ.ເຟືອງ（稻草）、卡楞县 ມ.ກະລົມ（手杖藤）等。

### 3. 依据物产

因某地盛产或曾经出产某种物产，这一物产对该地具有代表性的意义，就以此物产来命名该地。此类地名对了解该地域的自然资源有一定的参考作用。如：波乔省 ແຂວງບ່ແກ້ວ（宝石源）、波里坎赛 ແຂວງບລິຄາໄຊ（胜利黄金地）、芒恩县 ມ.ເງິນ（银县）、芒娥县 ມ.ງອບ（草斗笠）、万坎县 ມ.ວງງຄາ（金城）、香恩县 ມ.ຊງງເງິນ（银）、万通县 ມ.ວງງທອງ（铜城）、芒坎县 ມ.ຄາ（金城）、乔乌东县 ມ.ແກ້ວອຸດົມ（丰富的宝石）、芒洪县 ມ.ຮົມ（药熏）、坎格县 ມ.ຄາເກີດ（产金地）、坎塔武里县 ມ.ຄັບທະບູລີ（香水之城）、老昂县 ມ.ເລົ້າງາມ（美酒）、东兰县 ມ.ຕຸ້ມລານ（菩提叶做的篓子）等。

### 4. 依据建筑设施

以有名的建筑来命名地名，在地名命名中比较常见，这类地名具有浓厚的民族历史文化色彩。老挝以建筑为地名的主要以寺庙名居多。如：ທາດຫລວງ 塔銮寺、ວັດພູ 瓦普寺、ທາດດຳ 塔当（黑塔）、ທາດຂາວ 塔考（白塔）、ປະຕູໄຊ (ອະນຸສາວະລີ)（凯旋门、纪念碑）等。

## （二）依据自然地理

陆地上最为常见的有地形、方位意义的实体是山峰和河流，各地的山名和水名往往用来作为各种地名命名的依据，从而形成了相关的地名系统。如用山脉、河流、石、土、沙等名称来命名的就非常多。

1. 依据山名

某地地处某山附近，因某山、岗、峰、崖、尖等与此地有关系，地名就直接借某山之名为名。如：万普卡县 ມ.ວຽງພູຄາ（普卡山）、帕乌东县 ມ.ຜາອຸດົມ（悬崖）、钟培县 ມ.ຈອມເພັດ（钻石之顶）、普昆县 ມ.ພູຄູນ（普昆山）、普古县 ມ.ພູກູດ（普古山）、普瓮县 ມ.ພູວົງ（普瓮山）、蓬通县 ມ.ໂພນທອງ（铜岗）等。

2. 依据水名

老挝境内山陵、平原、江河众多，地名中有不少是直接以江河溪水之名为名或依据与水有关的"河、湖、塘"等为名的。如：南塔 ແຂວງຫລວງນ້ຳທາ（南塔河）、色功 ແຂວງເຊກອງ（色功河）、会晒县 ມ.ຫ້ວຍຊາຍ（沙河）、南巴县 ມ.ນ້ຳບາກ（南巴河）、农波县 ມ.ຫນອງບົກ（干涸的池塘）、色邦非县 ມ.ເຊບັ້ງໄຟ（高升河）、阿萨旁通县 ມ.ອາດສະພັງທອງ（清洁的泉水）、色崩县 ມ.ເຊໂປນ（色崩河）、章蓬县 ມ.ຈຳພອນ（章蓬河）、芒农县 ມ.ນອງ（拉农河）、瓦比县 ມ.ວາບີ（草泽）、孔色东县 ມ.ຄົງເຊໂດນ（色东河）等。

3. 依据地理特征

土壤、气候、水文、自然条件等地理特征常常是命名的依据。如：川圹 ແຂວງຊຽງຂວາງ（横断山之地）、那赛通县 ມ.ນາຊາຍທອງ（金沙田）、那摩县 ມ.ນາຫມໍ້（锅形田）、芒平县 ມ.ພຽງ（平坦之地）、莫迈县 ມ.ຫມອກໃຫມ່（新雾县）、欣合县 ມ.ຫິນເຫີບ（突出的石头）、杜拉空县 ມ.ທຸລະຄົມ（交通不便）、波里坎县 ມ.ບໍລິຄັນ（堤坝、田埂）、欣本县 ມ.ຫິນບູນ（石）、那盖县 ມ.ນາກາຍ（田）、芒孔县 ມ.ໂຄງ（孔岛）、龙汕县 ມ.ລ້ອງຊານ（小盆地）。

4. 依据位置方位

位置方位通常也是地名命名的依据。

(1) 依据位置。如：约乌县 ມ.ຍອດອູ（南乌江源）、巴娥县 ມ.ປາກງື່ມ（南峨河口）、巴塔县 ມ.ປາກທາ（南塔河口）、巴本县 ມ.ປາກແບ່ງ（南本河口）、巴莱县 ມ.ປາກລາຍ（南莱河口）、巴乌县 ມ.ປາກອູ（南乌河口）、巴森县 ມ.ປາກແຊງ（南森河口）、北桑县（桑怒市）ມ.ຊຳເທນືອ（南桑河北）、南桑县（桑岱县）ມ.ຊຳໃຕ້（南桑河南）、华芒县 ມ.ຫົວເມືອງ（城头）、北汕县 ມ.ປາກຊັມ（南汕河口）、巴卡定县 ມ.ປາກກະດິງ（卡定河口）、宋孔县 ມ.ສອງຄອນ（二南孔河）、塔邦通县 ມ.ທ່າປາງທອງ（邦通河码头）、塔登县 ມ.ທ່າແຕງ（南登河码头）、巴色市 ມ.ປາກເຊ（河口市）、北松县 ມ.ປາກຊອງ（南宋河口）。

(2) 依据方位。如：上芒福县（北芒本县）ມ.ບຸນເທນືອ、下芒福县（南芒本县）ມ.ບຸນໃຕ້、右县（芒夸县）ມ.ຂວາ、波拉帕县 ມ.ບົວລະພາ（东方）。

5. 依据功能

如：万象市 ກຳແພງມະຄອນວຽງຈັນ（首都万象，檀香之城）、早市 ຕະຫລາດເຊົ້າ、晚市 ຕະຫລາດແລງ（中国城）、他曲市 ມ.ທ່າແຂກ（客运码头）。

(三) 依据历史事件或人物

历史事件命名地名，即是依据与该地名相关的历史事件、人物掌故或传说等来命名。如为纪念历史上某个取得胜利的事件而把地点命名为胜利之城等。

(1) 依据历史事件或人物。如：沙耶武里 ແຂວງໄຊຍະບູລີ（胜利之城）、琅勃拉邦 ແຂວງຫລວງພະບາງ（古代都城）、赛色塔县 ມ.ໄຊເສດຖາ（老挝古代国王塞塔提腊）、西萨塔纳县 ມ.ສີສັດຕະນາກ（首都万象的古名，淡紫红华盖色）、赛塔尼县 ມ.ໄຊທານີ（胜利之城）、芒迈县 ມ.ໃຫມ່（新县）、芒赛县 ມ.ໄຊ（胜利县）、更滔县

ມ.ແກ່ນທ້າວ（君主、君王）、万赛县 ມ.ວງໄຊ（胜利之城）、万荣县 ມ.ວັງວຽງ（宫殿）、赛颂奔县 ມ.ໄຊສົມບູນ（完胜、丰富）、马哈赛县 ມ.ມະຫາໄຊ（大捷）、赛波通县 ມ.ໄຊບົວທອງ（胜利红莲）、维拉武里县 ມ.ວິລະບູລີ（英雄之城）、赛武里县 ມ.ໄຊບູລີ（胜利之城）、宋武里县 ມ.ຊົນບູລີ（人民之城）、拉孔蓬县 ມ.ລະຄອນເພັງ（歌剧）、萨马克赛县 ມ.ສາມັກຄີໄຊ（团结胜利）、萨囊赛县 ມ.ສະຫນາມໄຊ（胜利广场）、萨拿宋奔县 ມ.ຊະນະສົມບູນ（完胜、全胜）。

（2）依据历史事件加地理特征。如：通米赛县 ມ.ທົ່ງມີໄຊ（胜利的坝子）、蓬赛县 ມ.ໂພນໄຊ（胜利岗）、帕赛县 ມ.ຜາໄຊ（胜利的悬崖）、帕兰赛县 ມ.ພະລານໄຊ（胜利平原）、赛普通县 ມ.ໄຊພູທອງ（胜利的普通山）、散赛县 ມ.ສານໄຊ（胜利的网）、ຂົວມິດຕະພາບ (ລາວ-ໄທ) 老泰友谊桥。

（3）依据历史上的原住民。如：达威县 ມ.ຕະໂອຍ（老听族之一）。

**（四）依据宗教文化**

（1）依据宗教。地名直接来自宗教、宗教传说或巴利文，梵化地名、僧名、寺名的现象，在老挝这个信仰小乘佛教的国家是很常见的。如：塔赛丰县 ມ.ທາດໄຊຟອງ（佛教里的小沙塔）、芒新县 ມ.ສິງ（国王的称号、兽王）、卡西县 ມ.ກາສີ（迦湿—印度教的圣地）、塔帕巴县 ມ.ທາພະບາດ（佛的脚印）、勇马拉县 ມ.ຍົມມະລາດ（阎罗王、阎王）、乌图蓬县（佛教经书音译："优昙华"）、芒平县 ມ.ພິນ（印度诗琴）、巴土蓬县 ມ.ປະທຸມພອນ（白莲）、姆拉巴莫县 ມ.ມູນລະປະໂມກ（度脱）、英彭寺 ວັດອິນແປງ（[神] 因陀罗）。

（2）依据信仰愿望。如：乌多姆塞 ແຂວງອຸດົມໄຊ（富饶、胜利）、沙湾拿吉 ແຂວງສະຫວັນມະເຂດ（天堂、乐园）、占塔布里县 ມ.ຈັນທະບູລີ（月亮城）、芒南县 ມ.ນານ（长久）、芒湄县 ມ.ແມດ（神仙、天堂)、阿萨蓬县 ມ.ອາດສະພອນ (洁白，祝福)。

**(五) 依据数字**

数字命名地名就是用与地名相关的某个数来代替地名。有些是采用某地与市中心某个相对应参考地之间的距离，有些是采用街道、公路的序号。如：ຫລັກ5 (5公里)、ຫລັກ9 (9公里)、ຫລັກ14 (14公里)、ທາງT2 (T2路)、ທາງ13ເຫນືອ (北13号公路) 等。这类地名在老挝的城市中非常普遍，这些数字所表示的地点对当地来说是约定俗成的。

## 二、老挝地名的翻译策略

地名是历史的产物，是国家领土主权的象征，是日常生活的向导，是社会交往的媒介。在跨文化交际中，地名翻译应该既包含其固有的社会文化意义，又能实现上述功能。目前国内对老挝省名和省会地名的翻译大体上是统一的，但由于对老挝的交流、认识和研究不足等原因，对老挝省级以下地名的翻译还很不统一，工作中常常造成很多人为的不必要的麻烦。下面根据老挝地名特点和笔者汉译的体会，提出老挝地名汉译的几条策略。

1. 专名是单音节的译法

专名是单音节，通名也是单音节，这时通名应视作专名的组成部分，先音译并与专名连写，后重复意译。(老挝语的画线部分是通名，汉字带点的字是音译，下同) 例如：

老挝语：ມ.ໃໝ່　　　　老挝语：ມ.ໄຊ
对应直译：县新　　　　对应直译：县胜利
现有汉译：芒迈县　　　现有汉译：芒赛县

这样的译法既体现了老挝语的原音，又充分表达了原意，同时符合汉语习惯。这是在翻译过程中我们应该遵循的约定俗成译法。下面的地名也属于同一情况：

芒阿县 ມ.ງາ、芒昏县 ມ.ธุม、芒恩县 ມ.ເງິມ、芒娥县 ມ.ງອບ、芒坎县 ມ.ຄຳ、芒北县 ມ.ແປກ、芒昆县 ມ.ຄູນ、芒方县 ມ.ເພືອງ、芒洪县 ມ.ຮິມ、芒坪县 ມ.ພງງ、芒农县 ມ.ນອງ、芒孔县 ມ.ໂຂງ、芒夸县 ມ.ຂວາ、芒新县 ມ.ສິງ、芒平县 ມ.ພິນ、芒南县 ມ.ນານ、芒湄县 ມ.ແມດ。

2.通名专名化的译法

通名专名化主要指地名中同时出现两个通名，范畴小的通名和专名融合并音译，后保留范畴大的通名意译，如：山（ພູ）、河（ນໍ້າ, ເຊ）、河口（ປາກ）、港（ທ່າ）、田（ນາ）、崖（ຜາ）、塔（ທາດ）、塘（ທນອງ）等范畴小的通名，与专名融合后构成专名整体（汉语带点的字和老挝语的画线部分即为通名专名化）。如：

老挝语：ມ.ວງທອງ　　　老挝语：ມ.ວງຄຳ
对应直译：县城铜　　　对应直译：县城金
现有汉译：万通县　　　现有汉译：万坎县

下面的地名也属于这种情况：

南塔省 ແຂວງຫລວງນໍ້າທາ、色功省 ແຂວງເຂກອງ、帕乌东县 ມ.ຜາອຸດົມ、那摩县 ມ.ນາທົມ、会晒县 ມ.ຫ້ວຍຊາຍ、南巴县 ມ.ນໍ້າບາກ、普昆县 ມ.ພູຄູນ（普昆山）、普古县 ມ.ພູກູດ、农黑县 ມ.ຫນອງແຮດ、那盖县 ມ.ນາກາຍ、农波县 ມ.ຫນອງບົກ、色邦非县 ມ.ເຊບັ້ງໄຟ、色崩县 ມ.ເຊໂປນ、普瓮县 ມ.ພູວົງ（普瓮山）、蓬通县 ມ.ໂພນທອງ、巴娥县 ມ.ປາກງື່ມ、巴塔县 ມ.ປາກທາ、巴本县 ມ.ປາກແບງ、巴莱县 ມ.ປາກລາຍ、巴乌县 ມ.ປາກອູ、巴森

县 ມ.ປາກແບ່ງ、桑怒市 ມ.ຊຳເໜືອ、桑岱县 ມ.ຊຳໃຕ້、北汕县 ມ.ປາກຊັນ、巴卡定县 ມ.ປາກກະດິງ、塔邦通县 ມ.ທ່າປາງທອງ、塔登县 ມ.ທ່າແຕງ、巴色市 ມ.ປາກເຊ、北松县 ມ.ປາກຊ່ອງ、塔赛丰县 ມ.ທາດໄຊຟອງ、蓬赛县 ມ.ໂພນໄຊ、帕赛县 ມ.ຜາໄຊ、赛普通县 ມ.ໄຊພູທອງ、那塞通县 ບາງຊາຍທອງ、万普卡县 ມ.ວັງພູກາ、通米赛县 ມ.ທົງມີໄຊ。

3. 多词一译的情况

由于汉语与老挝语在某些语义上有概念的差别，尤其是一些通名词，在汉语中仅存在一种表达，而老挝语划分得更细一些，根据通名意义，按照汉语习惯采用统一的通名。如：

（1）ເຊ、ນ້ຳ、ຫ້ວຍ、ແມ່ນ້ຳ 等词统一译为"河"。如：

　　ແມ່ນ້ຳ ຂອງ 湄公河　　ນ້ຳ ທາ 南塔河

　　ເຊ ກອງ 色功河　　ຫ້ວຍ ຊາຍ 沙河（会晒）

（2）ເມືອງ、ວຽງ、ທານີ、ບູລີ、ຫລວງ 等词统一译为"城、市"。（老挝文后的是直译，括号里的是现有汉译）如：

　　ເມືອງ ວຽງຈັນ 檀香之城（万象市）

　　ວຽງໄຊ 胜利之城（万赛）

　　ໄຊທານີ 胜利之城（赛塔尼）

　　ໄຊບູລີ 胜利之城（赛武里）

　　ຫລວງນ້ຳທາ 南塔河城（南塔市）

4. 一些带有特定意义的专名译法

专名是一些有特定意义的词，一般用意译法。根据老挝语定语后置的语法习惯，先译专名，再跟译通名。（老挝语的画线部分是通名，汉字带点的字是意译，下同）例如：ຕະຫລາດເຊົ້າ 早市、ຕະຫລາດແລງ 晚市、ຕະຫລາດຈີນ 中国城、ຂົວມິດຕະພາບ (ລາວ-ໄທ)（老—泰）友谊桥。

5.一些译法的统一问题

由于历史、文化等原因，有些地名存在一名多译的情况，我们认为应该统一译法以避免歧义、误解，方便交流。例如：

（1）有些地名是在特定历史时期由特定的华人群体所使用的，随着时代的变迁，以及普通话的普及使用，大量新移民的加入，应根据实际情况，与时俱进地对一些原有地名的翻译做出相应调整。（括号内为调整后的正确译法）如：ວຽງຈັນ 永珍（万象）、ສະຫວັນນະເຂດ 素万（沙湾拿吉）、ປາກເຊ 北细（巴色）等。

（2）另有一些地名，老挝语通名相同，通名所表示的意义也相同，但是在翻译中不统一。为避免引起歧义，也应该根据普通话的发音做一些统一。（括号内为调整后译法）如：ປາກຊັນ 北汕（巴汕）、ປາກຊ່ອງ 北松（巴松）、ປາກກະດິງ 北卡定（巴卡定）、ປາກທິນບູນ 北欣本（巴欣本）

（3）一些高频地名字译法的统一。老挝地名中出现的一些高频词，在翻译时应该参照外译中汉字使用的习惯和东南亚语言翻译的实际情况，对汉译中汉字的选取做一些统一。（带点的为应选用的汉字）如：ເມືອງ 芒（县、市）、ແກ້ວ 乔（宝石）、ວຽງ 万（城）、ນ້ຳ 南（水、河）、ຄຳ 坎（金）、ປາກ 巴（口）、ເຊ 色（河）、ນາ 那（田）、ພູ 普（山）、ໄຊ 赛（胜利）、ທອງ 通（铜）、ວັດ 瓦（寺庙）、ບຸນ 本（福、运）等。

## 三、结语

老挝地名命名主要依据物产、自然地理、历史事件、宗教、数字等几大方面。通过研究可以看出地名命名不仅是一个语言问题，更是一个文化问题。老挝各地事物的特征和标记是当地人的一种认识，也可以认为就是当地的一种文化。考察老挝的地名命名理据，毫无疑问能帮助我们更好地了解老挝这个我们还不太熟悉的友好邻邦的特定文化。在信息化社会中，规范统一的地名翻译在国际政治、经济、外交、外贸、科技、文化交流、新闻出版以及社会生活方面的重要作用是不言而喻的。针对目前老挝地名翻译缺乏规范统一的情况，我们认为，按照地名语翻译的原则，提出一些可供参考使用的地名翻译策略是非常有必要的。另外，老挝语中的地名从语音上来说，体现出朗朗上口的特点；从意义上说，体现出通俗易记、具体形象等效果，从中能感受到老挝深厚的文化底蕴，在汉译过程中应考虑尽可能保留上述特色。这不仅能使我们的翻译工作更加准确贴切，还能为双方交流提供便利，对我们发展与老挝的友好合作关系亦具有重要的现实意义。

## 参考文献

［1］黄冰：《老挝语汉语词典》，国际关系学院昆明分部，2000年。

［2］杰弗里·利奇：《语义学》，上海：上海外语教育出版社，2000年。

［3］李如龙：《汉语地名学论稿》，上海：上海教育出版社，1998年。

［4］刘美娟：《转喻在地名命名中的认知语用理据》，载《丽水学院学报》，2008年第6期。

［5］马鸣春：《命名学导论》，西安：世界图书出版西安公司，1999年。

［6］徐兆奎、韩光辉：《中国地名史话》，北京：商务印书馆，1998年。

［7］杨晓军、廖莉莎：《东西方地名文化比较及翻译策略》，载《中国地名》，2010年第9期。

［8］ແຜນທີ່ທາງປິກຄອງ ສປປ ລາວພິມທີ່ກົມແຜນທີ່ແຫ່ງຊາດ, ປີ 2000

（作者系解放军国际关系学院昆明分院讲师）

# 浅谈泰语中的动物熟语

李 露

**摘 要**：泰语动物熟语产生于泰国人民长期的社会生活和生产实践中，因其生动形象的比喻、朗朗上口的韵律而被广泛传播和使用。本文拟通过分析泰语中动物熟语的来源、规律和特点，以探寻其所折射的泰国的自然环境状况、社会生产生活、传统思想观念及民族思维特点。

**关键词**：泰语；动物熟语；风情

动物在人类的生活中有着极其重要的地位。在与动物打交道过程中，人们构造出了许多生动形象的动物熟语，使动物熟语成为语言中一个极富特色的重要组成部分。而在不同的文化中，不同的动物熟语往往具有不同的文化内涵，因而从动物熟语中，我们可以窥视一个社会的生活习俗，以及该社会中人们的认知特点和思维方式。泰国人民在长期的社会历史发展过程中，也创造出许多寓意丰富、形象生动的动物熟语，研究泰语中的动物熟语，对于我们学习泰语，进一步了解泰国的社会状况和泰民族的文化心理，具有重要意义。

## 一、引言

"熟语"作为一个语言学术语,是 20 世纪 50 年代从俄语翻译过来的。王勤在《汉语熟语论》中将熟语的类型分为成语、谚语、俗语、歇后语和惯用语[①]。ยิ่งลกัษณ์ งามดี(Yinglak Ngamdee)在 คำพังเพยและสำนวนไทย 的前言中提到,"泰语熟语"是有深刻寓意的词或词组,除了有表面意义,还有比喻义。กาญจนา นาคสกุล(Kanjana Naksakul)在 ภาษาไทยวันละคำ 中指出:"熟语是实际意义不同于字面意义的词语,通过解释才能理解其含义,它可以是单纯词。"[②] 由此可见中泰两种语言对熟语概念的认识差别。

在泰语中,熟语也可以包括单纯词。因而泰语中的动物熟语可以是一个音节的单纯词,也可以是多个音节组成的句子。例如,ควาย 比喻人笨、蠢;เป็นหมู 比喻懦弱、好欺负的人;เสือซ่อนเล็บ 比喻深藏不露之人;ยื่นหมูยื่นแมว 意为一手交钱,一手交货;ใจดำเหมือนอีกา 比喻自私、心黑;เห็นช้างขี้ ขี้ตามช้าง 比喻盲目的、不顾实际地跟风模仿;นกน้อยทำแต่พอตัว 比喻量力而行;ปล่อยเสือเข้าป่า ปล่อยปลาลงน้ำ 意为放虎归山;ช้างตายทั้งตัว เอาใบบัวมาปิด 比喻纸包不住火;ความวัวไม่ทันหาย ความควายเข้ามาแทรก 指一波未平一波又起;เข้าฝูงหงส์ก็เป็นหงส์ เข้าฝูงกาก็เป็นกา 比喻近朱者赤,近墨者黑;อยู่บ้านท่านอย่าดูดาย ปั้นวัวปั้นควายให้ลูกท่านเล่น 比喻寄居他处,手脚应该勤快些;ปลาข้องเดียวกัน ตัวหนึ่งเน่า ก็พาตัวอื่นพลอยเหม็นไปด้วย 意为一粒老鼠屎坏了一锅汤;ไม่รู้จักเสือเอาเรือเข้ามาจอด ไม่รู้จักมอดเอาไม้เข้ามาวาง 比喻不知道其行为的危险……可以说泰语中的动物熟语总量多,形式多样,并且内涵丰富。它们来源于泰国人民的生产实践和日常生活,并在人们的思想交流和传播中发挥着重要作用。

## 二、泰语动物熟语的由来

动物熟语之所以获得其比喻意,是有缘由和依据的。泰国人民不仅在造词时赋予其文化意蕴，还在社会的发展过程中不断增添其文化内涵。因此，要研究动物熟语，必须围绕其来源依据展开，以探讨其所呈现出的规律性特点，从而揭示动物熟语的文化内涵。

1. 相似性

动物的形态、习性、动作等和人类存在某种相似之处，而这种相似性是人们进行丰富联想的基础。人们常常根据动物的外表形态来喻人喻事。例如，ลื่นเหมือนปลาไหล（和鳝鱼一样滑），鳝鱼是一种体圆、细长、呈蛇形的鱼类，表皮光滑，在水中游得很快，很难捉住，因而用来比喻一个人狡诈、不守信用、出尔反尔。又如，มีทองเท่าหนวดกุ้ง นอนสะดุ้งจนเรือนไหว（有虾须大点的金子，就睡不安稳），河虾是很小的动物，这里用虾须来形象地比喻极其微少，意思是只有一点点钱财，却担心怕丢而睡不着觉。再如，เอวมดตะนอย（火蚁的腰），蚂蚁、蜜蜂这些昆虫的腹部呈节状，中间非常细，因而用以比喻女子腰细、身材好。在习性方面，动物其自身的行为特性，也常常引起人们的种种联想，并以此来进行类比或暗喻。例如，เป็ดขันประชันไก่（鸭和鸡比打鸣），不会打鸣的鸭子去找鸡比赛打鸣，比喻自不量力。又如，แมงดา（桂花蝉），雄性桂花蝉常附于雌性桂花蝉背上寻找食物，用以比喻靠妻子养活的男人。再如，หมีกินผึ้ง（熊吃蜂蜜），熊喜欢盗取蜂蜜，一并吃掉蜂巢时，常发出唧唧哝哝的响声，让人联想到咕咕哝哝的抱怨。在动态方面，动物是除人类之外唯一有神经、可运动的生物，因而动物的动态是动物熟语依据来源中一个重要而独特的方面。例如ดีปีก（鸡扇翅膀），用鸡扇动翅膀的动作，来类比人们欢呼时挥动两臂的动作，并以此比喻欢呼，表示高兴、欢快。กระดี่ได้น้ำ（鲈鱼得水），同样用来比喻高兴欢欣。这是因为干涸池塘里的鲈鱼一遇到水，就会游来游去甚至跃出水面，人们以自身感觉猜想这是激动所致，因而也以之来比喻一个人欢欣激动时的状态。与此相似的比喻还有：ลิงโลด（猴子跳），人在激动时常会像猴子一样蹦来蹦去，因而用蹦蹦跳跳的猴子来比喻激动得直跳的人；ปล่อยตีนหมา（撒开狗腿），狗跑起来时很快，尤其是在被追赶的时候，用来比喻人因被追赶而很快地跑开躲避……形形色色的动物的生理和行为特征，经过泰国人民的思维加工，便形成了形式多样、涉及内容广泛的泰语动物熟语。

2. 生活实践

人类的社会生活与动物有着密切关系。有些动物熟语即是人类从自己的生活实践出发，创造并开始使用的。例如，หมูไปไก่มา（猪去鸡来），在泰国人的日常交往中，如果你给了别人猪肉，别人也会给你以鸡肉作为回赠，意为礼尚往来；又如，ตีปลาหน้าไซ（在渔具前拍水），ไซ 是一种泰国的渔具，人们将其置于水中用来捕鱼，在它前面拍水，使本来要捕到的鱼都惊散了，用以比喻将别人即将成功的事搅黄了，或者把别人进行得好好的事给弄糟了；ขุดบ่อล่อปลา（挖坑诱鱼）也同样与捕鱼手段有关，古代泰国人常用的捕鱼方法是诱使鱼儿自投罗网，手段之一即挖一个坑，有坑有水，鱼就自己过来了，因而用来表示给别人下套，诱使他人上当。与之意思相仿的另一个熟语是 นกต่อ（鸟圈子），本意是诱骗鸟兽进入陷阱的鸟，泰国人以此方法捕捉鸟兽，用此熟语来比喻托儿、诱使别人上当受骗的人。再如，ฆ่าควายอย่าเสียดายพริก（杀了牛就别心疼辣椒），泰国人杀牛炒食时，一定要放很多辣椒，如果因为心疼一点辣椒，而使做出来的牛肉食之无味，那就得不偿失了，用以比喻要做大事，就不应该吝惜小的花费。这些熟语都来源于泰国人民的日常生活。可见，了解动物熟语的命名依据，能帮助我们考察泰国人的社会生活和价值取向。

3. 外来影响

文化是在不断的交流中得以发展和延续的。这样的交流势必也会影响到语言的变化发展。泰语中的一些动物熟语即来源于国外文化的影响。

来源于印度的佛教是泰国社会的基石，自素可泰时期传入泰国之后，对泰国的文化产生了重要影响。泰语中一些熟语即来源于佛本生故事[③]。如 ตาบอดคลำช้าง 盲人摸象。传说几个盲人摸象，摸到象腿的说大象像柱子，摸到象身的说大象像堵墙，摸到尾巴的说大象像条蛇，互相争论不休。后来人们用以比喻对事物只凭片面的了解，以偏概全。这个佛经故事也传入了中国，因而中国也有相同的动物成语。又如 กิ้งก่าได้ทอง（变色龙得金），来源于 มโหสถชาดก，故事讲到一只变色龙住在宫殿园林的拱门上，每次当国王去园中游玩，它都会爬下来鞠躬致敬，国王见它很忠诚就赐它一条金项链。但是自从变色龙得到金项链之后，便只顾着伸着脖子炫耀金项链，再也不爬下来向国王鞠躬致敬了，故事用来形容骄傲自满，得意忘形的样子。泰语中还有很多动物熟语来源于《伊索寓言》。如 กระต่ายตื่นตูม（受惊的兔子）。故事讲的是一只兔子在椰子树下睡觉，树上掉下一个椰子，兔子惊醒，以为天要塌了，比喻大惊小怪。又如 เด็กเลี้ยงแกะ（牧羊童）。故事讲一个放羊的孩子为了寻开心，几次三番欺骗乡亲狼来了，等狼真来的时候，却没有人再相信他的话了。故事告诉我们应该做个诚实守信的人。此外，还有一些熟语直接译自外来语。例如，ระยะทางพิสูจน์ม้า กาลเวลาพิสูจน์คน，源于汉语，意为路遥知马力，日久见人心；แมลงเม่าเข้าไฟ，源于汉语，意为飞蛾扑火；แกะดำ，源于英语"black sheep"，意为害群之马；ยิงนัดเดียวได้นกสองตัว，源于英语"kill two birds with one stone",意为一石二鸟、一箭双雕;อัดแน่นเป็นปลากระป๋อง,源于英语"packed in like sardines",罐头里的沙丁鱼,比喻拥挤不堪;ม้ามืด,源于英语"dark horse",意为黑马;เสือนอน อย่าเอาไม้เข้าไปแหย่,一般认为源于英语"wake not a sleeping lion",意为不要吵醒沉睡的老虎。外来的影响促进了文化间的沟通交流,使语言更加丰富多彩。

### 三、泰语动物熟语的特点

除去熟语的一些共性以外,由于各国自然环境和文化背景的差异,各种语言中的动物熟语也会有自己的特点。通过考察泰语中的动物熟语,可以发现其有以下特点:

(1) 生动形象,朗朗上口。熟语一个最重要的特点是,易于被人们记住进而广泛使用。泰语动物熟语也具有叠声押韵、生动逼真、用词少而内容丰富的特点。例如 เต้นแร้งเต้นกา(比喻手舞足蹈、欢欣雀跃);ขี้หมูรา ขี้หมาแห้ง(比喻鸡毛蒜皮的小事);ลูกนกลูกกา(比喻陷入困境的人);หมูเห็ดเป็ดไก่(比喻鸡鸭鱼肉);ปากหอยปากปู(比喻嘴碎、爱说闲话)等等。在熟语中这样的例子不胜枚举,尤其是在四音节以上的双数音节熟语中,句子都会是对仗押韵的,因而很容易被人们记住,加上熟语的生动性和形象性,使之得到普遍接受和传播。

(2) 在所选择的动物词方面,源自本土的动物构词能力较强,而源自外族的动物则构词能力较弱;生活中常见的动物构词能力较强,而不常见的动物则构词能力较弱。一个很明显的例子是,熟语 เสือนอน อย่าเอาไม้เข้าไปแหย่(不要吵醒沉睡的老虎),源于英语"wake not a sleeping lion",然而由于狮子并不生活在泰国,在借用熟语时便以泰国人熟知的老虎做了替代。在孙永斌的《汉泰动物成语的对比分析》一文中,作者以《泰语动物成语》为据,分类统计了动物熟语中所涉及的动物及其所占比例，其中虎占11.14%，鱼占9.75%，象占8.36%，蛇占4.18%，狗占10.58%，牛占9.47%，鸡占6.96%，猫占5.01%，猪占4.74%。④可见与人们日常生活接触较多的动物构成的熟语更多，而泰语动物熟语中基本不涉及狮子、驴、蚕这些在泰国不常见的动物。从中我们不难看出泰国的自然环境特点、生产生活概况对泰语熟语构成的影响。

（3）动物喻义。动物熟语中动物形象的喻义大体说来有其相对固定的一面。例如，鳄鱼、老虎象征雄威、权势或者危险。如 หนีเสือปะจระเข้（比喻才出狼窝，又入虎口）；ว่ายน้ำหาจระเข้（比喻明知有危险，却不得不做）；จระเข้สองตัวอยู่ถ้ำเดียวกันไม่ได้ 或者 เสือสองตัวอยู่ถ้ำเดียวกันไม่ได้（一山不容二虎）；ชาติเสือต้องไว้ลาย（比喻猛士必重声名）。又如，凤凰象征着高贵、优雅，如熟语 เข้าฝูงหงส์ก็เป็นหงส์ เข้าฝูงกาก็เป็นกา（比喻近朱者赤近墨者黑）；与其相对，乌鸦、猪、狗则象征着低等、不入流，如 ใจดำเหมือนอีกา（比喻心黑）；กินเหมือนหมู อยู่เหมือนหมา（比喻不讲究）；หมาลอบกัด（比喻暗中伤人的人）；หมากัดอย่ากัดตอบ（比喻不要和坏人一般计较）；ดินพอกหางหมู（比喻越积越多）。另外，猪还可以象征简单的、懦弱的，例如 เป็นหมู（比喻好欺负的人）；หมูในอวย（比喻轻而易举的事）；หมูสนาม（比喻菜鸟）。在语言长期的发展历程中，人们逐渐形成了对各种动物好恶褒贬的固有思维模式，有时，同一种动物在不同语言中的联想意义完全不同，从这些差异性出发来研究语言，是探寻语言背后社会与文化的有效途径。

## 四、泰语动物熟语所反映的泰国风情

泰语中的动物熟语产生、发展于泰国人民的生产实践和社会生活中，其中蕴涵着丰富的人文价值，主要包括以下几个方面：

1. 自然环境

人类的一切活动都是在自然界中进行的，人类离不开自然界，可以说自然界是人类一切文化的源泉。从语言文化方面来说，自然环境中的各种要素，如地理位置、气候条件、物产等会对语言产生相当大的影响，使每个民族的语言都具有其独特的地域色彩，这一点在动物熟语上表现得尤其明显。泰国位于中南半岛中南部，总体上而言，泰国是一个典型的热带季风性气候国家，大部分地区终年气温较高，降水充沛，河渠纵横。这种特殊的地理位置和炎热潮湿的气候，很适合大象、鳄鱼等动物的生存和繁衍，它们成为泰国常见的动物，并产生了许多与之相关的动物熟语。与大象相关的熟语有 ขี่ช้างจับตั๊กแตน（比喻小题大做）；ฆ่าช้างเอางา（比喻杀鸡取卵、竭泽而渔）；เห็นช้างขี้ ขี้ตามช้าง（比喻盲目地跟风模仿）。与鳄鱼相关的包括 หนีเสือปะจระเข้（比喻才出狼窝，又入虎口）；สอนจระเข้ว่ายน้ำ（比喻多此一举）；จระเข้ใหญ่คับหนอง（比喻有权势的人失势后仍不适应平常生活，能上不能下）等等。另外，由于国内多沟渠，并且国家半面临海，海岸线较长，泰国虾、蟹、鱼类众多，与之相关的动物熟语也比比皆是。例如 เกลียดปลาไหลกินน้ำแกง（涉及鳝鱼，比喻不喜欢其人，却想从其获好处）；ใจปลาซิว（涉及银带波鱼，比喻胆小）；ปลาหมอตายเพราะปาก（涉及鲫鱼，比喻祸从口出）；กระดี่ได้น้ำ（涉及鲈鱼，形容高兴、激动的状态）；เอากุ้งฝอยไปตกปลากะพง（涉及鲈鱼，比喻以小投资获得大回报）。此外，泰国地形以平原和低矮的山地为主，广袤的森林成为多种动物的栖息地，这在泰语动物熟语中得到了印证。如 ปล่อยเสือเข้าป่า（放虎归山）；ตีป่าให้เสือกลัว（敲山震虎）；เป็นช้างเผือก（白象，因其栖息于山林中，也用以比喻草莽英雄）……动物的生存与自然环境息息相关，从上述的泰语动物熟语中，我们可以看出泰国炎热、潮湿的自然环境特点。

2. 社会生活

动物熟语不仅与自然环境密切相关，与人民的生产生活亦有密切关系。如上所述，生产生活是动物熟语的来源之一；反过来，动物熟语也可以反映出一个社会的人民生活状态，向我们展示一幅生动的社会生活图景。泰国是一个以农业为基础的国家，泰语中的动物熟语也充分反映出了在长期的农业生产中所形成的农耕文化。ในน้ำมีปลา ในนามีข้าว（水中有鱼，田中有稻），是泰国的传统谚语，对于一个农业社会来说，有鱼有稻的生活便是安宁、富足、繁荣的象征。在古代的农业社会里，牛是与农业生产关系最密切的动物。เดินอย่างกับตามควาย（像找牛一样走），比喻走得急、走得快，牛对泰国人民的重要性由此可见一斑。此外，从ขุดบ่อล่อปลา、ตีปลาหน้าไซ 等熟语可以看出，捕捞鱼类也是泰国人民重要的生产方式之一。牛、鱼，以及家畜鸡、猪、狗等，在泰语动物熟语中所占的比例都是很高的。在房屋住宅方面，由于气候潮湿炎热，泰国人习惯建造高脚屋。这种情况在 หมาถูกน้ำร้อน（被泼热水的狗）中有所体现。由于建造的是高脚屋，经常会有狗到屋下觅食，有时赶也赶不走，就用热水浇下去，被热水烫到的狗便会疼得乱窜，因而常会以此来比喻因事务缠身而忙碌奔波的人。在交通方面，遍布国内的大小河流使船运成为主要的交通方式。这一点在熟语 จระเข้ขวางคลอง（挡在河道里的鳄鱼）中得到反映。该熟语比喻挡道、碍手碍脚或者妨碍别人做事的人，因为河流是泰国人民主要的交通通道，鳄鱼挡在河道里，船只无法通过，阻碍了人们的通行，在以船运为主要交通方式的社会里，这就必然引起人们的嫌恶了。又如 น้ำพึ่งเรือ เสือพึ่งป่า（河离不开船，虎离不开林），比喻互相依靠、帮助。与一般的观点相异，泰国人认为河是离不开船的,而之所以产生这样的观点,是因为泰国人认为有了船,河道才能起到运输的作用,才能称其为河道。从中可以看出,泰国人认为运输作用是河道不可缺少的特征之一。可见水上运输在泰国社会中的重要作用。

3. 传统观念

语言中隐含着重要的民族文化信息,它是思维观念的载体。泰语中的动物熟语除了反映上述的一些客观现实以外,还反映出泰国人的主观世界。从泰语动物熟语中,我们也可以了解到泰民族的世界观。其中包括:

佛教观。动物熟语反映出佛教在泰国社会中的重要地位,以及许多佛教的观点。例如 เสือเฒ่าจำศีล(遵守戒律之虎),比喻披着羊皮的狼。在泰国人看来,遵守戒律是善与好的象征,遵守戒律的人应该是善良高尚的,因而一头遵守戒律的虎,才会让人误以为是一头善良的老虎。又如 แมวพึ่งพระ(靠僧人的猫),比喻依靠他人庇护的人,熟语中以僧人来比喻可以给予他者以庇护的人,之所以可以予人以庇护,源于僧侣在泰国受到的普遍尊重与敬仰,从中可以看出僧侣在泰国享有的崇高地位。再如 วัวใครเข้าคอกคนนั้น(谁家的牛进谁家的圈),比喻有因必有果,谁的业报,定由谁承担。此外,很多的动物熟语来源于佛经故事,也可以反映出佛教在泰国传播的广泛性与影响的深刻性。

等级观。传统的等级观念认为,每个人在社会中的地位、身份、利益和权力等,都是先天命定的,社会上的等级差别是永恒不变、泾渭分明的。这种观念在熟语中有很多体现。例如,นกยูงย่อมมีแววที่หาง(孔雀的尾羽定有光泽),比喻出身贵族的人,一举手一投足都定会比别人高雅;对于下等人而言,则是 สัญชาติหมาอดขี้ไม่ได้(狗憋不住屎),比喻低等的人,改不了其粗俗不堪的行为举止。另外，社会的等级有别，各等级的人都不应该越过等级的范围，例如 เล่นกับหมา หมาเลียปาก（和狗玩耍，狗舔嘴），比喻放低身份跟下等人谈话交流，下等人反而忘了尊卑；而 เหาจะขึ้นหัว（虱子上头），尤指下等人模仿上等人的行为是不好、不吉利、不合适的。对于一个封建社会而言，维持等级制度是巩固统治地位的必要手段，而人们只有按纲常有序的社会行为准则约束自己的言语行为，才能共同维护社会的安定和谐。因而，等级观念就成了泰民族的一种传统观念，并通过熟语反映出来。

家庭观。家庭是社会的重要组成部分，动物熟语也反映了泰国传统观念中对丈夫与妻子、父母与子女之间关系的看法。例如，สามีเป็นช้างเท้าหน้า กรรยาเป็นช้างเท้าหลัง（丈夫是象前腿，妻子是象后腿），象的后腿处处跟随前腿，比喻夫为妻纲，丈夫是一个家庭的领导者，妻子对他应该无条件服从；父母对待子女应该要严厉，รักวัวให้ผูก รักลูกให้ตี（爱牛要拴好，爱孩子要打），比喻棍棒出孝子；子女则应该听从于长辈，เดินตามผู้ใหญ่หมาไม่กัด（跟着大人走狗不会咬），指的是长者有着丰富的生活阅历，模仿其行为、听从其教导，可以避免自己的失误。总之，泰国人以动物做形象化的类比，反映了他们对家庭关系的理解看法，以及应当遵循的标准。

4. 思维方式

思维方式表现为一个民族对客观世界的特殊认识倾向和情感意向，是该民族在长期的历史发展过程中，在政治、经济以及文化等多种因素的共同作用下形成的。不同民族的思维方式塑造不同语言的概念意义，语言的使用反映民族思维方式的特点。泰民族的思维方式在泰语动物熟语中表现得淋漓尽致。

形象性。东方人的思维不太注重按部就班的严密分析、推理、论证,而是通过广泛运用联想、类比的方法,通过物体的形象表达思想。对形象思维的偏重在语言上表现为词汇形象多彩、联想丰富,这在大部分的动物熟语中都有所体现。例如上文所述的 เปิดขันประชันไก่、กระดี่ได้น้ำ 等等,泰国人民将动物的特征、生活习性等,与人类的行为相联系,从而创造出大量生动、形象并带有该动物独有特色的动物熟语。

辩证性。泰国人对客观事物及其发展规律的认识带有朴素的辩证思维,例如,事物是普遍联系相互依存的,如熟语 น้ำพึ่งเรือ เสือพึ่งป่า(河离不开船,虎离不开林),比喻互相依靠、帮助。一般看来,正如老虎离不开山林一样,船是离不开河的,然而另一方面,没有了船只,起运输作用的河道也就不能称其为河道了,二者相互关联依靠,缺一不可。又如,事物是不断发展的,如熟语 น้ำขึ้นปลากินมด น้ำลดมดกินปลา(水涨鱼吃蚁,水退蚁吃鱼),水涨的时候,蚂蚁逃不开成为鱼的饵食,水退了,鱼因缺水而亡,被蚂蚁分食,用来比喻风水轮流转、各有得势时。

戏谑性。在被称为"微笑国度"的泰国里,泰国人的性格是比较随性闲适的,表现在语言上,则体现为打趣、调笑的熟语比较多。例如,ซื่อเหมือนแมวนอนหวด 比喻像蒸笼里的猫一样老实,但它的意思是不老实。由于蒸笼小而深,猫在里面便无法动弹,看起来乖顺老实,但你如果对某人说"你真是像蒸笼里的猫一样老实啊",其实是在讽刺他装老实。又如 ถี่ลอดตัวช้าง(细致得都可以过一头大象了),它比喻的是一点都不周密细致。你"赞美"某人做得十分细致,细致得一整头大象都可以穿过去了,很明显其实是在嘲讽他看起来做得挺细致的,其实却不然。

安逸性。由于有优越的地理环境和丰富的自然资源,泰国人生存的压力较小,在生活上是比较闲适安逸的。如前述的

หมาถูกน้ำร้อน，将因事务缠身而忙碌奔波的人比作被热水烫伤而乱窜乱跳的狗，带有一定的讽刺性。又如熟语 น้ำร้อนปลาเป็น（热水中的鱼得以生存）。泰国人发现，鱼喜欢清凉的水，而用以诱鱼的水坑中的水常常更清凉，贪图享受的鱼也因此更容易被捕捞，相反，那些不沉迷于安乐、愿意生活在热水中的鱼，相对来说则更加安全。但泰国人使用该熟语时，却主要用来告诫人们良药苦口，对于不顺耳的意见应该认真听取，相对于"生于忧患，死于安乐"一类词语来说，可以看出泰国人对生活的抗争、拼搏一类意识并不强烈，其思维是比较安逸的。

泰语中的动物熟语是泰语词汇系统的一个重要组成部分，了解、探究泰语中的动物熟语，有助于我们更好地掌握和应用动物熟语。另外，语言是文化的载体，泰语中的动物熟语能形象地反映出泰民族的历史文化、民情风俗、价值观和世界观，是我们认识泰国社会、了解泰国文化的重要途径，因而从动物熟语中，我们可以领略泰语文化生动形象的表现力和泰国文化的独特魅力。

**注释：**

① 王勤：《汉语熟语论》，济南：山东教育出版社，2006年。

② 转引自成天赐：《汉泰动物熟语的比较分析》，天津大学硕士论文，2012年，第3页。

③ 佛本生故事，广义是指佛经中的一个部类，包括所有讲述释迦牟尼前生事迹的作品；狭义指南传巴利文佛典小部中的一部佛经，它将一些讲述佛陀前生事迹的故事汇集在一起，共有547个。它不仅是一部宗教典籍，而且是一部时间古老、规模庞大、流传极广的民间故事集。

④ 孙永斌：《汉泰动物成语的对比分析》，厦门大学硕士论

文，2008年，第21页。

## 参考文献

[1] รัชนี ซอโสตถิกุล *สำนวน ภาษิต และคำพังเพยของไทยที่นำสัตว์มาเปรียบ* สำนักพิมพ์แห่งจุฬาลงกรณ์มหาวิทยาลัย 2008

[2] สมหมาย ทัติวงษ์ *สำนวน โวหารไทย* สำนักพิมพ์ศูนย์ส่งเสริมวิชาการ

（作者系解放军国际关系学院在读硕士研究生）

文化研究

# 浅议汉语和越南语中数字"二"的文化含义对比

栾育惠 苏武成

**摘 要**：在汉语中，数字"二"通常有吉祥、喜庆的文化意义，其基本文化含义为好事成双、双喜临门（北方方言中以"二"来贬损他人则另当别论）。因此，在文化生活方面，中国人喜欢与数字"二"有关的语言和事物。同样，越南人在其文化生活中，也与多数中国人一样喜欢数字"二"所代表的寓意。显然，数字"二"在汉越语言中都有对称和成双成对、好上加好的含义。越南人认为"二"是一个平衡之数，在固定词语中，"二"则与其他词语组合引申出各种含义。

**关键词**：数字；汉语；越南语；对比

每个国家的语言中都有数字，不同的语言表达数字的方式以及与数字相关的文化寓意不尽相同，数字折射出的寓意能够反映出各个民族的思维方式、心理基础、民族性格和传统文化观念等。中国和越南两国文化相通，在汉语和越语中，数字的表达方式和数字文化寓意有许多相似之处。数字"二"在汉语和越语中都与很多事物紧密相连，对数字"二"的分析，可以看出中越两国在语言和文化上的相似性和差异性。

## 一、汉语中数字"二"的文化含义

数词"二"是偶数之始,其他偶数均为"二"的倍数,在自然数中,它是第一个能被其他数整除的数,又是唯一能整除所有偶数的数字。中国人在佛教和道教上尊崇偶数,认为偶数是大吉大利之数。佛教与"二"或者"二"的倍数相关的数字有"不二法门"、"四大皆空"、"四摄法"、"六道轮回"、"六根"、"八大苦难"。道家用"阴阳"来解释万物的性质和起源,老子把"阴阳"抽象为宇宙的本原,所以在宗教和哲学中,"二"即是事物的两方面,这两方面独立共存,达到最高境界时能够合二为一,如时间与空间合二为一,生与死殊途同归,天人合一等。虽然从数学概念来看,"二"是"一加一所得",但"二"的文化意义不比"一"简单,"一"和"二"两者之间的关系是对立与统一的辩证关系。众所周知,汉民族早在远古时期就发展出了"一分为二"的辩证哲学思想,认为所有事物作为矛盾的统一体,都包含着相互矛盾对立的两个方面,同时"无二则无一",没有对立的两面也就没有统一体,这就是"合二为一"的哲学道理。"用二释一"的这种辩证思想,让我们更加理解"一"和"二"密不可分的逻辑关系,而且延伸了"二"的文化内涵。甚至就文化角度而言,"二"比"一"更完善,它比"一"具有更深远的寓意。《道德经》里有"道生一,一生二,二生三,三生万物"的观点;道教认为"太一生两仪,两仪生阴阳";《周易·系辞上传》有"天一地二"的说法;《说文》是这样解释数字"二"的:"二,地之数也,从耦一。"耦一,就是由两个一组合,所以大家都认为"二"是宇宙世界分化的标志,以阴阳为统领,万物世界都由阴阳两面构成一个整体,如天—地、男—女、昼—夜、峰—谷、盈—亏、盛—衰、祸—福、生—死、外—内等。在各个统一体中，天地万物各自向两方面发展，并且一个事物的两部分会相互交融为一体，互存互补，相辅相成。唯物主义辩证哲学观念认为，自然界和人类社会的一切物质都存在二元对立的状态，物质的二元状态有时一分为二，有时合二为一。

1. "二"所代表的积极含义

"二"蕴含着吉祥、喜庆的文化意义。在文化生活方面，中国人特别讲究与"二"有关的事情，如结婚送礼钱，礼金的尾数是偶数或者是二的倍数，办喜事的人家发喜糖要发双数，送给客人的小礼品要两个装成一包。新娘的父母让新娘带到新郎家的水壶、杯子、筷子、生活用品等都是双份，体现出"二"深重的文化含义，包含着双亲心中的祝福和祝愿。此外，中国人追求"二"所蕴含的对称美的寓意，例如人们互相送礼物时，"送双不送单"，强调成双成对的吉利之意。汉语中有不少表示"吉祥、喜庆"和"对称之美"含有"二"的成语，如"双喜临门"、"才貌双绝"、"福禄双全"、"好事成双"、"两全其美"等。这些成语中，"二"这个汉字虽然没有直接出现，但"双、两"这些词都是"二"的同义词，都含有美满、幸福、快乐等文化含义。所以在汉语成语和固定短语中，含有汉字"二"的并不多，通常用"双"和"两"字来替代，实际上已经表达出了"二"的基本含义。

此外，"二"还有团结、和谐的文化含义，如《周易·系辞上传》所言："二人同心，其利断金；同心之言，其臭如兰。"两人同心，犹如利刀可以切断金钱，同心人的语言，就像兰花一样芳香，这说明同心合力、团结一致的重要性。

## 2. "二"所蕴含的消极含义

"二"除了上述提及的吉祥、美满等积极含义之外，在现代汉语中，它还含有贬义含义，尤其是在情感方面表示一种"不专一"的含义，如"二心"、"三心二意"、"二三其节"等，该意义是从"一心一意"中产生出来的。因为"一心"和"一心一意"的"一"是表示稳固、不变的含义，那么"二心"就表示不稳定、变化之意。因此，中国儒家反对"二心"，董仲舒在《春秋繁露》谈到"一心为忠，二心为患"。在这一点上，儒家与佛家是一致的，佛教所讲的二心就是一个是真心（真心指真经妙乐之心，不生妄心），一个是妄心（心里产生种种幻想，陷入困惑境）。这种义项也反映到生活方面，如"二话"表示不同的观点和态度，也就是不同意、抱怨的意思；"二皮脸"表示不知羞耻的意思。

虽然"二"跟"一"只相差"一个单位"，但在数字的排列上，"二"与具有至高无上地位的"一"相比，却有天渊之别，远不如"一"的象征意义和文化含义那么丰富。排在前面的"一"代表最好、最高、最受欢迎的，如"一流"、"一等"、"一级"等，而排在后面的"二"就变成不好的事物和不好的方面，表示不受欢迎，具有讽刺含义，如"二流"、"二傻子"、"二愣子"、"二把手"、"二百五"、"二五眼"等。另外，在生活中，"二"还有"不是原装、不好"的含义，如"二手货"（旧货）、"二流子"（不务正业、游手好闲的人）。但是汉语中的"小二"并没有上述的意义，其起源于"店小二"的称呼。在古代，生活在社会底层的普通老百姓一般没有名字，只有上了学才有学名，一旦做了官也就有了官名。但是，普通百姓能够上学或当官的只是极少数，绝大多数人没有这个机会，因此，他们的名字多是用行辈或者父母年龄合算出一个数目作为称呼。古代驿站或旅店里帮佣者，都是老百姓，所以，人们就随意用一个数字符号来称呼他们。当家老板是"店老大"，帮佣者自然就被顾客称为"店小二"。

至于我国北方某些地方方言中用于贬低他人不够聪明的"二"，因不具代表性，且非主流语言，本文不做阐述。

## 二、越南语中数字"二"（Hai，Nhị）与汉语相同的文化含义

越南语中有两个字表示"二"，即"Hai"（纯越语）和"Nhị"（汉越音）。虽然两者共存，通用于现代越南语之中，但使用范围和使用频率不同。"Hai"不仅词汇、文化意义上丰富多样，而且使用频率比"Nhị"更广泛。"Nhị"在越南语中，所具有的义项并不多，一般只用于表示单纯的数量、数字，或者出现在一些固定词语和特殊领域里，没有其他的文化意义，如 nhị hỉ（回门，结婚后女方回娘家），nhị nguyên luận（二元论），độc nhất vô nhị（独一无二），nhị huyền（二弦乐，二胡）等。通过对比，越语词汇中，纯越词"Hai"的义项很多，而汉越音"Nhị"的义项很少。

"Hai"在越语中，虽然是一个纯越词，但是它像汉语的"二"一样，具有"吉祥、喜庆、对称、对偶、成双成对"等相近的文化意义。因此在文化生活中，越南人在选择数字方面也跟中国人一样注重吉祥、吉利、顺心，他们事事都追求对偶和对称，并且喜欢事物成双成对。中越两个民族在用餐时，筷子通常是主要的餐具，越南人用筷子吃饭时并不仅仅是把它作为一个餐具，它还有其他的象征意义。如果是长短、粗细一致的筷子，用起来得心应手。但不成双、不同形（长短、大小、粗细）的筷子就很难使用，一副筷子必须一致才行，所以越南人常以"筷子"的形象比喻"夫妻关系"。夫妻要像一双筷子一样成双成对、密切配合、协调默契、彼此相随、相互依赖，如"Vợ chồng như đũa có đôi"

（夫妻如筷子成双），"vợ dại không hại bằng đũa vênh"（不成双筷子比笨妻子还糟糕）。从简单的"一双筷子"的比喻，可以看出越南人在日常的生活中追求对称、和谐、美满的思想。

### 三、越南语中数字"二"（Hai）特有的文化含义

"Hai"在越南语中，还有其他的文化含义，这一点有别于汉语语境。"Hai"是一个偶数，虽然在日常生活中越南人喜欢奇数，但是在宗教和哲学上，"Hai"有重要的作用。因为越南的宗教观念与中国道教观念一样，认为"Hai"是一个"平衡之数"、"阴阳汇聚之数"，因此他们常用"Hai"来强调平衡之意，合二为一的意思。如"Hai mặt một lời"（两面一言：意为同心一致），"Hai nhà một chủ"（两家一主：意为同心一致），"Hai nhà như một"（两家如一，表明没有分歧），"Hai mặt dồn một"（双目一致：意为集中注意力）等。

当然在现代越语中，"Hai"也有消极含义，表示不专一、两面派的意思，如"Hai lòng"（二心），"kẻ hai lòng được mới nới cũ"（喜新厌旧之人），"Hai dạ ba lòng"（三心二意），"nhân vật hai mặt"（两面派）等。

"Hai"在固定词语中，一般用具体事物的形象来表达各种义项，如"Hai vai gánh vác sơn hà"（双肩担起天下），"Hai vai nặng gánh"（双肩重担），"Hai thứ tóc trên đầu"（头上两种发：意为头发斑白），"Hàng cả hai tay"（双手投降），"Hai tay hai gậy"（两手两把棍），"hai bàn tay trắng"（一穷二白）、"hai bàn tay trắng xậy dựng cơ đồ"（白手起家）。而汉语里不常用"二"来表达这些意思，常用"双"、"两"、"对"等近义词来替代。这些词语有对应的汉越音，也是"Hai"的近义词（Song、Lưỡng、Đôi），如"双喜"（song hỷ）、"双全"（song toàn）、"双剑合璧"（song kiếm hợp bích）等。

"Hai"与越南语的"Mãi"发音比较接近，而"Mãi"带有"永久"的意思。因此，对于一些"迷信者"而言，他们喜欢"二"与"六"或"八"结合的数字来作为房号、车牌、装饰、抽签或者买东西的数目，如2628、2268等，目的是求财求运。

综上所述，数字"二"在中越两种语言中有一致的地方，但也有不同之处。在越南文化中，它通常是越南人较为喜爱的一个吉祥数字。

## 四、结语

通过对汉语及越南语中数字"二"的对比，我们发现两者在文化意境中的相同点要远多于不同点，它所折射出的基本文化含义依旧为：美满、和谐、向上等。所不同的只是它们之间稍微的差别而已。

## 参考文献

[1] 何九盈、胡双宝、张猛主编：《中国汉字文化大观》，北京：北京大学出版社，1995年。

[2] 唐汉：《汉字密码》，西安：陕西师范大学出版社，2009年。

[3] 段石羽：《汉字中的中国古代哲学思想》，乌鲁木齐：新疆人民出版社，2006年。

[4] 吴东平：《汉字的故事》，北京：新世界出版社，2006年。

[5] 吴慧颖：《中国数文化》，长沙：岳麓书社，2006年。

[6] 徐剑、张欣、喻英贤：《中华经典故事：汉字故事》，北

京：中华书局，2013年。

［7］王晓澎、孟子敏：《数字里的中国文化》，北京：团结出版社，2000年。

［8］王红旗：《数字神奇的含义》，北京：中国对外翻译出版公司，1993年。

［9］吴义方、吴卸耀编著：《数字文化趣谈》，上海：上海大学出版社，2005年。

［10］高富营主编：《数字知识精粹》，北京：国防大学出版社，2003年。

［11］Trần Gia Anh, *Con số với ấn tượng dân gian*, NXB Hải Phòng, 2004.

［12］Nguyễn Đăng Duy, *Văn hóa Việt Nam*, NXB Hà Nội, 2004.

［13］Phan Nhật Chiêu, Phan Thu Hiền, *Đại cương Văn hóa phương đông*, NXB Giáo Dục, 1998.

［14］Trần Quốc Vượng, *Cơ sở Văn hóa Việt Nam*, NXB Giáo Dục, 1998.

（作者栾育惠系云南文山学院外国语学院讲师，苏武成系越南大学外国语学院讲师）

# 越南日常生活民俗文化特点管窥

张 飞

**摘 要:** 民俗是人民传承文化中最贴近身心和生活的一种文化,它来自人民,传承于人民,规范人民,又深藏在人民的行为、语言和心理之中。越南是一个多民族的国家,在悠悠的历史进程中形成了丰富多彩的民间风俗。研究越南日常生活民俗文化对了解越南民俗的本土特点和外来影响具有十分重要的现实意义。

**关键词:** 越南民俗;日常生活;文化特点

民俗,即民间风俗,指一个国家或民族中广大民众所创造、享用和传承的生活文化。民俗涉及的内容很广,因篇幅所限,本文主要从越南人的姓名称呼、交际问候、待客接物、衣着服饰、饮食住房和婚丧嫁娶方面入手,对越南日常生活民俗进行分析,以探究越南民俗的本土特点和外来影响及其所伴随的文化意义。

## 一、越南人的姓名称呼民俗特点

### 1. 姓名

据越南语言学家统计,越南的家族姓氏大约有140个,最常见的有阮、范、陈、黎、吴、武、潘、朱等，其中大约有30个源自京族，大部分家族姓氏来自中国，如张、黄、杜、孔、卢、童、陆、兰等，其他的来自柬埔寨，或者本国少数民族。京族人的姓氏特征与中国汉族相似，姓名一般为三个字，第一个字是姓，中间是垫字，最后一个字是名。也有极少数是四个字的，一般为女性（如阮氏明开）。传统上，常见的男人垫字是 Văn（汉译为"文"，含义为受过教育、有教养的人或学者），女人的垫字是 Thị（汉译为"氏"，含义为女性）。有些语言学家认为这些垫字是受马来西亚语的影响演化而来的，其中传统上 Văn 表示"×××的儿子"，Thị 表示"×××的女儿"。近年来越南人也采用更有意义的垫字，它可能暗示孩子的长幼顺序，例如 Ba 表示正室的第一个儿子，Mạnh 表示第二个妻子的第一个儿子，Trọng 表示第二个儿子等。或者表示某个具体兄弟的孩子，例如 Thục 暗示弟弟的儿子。现在大多数人的名是以其含义挑选的，通常源自物体或自然主题，诸如地理特征（河流、山川）、花草、动物，以及珍贵的美玉或者季节等。有时候同一家庭中孩子们的名属同一范畴。

2. 称呼

越南人因受中国儒家文化的影响，至今在社会交往中还较好保存着使用亲属称谓词来对称的习惯，除了在个别特定场合使用几个真正意义上的人称代词外，绝大多数场合都喜欢根据对方的辈分或身份使用亲属称谓词来对称，以示亲切或尊重。例如对父辈，第一人称直接用"bác（大伯）"、"bác（大娘）"、"chú（叔叔）"、"cô（阿姨）"等表示"我"；第二人称直接用"bác（大伯）"、"bác（大娘）"、"chú（叔叔）"、"cô（阿姨）"等表示"您"；第三人称则用"bác ấy（那位大伯）"、"bác ấy（那位大娘）"、"chú ấy（那位叔叔）"、"cô ấy（那位阿姨）"等表示"他

（她）"。越南人称呼对方时，大多时候喜欢称其名，带有亲切的色彩，很少连姓带名一起称呼，那样会被认为是不礼貌的，这一特点与我国两广、福建一带的习惯相类似。例如称呼一位叫阮文俊的男子，可根据他的年龄和亲疏程度，称其为"bác Tuấn（俊伯）"、"chú Tuấn（俊叔）"、"anh Tuấn（俊哥）"、"em Tuấn（俊弟）"或"ông Tuấn（俊先生）"、"đồng chí Tuấn（俊同志）"等。对于人们所尊敬的人方以姓相称，例如越南人民的领袖胡志明，人们尊称他"Bác Hồ（胡伯伯）"或"Cụ Hồ（胡爷爷）"；越南前国家主席孙德胜，越南人称其"Bác Tôn（孙伯伯）"。而且在以书面形式表达时，称谓词要大写，以示尊敬和爱戴。越南人的称呼十分复杂，关系不同，对象不同，场合不同，感情色彩则不同，与其交往时要相应变换称呼，如果掌握不好，轻则闹出笑话，重则伤害感情。

## 二、越南人的交际问候文化特点

越南是礼仪之邦，日常生活中很讲究礼节礼貌，见了面要寒暄问候或点头致意。对长辈称"bác（伯父）"、"bác（伯母）"、"chú（叔叔）"、"cô（阿姨）"，对平辈称"anh（em）（兄[弟]）"、"chị（em）（姐[妹]）"，对晚辈称"cháu（侄）"，对群众称"bà con（乡亲们）"、"phụ lão（父老们）"等。越南人相互之间的问候语没有"早晚"之分，也不分"你好"、"再见"，通常都用"chào＋亲属称谓词"来表示，例如见面时说"chào anh Minh（阿明哥你好）"，分别时说"chào anh Minh（阿明哥再见）"。朋友间通常用"chào＋亲属称谓词"，同事间、同学间通常用"chào bạn"。像"bác（伯父）"、"bác（伯母）"、"chú（叔叔）"、"thím（婶婶）"、"cô（阿姨）"、"anh（哥哥）"、"chị（姐姐）"等亲属称谓词，则随被称呼对象的性别、年龄和地位而定。

亲密的年轻朋友之间，用"chào + 名字"；分别很长一段时间才见面的朋友之间通常以下列方式进行问候："Chào + 名字，khoẻ không?"回答时用"Chào + 名字，tôi khoẻ，còn + 名字（或适当的亲属称谓词）?"或"Cám ơn + 名字（或适当的亲属称谓词），bình thường."。当告辞回家时，越南人通常只说"chào + 名字（或适当的亲属称谓词）"，例如"Chào + 名字（或适当的亲属称谓词），tôi đi nhé!"或说"Xin phép + 长辈亲属称谓词，晚辈亲属称谓词 + về."，显得很有礼貌。在国家机关、事业单位和军队里，一般称"同志或职务 + 名字"，但在最熟悉的人之间，也是称兄道弟，不称"同志或职务 + 名字"。外交场合一般称"阁下"、"先生"、"女士"或"职务（军衔）+ 姓名"。京族人见面时，通常行握手礼，赫蒙族人、瑶族人行抱拳作揖礼，信仰小乘佛教的民族（如高棉族等）多行合十礼。京族人不喜欢别人用手拍背或用手指着人呼喊。总之，越南很注重礼节，与其交往时一定要"入乡随俗"，以该国的礼俗相待，否则会被误认为没有教养和不懂礼数。

### 三、越南人的待客接物民俗特点

越南人待客非常热情，有些少数民族常用本民族最爱喝的酒和最爱吃的食物招待客人，因此，客人即使不合胃口，也要尽量地吃（喝），否则会被认为是看不起主人。南方山区少数民族喜欢在节日喜庆之时邀请客人一同喝坛酒（rượu cần），即轮流用一根管子从酒坛里吸酒喝，第一轮（即轮流吸的第一口）不能拒绝，否则认为是扫兴、失礼。第一轮以后，如不想喝，可以双手抱拳向右肩举一举，表示感谢和不胜酒力不再喝了。居住在越南北部山区的赫蒙族十分好客，招待客人时一般备有猪肉、鸡肉和各种糕饼。到赫蒙族家中做客时要注意民族礼节，如当主人将鸡头、两只鸡腿和整副鸡肝夹到客人碗中，以表示对客人的尊重时，客人应夹一只鸡腿和半副鸡肝回敬主人。若同桌有长辈在座，主人则将一只鸡腿和半副鸡肝夹给长辈，剩下的一半夹给客人，遇此情况客人可尽情享用，不必客气。主人一般不请客人喝水，而常常是请客人用碗喝酒，这时客人不应推辞。赫蒙族居民喜欢抽旱烟，烟具是水烟筒，有客人时要装好烟丝后再请客人吸，表示对客人有礼貌。笔者在多次的外事翻译中发现，在外交场合，越南人敬酒过后都要与客人握一下手，越语称之为"hết nước sờ tí（喝完酒摸一下）"，这是增进团结和友谊的象征，否则将视作没有喝酒。在气氛较好的宴会上，越南人会主动与你喝交杯酒，这是友好的象征，你千万不要拒绝，否则会被认为是看不起对方。在此值得一提的是，喝交杯酒不再是异性的专利，现在同性之间也十分流行。越南人将"喝交杯酒"称作"uống rượu khát vọng"或"uống rượu kiểu Hoành Bồ"，其中"khát vọng"据说源自中国20世纪80年代流行一时的电视剧《渴望》，含有对感情的渴望之意，普遍见于越南西北部的奠边、莱州和山罗省，以"uống khát vọng"的方式与客人喝酒是为了体现本民族的热情好客，而"Hoành Bồ（横蒲）"则是越南北部广宁省的一个县名，这里的人民喜欢喝交杯酒，凡到此做客的外地人都会被当地人以喝交杯酒的形式热情款待，慢慢地"Hoành Bồ"就成了交杯酒的代名词。除以烟酒和喜爱的食物招待客人外，越南人民还喜欢以茶、咖啡、水果招待客人，向客人敬茶、烟、酒时常以双手敬上，以示礼貌，切忌一手传递或直接扔给对方。

### 四、越南人的衣着服饰民俗特点

在古代，越南京族人穿着各种套头的衣服和长裙。到了中世纪，平民穿褐色布衣，官吏穿蓝葛衣。15世纪以后，富者通常穿锦罗沙葛，参加祭扫和宴会时穿红袍，吏役穿褐色或黑色布衣，官吏们穿青色衣，平民百姓穿蓝色粗布衣。法国人进入越南后，平民的衣着开始有了较大变化，妇女穿结纽上衣和裤子。进入现代，越南城市的男子多穿西装，妇女穿花色窄袖长袍。越南妇女的长袍可以说是越南女子的国服，上身束腰，突出身段，使女子显得婀娜多姿，下摆舒展，开衩至腰际，活动方便。由于越南属热带季风气候，紫外线强，因此越南人喜欢戴帽子。女人们大都戴一顶尖顶圆口的斗笠，这种帽子用葵叶编织而成，经阳光反射，远看就是白色的，常在野外劳作的妇女们戴着它遮阳护肤，效果绝佳。虽然越南气候炎热，但妇女们的肤色却不显黑，可见越南妇女如此钟爱斗笠。斗笠有多种，数顺化的"诗篇"笠（nón bài thơ）最有名。这种斗笠制作精细，人们在葵叶夹层中置入家乡的鹤和码头图案或熟悉的诗句，对着光线这些图案或诗句清晰可见。长袍和斗笠是越南妇女最具代表性的两种服饰。男人们喜欢戴"绿帽子"，这"绿帽子"可不是贬义，它是战争年代的一种产物，是越南军人的绿色头盔，戴着这种"绿帽子"在深山密林中行军打仗，能起到隐蔽作用。随着时间的推移，"白帽子"、"绿帽子"逐渐演变成了性别上的专用品和区别标志。另外，各少数民族都有自己别具特色的民族服饰，其中，从中国移居越南的少数民族如泰族、赫蒙族、哈尼族等的民族服饰，与现居住在中国的同一民族相类似。

## 五、越南人的饮食住房民俗特点

### 1. 饮食

越南人的饮食习惯与我国广东、广西和云南一些民族相似，喜吃清淡、冷酸辣食物，主食以大米为主，爱吃籼米，也有少数民族以食糯米为主（如泰族）。越南是一个海岸线很长的国家，达 3260 公里，湖泊、海湾、水塘众多，所以鱼虾在人民生活中占有重要地位，用鲜鱼虾加工成的鱼露、虾酱是越南人民生活中不可或缺的调味品，其中鱼露的地位和作用相当于中国的酱油。蔬菜以空心菜为主，大米饭、水煮空心菜浇上鱼露，外带小螃蟹汤是越南人餐桌上最常见和越南人最喜爱的家常饭菜。由于地处热带季风气候区，气候闷热潮湿，所以越南人的口味清淡不油腻，喜欢吃生冷酸辣食物，但不宜太辣，若说得久远一点的话，越南人继承了中国饮食阴阳调和的饮食习惯。越南菜既有中餐的长处，又有西餐的特色，集中了中、法两国饮食文化之精华，属中法合并菜式。越南菜以海鲜为主，烧烤比较盛行，大都用花生油和猪油做成。越南人还普遍喜欢吃即将孵出壳的鸭蛋，俗称"毛蛋（trứng lộn）"。毛蛋用沸水煮熟后，趁热去壳，添加切碎的香草、薄荷、鸭舌叶和新鲜小米辣食用。据说，毛蛋有补脑益智作用，头昏脑涨者食用疗效特佳。越南人吃饭使用筷子，不爱吃甜点，一般不喝烈性酒，而喜欢喝一些啤酒、糯米酒、槟榔酒等，茶和咖啡是越南人最常用的饮料。值得一提的是，越南的京、泰、赫蒙、埃地、山由等民族自古以来还有嚼食槟榔的习俗，他们将槟榔切成小片，抹上一点白灰（或称蚌灰），外加一小片能食用的树皮（如胭脂树皮），瘾大者再加少许京烟丝，然后用蒌叶卷起来放入嘴中咀嚼，咽下汁液，吐出残渣。这几样东西在口中通过咀嚼，加之唾液一混合，就会变成血红色，其味微涩，口腔顿感发麻，带有一丝甜味和辣味，可刺激神经、提神醒脑、除积消肿、固齿除口腥，不过久食会上瘾。食槟榔、染牙齿是京族的古风，过去男男女女只要到了十七八岁就开始染牙。按照他们的习俗，开始嚼槟榔、染牙齿，便象征已经成年可以成亲了，从此，这些青年男女便可以自由参加当地举行的任何娱乐聚会，参加对歌，选择对象。随着时代的发展，这种古风已日渐衰微，食槟榔习俗的物质意义，已经逐渐被精神意义所代替，如今京族把槟榔当作信物，求婚、请客均缺少不了槟榔。尽管如此，现在越南农村，依然还可以看见不少老年妇女的牙齿被染得又黑又亮，在云南河口也常常可以看到边挑着担子边咀嚼槟榔的越南妇女。在他们眼里，保持牙齿洁白如玉是品质不良、作风不正的表现，而将牙齿染得又黑又亮才是最美的。

2. 住房

越南人的住房，各民族各具特色。京族人家居简单，农村普遍住土房或竹房，比较富裕的家庭也有建盖瓦房的，房屋建筑的布局一般为一排三间，中间为堂屋，两边为厢房。几十户甚至上百户组成一个自然村。北方的村庄周围一般有茂密的竹林环绕，南方的村庄则隐没在椰树林之中。每个村庄一般都建有祠堂（或宗庙），它位于村寨中央，这是供奉城隍、村民开会议事、节日举行庆祝活动的场所。竹林、椰林、槟榔树、池塘和村庙构成了平原地区京族人传统的村社特征。泰、侬、芒、岱依等民族一般住竹木结构的高脚屋，布局与我国的傣族相类似，具有防潮除湿和防虫御兽袭扰的功能。岱依族的住房形式比较有代表性，主要有三种形式：高脚屋、平房和防守屋。其中高脚屋最为普遍，有木结构和土墙结构两种类型；防守屋多见于边境地区，墙高而厚，一般不开窗户，四角有岗楼式建筑，下面是地堡，所有的房间都有暗道相通，墙上开有枪眼，有的还在房屋四周挖有壕沟，布有尖桩和鹿砦。

## 六、越南人的婚丧嫁娶民俗特点

1. 婚嫁

越南古代的婚姻礼仪受中国传统婚俗文化的影响，内容丰富,形式多样,从择偶到结婚共有六道程序,即纳采、问名、纳吉、纳征、请期和亲迎。因为这是周代周公所创,故越南人将其合称为"周公六礼(Chu Công lục lễ)"。"六礼"以男方付给女方的身价为主要特征,是旧礼教下包办婚姻与买卖婚姻的具体体现,它对越南历代婚姻礼仪演变始终起着主导作用,成为封建制度下越南婚姻礼仪的模式,甚至对当代越南婚姻习俗都有一定影响。过去,越南人的结婚年龄较小,人们认为"女十三、男十六"就已经谙熟世事,因此一到这个年龄父母就开始为子女张罗婚事,甚至许多家庭还在孩子尚未出世时就定下了婚约。现在,按照越南颁布的婚姻法,越南实行一夫一妻制,规定男性20岁、女性18岁才能结婚。男女青年到了结婚年龄,在农村,一般要通过媒人介绍,然后男女双方见面相亲,最后由男女双方父母决定,如同意,男女青年则到乡政府进行结婚登记,领取结婚证后正式举行婚礼结成夫妻。结婚形式有娶媳妇和招郎入赘两种,像中国一样娶妻、居夫家是最普遍的形式,而招郎入赘只有为数不多的少数民族有这种风俗。越南还流行一种比较原始的婚姻形式即"抢婚",它主要存在于赫蒙、泰、热依等民族中,其中尤以赫蒙族的抢婚历史悠久。在哈尼族和西拉族人民中还普遍存在着一种独特的婚姻形式,即"二次婚",他们一生中要经历两次婚礼。越南农村青年男女的婚礼非常热闹,男女双方家庭都要大摆宴席,请亲朋好友吃喝一番,以示庆贺。越南提倡婚姻自由,随着时代的进步,现在城市、农村男女青年自由恋爱结婚的情况较为普遍,父母仅起到顾问、参谋的作用。

2. 丧葬

越南人认为,"人死了,一切的恩恩怨怨就都结束了(nghĩa tử là nghĩa tận)",因此当有人过世时,丧礼都特别隆重,生前有恩怨矛盾的人都前来吊祭、送葬。越南丧礼的程序一般是：首先将死者尸体沐浴干净，换上全套新衣，然后取一只筷子横置于上下牙之间，将一小撮米和三枚硬币放入口中称"衔琀"。随后将死者平放于铺在地上的草席上，寓意"从土而来又回到土里（từ đất sinh ra lại trở về với đất）"。接着是衾殓和入殓。入殓后棺内的空隙之处要以死者生前用过的衣物塞实，这称为"补缺"，特别忌讳的是，不能用活着的人使用过的衣物填塞，因为会被认为不吉利。入殓之后是成服，接着就正式发丧。奔丧者要按亲疏关系不同而穿着不同的丧服，称为"披麻戴孝"：死者的儿女和儿媳要着重丧服，即头戴缌巾（或用稻草结成的帽），身穿缌服；孙辈、亲戚则头扎白布。死者的灵柩停放家中的日子，早晚要供饭。亲戚、朋友、乡亲前来吊丧时，乐班要奏哀乐。出殡要选择黄道吉日，出殡时死者的儿子要趴在门前地上，意思是为死者搭桥，棺材抬着从其身上经过，让死者的灵魂"过桥"上路。送葬队伍走在灵柩之后，沿途要扔纸做的金锭。死者的墓地由巫师选定，巫师杀一只鸡，把它抛向天空，鸡落下来的地方就是死者的墓地，然后大家一起动手挖坑。下葬的时间不能同亲人当中某人的出生时间相同，以免活人被死者的灵魂带到阴间去。下葬时，棺材不能用铁钉钉死，以免死者灵魂不能升天。垒墓之后，在墓上搭建一间草棚，周围用篱笆围住。葬礼结束后返回家中举行祭祀活动，巫师从坟地的树上折下一树枝带回死者家中插在门上。这是死者的路标，以便死者能回家吃饭喝水。三天后丧家举行祭墓（即开启墓门）仪式；满49天则举行"终七"（即停止给死者供饭）仪式；100天后举行"毕哭"（即停止哭丧）仪式；一年后举行首祭；三年后（多数地方为两年）举行"满孝"仪式。如今，丧葬仪式已经简化为衾殓、入殓、吊丧、出殡、下葬和祭墓。死者的亲属以头扎白布或臂戴黑纱的方式吊丧。

因为越南民族众多,所以各民族的丧葬习俗在细节上有所差异。京族人无论是在城市还是在农村,葬礼至今仍较为铺张,都要请乐班吹吹打打地送葬,许多人还将死者的照片存放到庙里以求超度。布标人死后,嘴里要放一枚银币,用一把新扫帚沾水给死者洗脸。若死者是男性,还要把他的头发剃光,然后才入棺下葬。出殡之前,死者的女婿要带一头小猪,挑一担糯米来奔丧,其他的吊丧者则送来鸡、米、酒、菜等。出殡时,人们吹起唢呐,敲响铜锣,围在棺材周围舞蹈,以此来送走死者的灵魂。办丧事期间,死者的子孙只能吃稀饭、素菜,不能坐高椅子,不能唱歌娱乐。瑶族人有个传统,认为人死了是和他的祖先一起生活去了,所以人死之后,家人并不哭泣;西拉族人死后全体居民组织联欢,而不是哭泣,但三年内死者的子女不得办理婚事;布娄族人死后用独木棺安葬,村寨举行祭祀仪式,数日后方入土;勒侵族人死后要葬在村西,理由是担心死者的灵魂会随着东边升起的太阳经过村寨,骚扰村民;遮罗族人死后要用船形独木棺埋葬,死者的财产一半陪葬,一半用来支付丧事开销。

## 七、结语

民俗是民间文化的重要组成部分,是随着人类社会的产生发展而产生发展的。每个国度、每个民族因所处的自然环境和生产生活方式不同,都会形成不同的习惯、喜好和禁忌,表现出不同的民俗现象。由于历史的原因,越南民族的日常生活民俗带有明显的中国痕迹,但也有着诸多鲜明的本土特点。了解和研究越南的日常生活民俗,对于我们更好地认识这个民族及其内在文化具有重要的现实意义。

## 参考文献

[1] 成汉平:《现代越南——告诉你一个真实的越南》,北京:军事谊文出版社,2006年。

[2] 张飞、王坤、曾光艳:《越南研究》,北京:解放军出版社,2007年。

[3] 郭振铎、张笑梅主编:《越南通史》,北京:中国人民大学出版社,2001年。

[4] 徐绍丽、利国、张训常:《越南》,北京:社会科学文献出版社,2005年。

[5] [越]端映:《越南风俗》,胡志明市:同塔出版社,1998年。

[6] [越]武世平:《越南山水》,河内:文化信息出版社,1998年。

(作者系解放军国际关系学院昆明分院教授)

# 新加坡华人神灵崇拜的形态、演变、特征及社会文化功能

张 跃

> **摘 要:** 华人神灵崇拜随早期华人移民传入新加坡,在新加坡多元社会文化条件下发展演变,形成与祖籍地相联系又相区别的本土形态。华人神灵崇拜是传承华人传统文化和维系华人民族认同的重要载体与纽带,并在殖民时期对华人移民社会的构建和治理发挥重要作用。
>
> **关键词:** 神灵崇拜;新加坡;华人;演变

华人神灵崇拜于19世纪初由中国闽粤两地移民传入新加坡,并随华人社会发展而发展,可以说,新加坡华人的"移神"与"移民"历史几乎同时进行。神灵崇拜作为华人民间信仰的重要内容,集中体现新加坡华人社群意识形态,传承延续华人社群源自祖籍地的传统文化,成为整合和强化华人社群民族认同的文化纽带。同时,华人神灵崇拜因其浓厚的地缘属性,而与基于地缘认同的早期华人移民社会存在紧密内在的联系与互动,对华人移民社会的构建和治理发挥重要作用,后随新加坡独立建国发展而逐步回归宗教性文化性形态。另一方面,囿于新加坡多

元种族多元宗教的社会文化条件，新加坡华人神灵崇拜在继承中国尤其是中国南部沿海地区神灵信仰特征的同时，随新加坡历史进程而逐渐本土化，形成与中国本土神灵崇拜既相联系又相区别的信仰形态。

本文拟从所崇拜神灵、供奉神灵的庙宇两个层面，梳理新加坡华人神灵崇拜基本形态，从殖民时期到独立建国两个阶段阐述华人神灵崇拜发展演变，归纳总结其主要特征，并对华人神灵崇拜在社会构建、民族认同与文化传承三方面的社会文化功能做初步探讨。

## 一、新加坡华人神灵崇拜基本形态

与世界其他民族相比，华人宗教信仰主要呈现内容糅杂、界限不明的特点，除少数信仰伊斯兰教、基督教和纯正佛教者，一般华人既礼佛又拜神且祭祀祖先。华人信仰的这种糅杂模糊亦体现在神灵崇拜中，华人所崇拜神灵数量庞大，神格神性复杂，佛道之味兼有，原始宗教之色掺杂。1819年，英国人莱佛士登陆新加坡并将其开辟为商埠后，大量闽粤两籍华人南下新加坡，同时也将祖籍地信奉神灵"移神"至当地，其中既包含闽粤两地共同奉祀的神灵，如妈祖、大伯公、观音、关帝、注生娘娘、财帛星君、红孩儿、二郎神等，也包括各方言群体所特有的神明，如福建人信仰的带有地方色彩的清水祖师、广泽尊王、圣侯恩主、开漳圣王、清元真君和大使爷等；潮人信仰的地方神祇玄天上帝、黄大仙和龙母等；海南人信仰的水尾圣娘以及广府、肇庆人祀奉的医灵、玄坛诸神等。[①]

由于受新加坡多元宗教环境影响，华人还将部分异族神灵如印度人的神灵象神和马来人的神灵拿督公，纳入本族神灵体系加以祭拜。华人信仰拿督公可以追溯至19世纪初，初到新加坡的华人面对陌生变换的环境,"入乡随俗"地将异地原有的地方保护神引入华人传统民间信仰,以香烛、生果、冥钞的传统方式祭祀,祈求其庇佑一方安宁。华人信仰的拿督公形象是一位身穿马来传统服饰的长者,安置在马路旁的红色神龛里,神龛内有香炉、神主牌、令旗等道教法器。在神主牌位的显眼位置有"唐"、"番"字样,"唐"代表的是华人的土地神,"番"代表的是马来人的土地神。

新加坡华人供奉和祭祀神灵的主要场所为庙宇,根据一项有关新加坡华人庙宇和宗教习俗的调查,截至1955年,新加坡共有280间华人庙宇。② 新加坡华人庙宇发展的历史,折射着华人开发新加坡卓绝的奋斗历程。这些庙宇大多始建于新加坡开埠早期,因其地缘特色和历史文化意义被新加坡政府列为古迹保留至今。其中最负盛名的是天福宫、粤海清庙、新加坡凤山寺、琼州天后宫、保赤宫、丹戎巴葛福德祠等。

1965年新加坡独立建国后,基于地少人多的现实,为更合理有效利用土地,政府实施土地征用法令,乡村地区庙宇多因无力承担昂贵地皮费与搬迁费用,面临被强制拆除的命运。为解决安置乡村庙宇,新加坡政府提出联合庙宇整合概念,由至少两间以上有善信基础和经济条件且有整合意愿的庙宇,联合向政府申购租赁期为30年的地皮,共同建造新庙。具体形式是建一间大庙容纳所有参与的庙宇,或是在共同购得的土地上各自建造两间或三四间独立的庙宇。这种联合庙宇在整合后最常见名称为联合宫或联合庙,如淡滨尼联合宫、伍合庙等。从20世纪70年代至今,新加坡先后整合兴建了五六十间这样的联合宫庙。③

## 二、新加坡华人神灵崇拜发展演变

1819年新加坡开埠后,华人移民大量涌入,人数很快超过马来人成为新加坡第一大族群并保持至今。由于英殖民政府采取分而治之和间接统治的政策，新加坡社会实际处于高度分裂与半自治状态，华人移民必须进行社群整合，建立社团组织，以维持华人社会运作。基于所操方言和生活习惯等因素，新加坡早期华人社会自然形成以各自方言为认同的"帮"，而不同方言群到新加坡的先后而造成利益资源的分配问题，使得帮群划分更趋明显，构成19世纪新加坡华人社会的帮权基本特征。华人帮群纷纷设立帮权机构和基于地缘、血缘和业缘的各类社团，以凝聚帮群强化认同。

由于同一方言帮群往往具有相同宗教信仰背景，在佛教、道教等制度型宗教信仰尚未形成的早期华人社会，华人帮权政治与华人民间信仰尤其是神灵崇拜关系日趋密切。帮权与神灵信仰的联系与互动，更多体现在帮权机构与奉祀诸神灵之庙宇的结合上——华人帮权集团大都将帮权机构设于华人庙宇之内，如以漳、泉商人集团为主的福建帮于1827年创立恒山亭，崇奉大伯公、城隍、注生娘娘。这座漳、泉人办理丧葬祭祀的庙宇，也成为福建人最早的帮权机构。1840年，漳、泉商人又建天福宫，奉祀妈祖、观世音等神祇，福建帮总机构也由恒山亭迁移至天福宫。1860年福建会馆成立，最初也是附设于天福宫内。潮州人于1826年修建主祀妈祖和玄天上帝的粤海清庙，在1845年成立潮州人总机构义安公司后，将办事处设在该庙内，粤海清庙遂成为潮州人的帮权总机构。海南人的总机构琼州会馆创立于1857年，会馆内有琼州天后宫，奉祀妈祖、水尾圣娘以及昭烈一〇八兄弟。

华人帮权与庙宇的结合，使得庙宇不但是帮权机构的活动场所，也是帮权势力的象征。帮权庙宇的游神活动集中体现了19世纪新加坡华人社会帮权集团的对抗和竞争，尤其以闽帮天福宫和粤帮粤海清庙为代表。粤海清庙虽然是潮州人所创立的庙宇,却起着统属粤籍各帮的帮权政治的作用。这间在 1820 年仍是小茅屋的无名小庙在 1826 年重建时,冠以粤名,称为粤海清庙,有统属粤地之意,成为帮权组织中包括潮、广、客、琼各帮的粤帮一方的龙头。可以说,天福宫和粤海清庙代表了 19 世纪华人帮权政治的两极性——一极是闽帮,另一极是粤帮。

闽粤两帮每年循例游神一次。闽帮游神路线中有标示"停锣鼓"处,显示该处是潮州人的商店,闽帮游神经过潮州人或其他非闽人商店,如果敲锣打鼓,将会引起冲突。有关粤帮的游神,1901 年 11 月 25 日《叻报》报道:"本日坡中广、潮、客、琼四籍绅商商店户职年人等齐到粤海神庙中杯卜本届迎神赛会之期。兹悉迎神已卜定十月二十四日,送神回庙则定十二月十二日。想届时自有一番热闹也。"可见,当时以潮州帮粤海清庙为主的联合阵线和以天福宫为根据地的福建帮的对抗,是当时新加坡华人社会帮权与庙宇结合的突出代表。④

华人社会帮权政治与华人神灵崇拜的紧密结合,在新加坡独立建国后被逐步瓦解。不同于传统民族国家,新加坡是世界上极少数的先有国家后有民族、国家建立早于民族发展的国家。建国伊始,新加坡政府所面临的是一个没有共同的历史和记忆、缺乏融合的文化和传统、多元分裂的移民社会,塑造并强化新加坡民族认同与国家认同成为政府最为紧迫的任务。在此背景下,新加坡政府实施系列政策,打破殖民时期具有种族和方言帮群特征的社会结构,以行政手段取代华人社团组织曾担负的政治、教育、医疗等诸多社会功能,推动华人民间信仰向道教化、佛教化发展,积极营造超越种族和帮群的社会文化形态,将各种族各族群团结在新加坡国家旗帜下。华人神灵信仰亦随新的社会文化环境改变而做出自我调整,其形态和功能由殖民时期帮权社会条件下的"政治—教育性"向当前的"宗教—文化性"演变。[5]纵观新加坡不同历史阶段,华人神灵崇拜随外部环境变化而不断自我调适,展现了华人民间信仰特有的灵活性和现实性,并形成具有新加坡特色的华人神灵信仰文化。

### 三、新加坡华人神灵崇拜主要特征

新加坡华人神灵崇拜源于中国本土,具备中国传统神灵信仰的基本要素。但在新加坡多元社会文化环境制约下,其越来越与当地实际结合,不断衍生出新的形态,呈现所崇拜神灵地缘色彩浓重、祭祀神灵追随时代潮流、神灵信仰注重现实功利以及同时供奉异族神灵等特征。

1. 地缘色彩浓重

华人信仰神灵大多由闽粤两地移民从祖籍地带入新加坡,因而具有强烈的地缘色彩。华人方言群创建的庙宇,多主祀祖籍地独有的神祇。如安溪人的庙宇崇祀安溪地方神灵清水祖师;南安人的庙宇供奉南安人独有的地方神广泽尊王郭圣王;金门人崇祀圣侯恩主,圣侯恩主陈渊原是唐代开拓金门的第一人,死后被奉为神,金门人感其庇佑,称其为"恩主";潮州人供奉宋大峰祖师,宋大峰信仰源于中国潮汕地区,传入新加坡后发展出多个善堂组织,并与东亚其他地区的善堂庙宇形成跨国文化与商业网络。

即使是一些跨地域的神灵,对其崇拜不受地缘限制,各方言社群都可祭祀,如妈祖、大伯公、观音等,来自不同地域的华人依然强调这些神灵的地域性,如琼州天后宫强调其供奉的是海南人的妈祖,而天福宫强调其供奉的是闽南人的妈祖,广西暨高州会馆则强调其奉祀的妈祖是保佑广西人和高州人的妈祖。

2. 顺应时代潮流

新加坡华人神灵信仰具有一定的"潮流性",即在某一时期人们更热衷于崇拜某几尊神灵。在早期移民社会,华人除祭拜各自祖籍地神灵,大多还崇拜妈祖、大伯公、注生娘娘等。原因在于这些神灵具体体现了当时华人移民移居至陌生环境后最基本的信仰需求:海神妈祖保佑旅途平安,土地神大伯公保佑新的居住地没有灾害,注生娘娘则保佑人们顺利地繁衍后代。

而目前在新加坡最兴盛的神灵则多与求财或中马票等相关,主要是太岁、财神和大爷伯、二爷伯等。1993年韭菜芭城隍庙于北京白云观分灵六十尊太岁神像供奉在太岁殿,成为新加坡第一间拥有完整体系的太岁神殿,每年轮换一尊太岁。此后新加坡很多庙宇陆续塑起六十尊太岁,每年年头拜太岁年尾谢太岁的风俗便流行起来。

拜财神在当今新加坡社会也日趋流行,并兴起修建高大财神神像的风潮。2006年9月,耗资300万新元,楼高四层的三巴财旺神庙落成,号称拥有世界最大的财神爷。该庙新春期间举行接财神仪式,观礼信众人山人海。

大爷伯、二爷伯的流行,是因为在庙宇、神坛中扶乩问事的主要是大爷伯、二爷伯。大爷伯、二爷伯并非庙宇正神,而是作为城隍或东岳大帝部下被供奉在阴殿。正因其职位卑微,一般民间琐事都由他们负责解决,所以受到普通民众的信仰。

3. 注重现实功利

现实性与功利性是中国民间信仰的特征,从中国移至新加坡的华人神灵崇拜也包含这一特点。华人对神灵的奉祀与当地社会现实相结合,不少庙宇都是为满足现实需要而设立的,具有较强的功利主义色彩。

19世纪初期，新加坡虎患猖獗，据说每日均有人被老虎噬死。不仅在乡村从事耕种的农民遭到老虎的伤害，甚至在喧闹街区的市民也会遭到老虎的袭击。为防虎患，新加坡民间建立起具有治虎功能的庙宇，如成立于1851年的洪仙大帝庙就因防治虎患而建。据说该庙宇所在地淡滨尼曾经是一片人烟稀少的郊区，常有虎患。后来一位村民看到一位神明骑着三只脚老虎，自称是洪仙大帝，村民便建茅草屋祭拜，从此虎患断绝。

20世纪70年代初，淡滨尼区开发沙石，每天过往于此的载沙卡车极多，经常发生大小车祸，造成伤亡事故。在一次淡滨尼中元会晚宴上，部分村民倡议建一间大伯公庙。传说该大伯公庙建好后，车祸就很少发生了。洛阳大伯公庙和新芭大伯公庙也是因附近路段经常发生车祸而兴建的。[6]

4. 融合异族神灵

受新加坡多元宗教文化环境制约和影响，华人也将他族神灵纳入本族神灵体系一同祭拜。比如位于淡滨尼路的九条桥新芭拿督坛，主神是大伯公和拿督公苏莱曼，同时还供奉印度象神甘尼莎和大爷伯、二爷伯。由福发宫、天福殿与朝云殿组成的联合庙宇合春格福发宫，其庙外有一间名为 Sri Veeramuthu Muneeswarar 的印度庙，属于福发宫的一部分。该印度庙原是福发宫旧址旁边的一间小庙，由公共工程局的印度工友供奉，后来经过大伯公降乩示意，这尊印度拿督公就成为合春格福发宫的一部分。[7]

洛阳大伯公庙除了崇奉主神大伯公和妈祖、张天师、关公等以外，还供奉兴都教象神、马来拿督公和佛教地藏菩萨。《联合早报》曾记载洛阳大伯公庙2007年9月16日举行兴都象神入座圣所仪式的过程。仪式于早上8点开始，装扮得充满节庆气息的祭师头顶圣水，在鼓乐声中绕场一圈之后，攀上象神圣所金顶及入口处宝顶上，将圣水洒在金顶和宝顶上，这象征着为宝顶祝圣，也是邀请象神入住新庙宇。盛大的仪式吸引了约1万名冒着细雨前来观礼的印度信徒，大伯公庙的华人信众也纷纷留下来目睹这难得一见的兴教盛典，场面好不热闹。新加坡国防部部长张志贤亦受邀见证祝圣仪式，并为象神入座圣所主持开幕仪式。⑧

## 四、新加坡华人神灵崇拜的社会文化功能

新加坡华人神灵崇拜在殖民时期与华人帮权紧密结合，对华人移民社会构建和治理发挥重要作用，同时也是维系和强化华人移民民族认同的精神纽带、延续和传承华人文化传统的重要载体。

1. 社会构建

神灵崇拜对新加坡华人社会的构建作用主要体现在"界定"和"维系"两个方面。华人移民南下新加坡，在异乡多以操同一方言、具有相同习俗和信仰而结成帮群，各帮群又以地缘共性维系内部团结并界定与其他族群的关系，逐步形成以帮权结构为特征的早期华人社会。各帮群为满足基本信仰需要，创建庙宇奉祀源于各自祖籍地的神灵，庙宇成为帮群华人交流互动的最早公共场所，并由此推动帮权社团组织的建立发展，大部分帮权组织亦将办事机构设在各自庙宇之内。基于地缘认同的神灵崇拜与帮权组织形成紧密结合，奉祀神明的庙宇成为帮权机构所在和帮权权力的象征。庙宇和帮权的结合体，对外界定了华人移民帮群彼此关系，对内维系了所属帮群内部团结，成为华人在新加坡再建其社会架构的主要组织形态。

除社会构建外，华人神灵信仰还具有社会治理的功能。供

奉、祭祀神灵活动及其相关意识形态,不仅团结凝聚华人社群,且具有规范治理华人社会的作用,有时这种规范甚至具有法律意义。新加坡殖民时期英国法官在裁决华人之间的争讼时,往往采用华人的习俗进行判决,华人斩鸡誓盟的神判仪式就被运用到殖民地法庭的断案中。⑨1894年,福建诏安人王顺成和粤人李南为争夺一条暹罗丝幔而诉至官府。李南向英国法官禀称愿意进行斩鸡誓盟。法官便准其所请,命王顺成买回一只鸡,随同李南与众衙役等斩鸡誓盟。待斩鸡完毕,众人返回公堂复命,法官当即释放李南。⑩

2. 民族认同

新加坡开埠之后,实行自由移民政策,各族移民大量涌入新加坡,除华人、印度人、马来人三大族群外,还包括欧洲人、欧亚混种人、阿拉伯人、尼泊尔人、菲律宾人、日本人、泰国人、缅甸人以及犹太人等。如此繁多的民族在短时期内汇集在新加坡这样一块小小的土地上,加上殖民政府分而治之,新加坡移民社会必然呈现多元和分化的形态。新加坡各族移民通过各自传统文化、宗教信仰和风俗习惯密切内部联系、强化内部团结,较好地维系了本民族文化传统与认同,新加坡社会由华、印、马来三大族群以及其他少数族群组成的民族格局从殖民时期延续至今。

对新加坡华人社会而言,华人信奉的神灵普遍源于祖籍地,这种地缘属性是凝聚来自同一片土地的华人彼此认同的天然媒介。以妈祖信仰为例,妈祖原为闽人所崇拜的神灵,后作为航海者和女性的保护神,逐渐传播至浙江、广东和海南等中国沿海地区,影响极其深远。前来新加坡的华人每逢在海上遭遇危险,便会向妈祖祈祷,请求保佑。在平安登陆后,便邀请戏班演剧以示酬神。每逢妈祖圣诞，新加坡各籍华人均要举办庆典，搭建戏场召梨园子弟开演戏剧，并同时设有酒会，热闹异常。在庆贺神诞的同时，敦睦乡谊，既娱神又娱人。类似此类神灵祭祀活动，在传承祖籍文化的同时，进一步密切了华人各方言帮群之间的互动，强化了其同为华人的民族认同。

3. 文化传承

由于缺乏与祖籍地一致的人文背景，移民社会对源自祖籍地的文化传统的继承和延续，多以文化记忆的方式进行。对于在祖籍地出生的第一代移民而言，大都怀有比较清楚的对祖籍地文化的集体记忆，而出生于新加坡的移民后代，由于成长在异于祖籍地的不同社会文化环境下，其对本民族传统文化的习得，更多的是通过老一代移民集体文化记忆的不断传递和输送而达成的。集体文化记忆的延续主要通过反复强调和不断重复，最终完成由老一代移民向移民后代的交接。神灵信仰中拜神、祭神等活动和仪式以及相关禁忌，周期性地不停反复，以及在这些周期性活动中新老两代集体的交集与互动，使得对传统文化的历史记忆一代代不停地延续和传递下去。因而，尽管新加坡的社会文化环境与各移民族群祖籍地社会文化环境差异巨大，但并不影响移民对祖籍地传统文化的集体记忆，通过神灵崇拜等民间信仰诸多活动一代代传递下去，进而推动民族传统文化的传承和延续。一位19世纪到过新加坡的拜访者爱德华就曾惊奇地发现，"每个不同的种族完整地保存了他们的传统，就好像他们根本就不是由外地迁徙而来，倒像是本地土生土长发展起来的"[⑪]。今天，新加坡在爱德华做出如此评价一百多年后，多元化依然是新加坡社会的最大特征，华、印、马来各族传统文化得以保持和延续，其在某些方面的完整性甚至超过祖籍地的程度。

**注释：**

① 汪鲸：《适彼叻土：历史人类学视野下的新加坡华人族群》，广州：广东人民出版社，2013年，第68页。

② 曾玲：《越洋再建家园：新加坡华人社会文化研究》，南昌：江西高校出版社，2003年，第212页。

③ 陈碧：《新加坡华人庙宇探访》，载《寻根》，2009年第4期。

④ 徐李颖：《佛道与阴阳：新加坡城隍庙与城隍信仰研究》，厦门：厦门大学出版社，2013年，第19页。

⑤ 徐李颖：《在国家与社群之间：新加坡华人庙宇社会功能的转换——以天福宫为例》，载林伟毅编《民间文化与华人社会》，新加坡亚洲研究学会，2006年。

⑥ 新加坡淡滨尼联合宫：《淡滨尼联合宫庆成典礼纪念特刊》，1993年。

⑦ 徐李颖：《佛道与阴阳：新加坡城隍庙与城隍信仰研究》，厦门：厦门大学出版社，2013年，第32页。

⑧ 赵琬仪：《多元种族庙宇：新加坡洛阳大伯公宫恭请象神入座》，载《联合早报》，2007年9月17日。

⑨ 斩鸡誓盟又称为"烧黄纸"，是华人社会较为流行的神判仪式，即在神灵前起誓，同时斩鸡头，烧黄纸，以表明誓言真实无虚。

⑩ 汪鲸：《适彼叻土：历史人类学视野下的新加坡华人族群》，广州：广东人民出版社，2013年，第68页。

⑪ 李志东：《新加坡国家认同研究（1965—2000）》，北京：中国人民大学出版社，2014年，第28页。

（作者系解放军国际关系学院讲师）

# 越南影片中的战争受害者解读
## ——以 1990—2010 年间的越南电影为例

宦玉娟

**摘　要**：战争对人类物质文明和精神文明的破坏是巨大的。战争不仅使人们流离失所，造成人员伤亡，还会使经济倒退，人类辛苦创造的物质精神财富毁于一旦。越南是个苦难的国家，1849 年，法国开始入侵越南，80 多年的法属殖民期过去后，紧接着是 20 年的抗美战争。战争给越南造成巨大的经济损失与人员伤亡，也使越南人民成为战争的终极受害者。本文将对越南影片中的战争受害者进行分类解读。

**关键词**：越南电影；战争受害者

1990—2010 年间表现战争受害者的越南影片有包东尼（Tony Bui）的《恋恋三季》（*Ba mùa*，1999 年）；阮潘光平（Nguyễn Phan Quang Bình）和约翰·芬（Jon Foo，又名傅尊、尊拿·芬 Jonathan Patrick Foo）的《烈血战士》（*Vũ khúc con cò*，2002 年）；裴硕专（Bùi Thạc Chuyên）的《活在恐惧中》（*Sống trong sợ hãi*，2005 年）；裴俊勇（Bùi Tuấn Dũng）的《烽火中的邮差》（*Đường thư*，2005 年）；刘皇（Lưu Huỳnh）的《穿白丝绸的女人》（*Áo lụa*

Hà Đông，2006 年）等，以下将对这些影片中的战争受害者形象进行分类解读。

## 一、越南电影中的战争受害者
### 1. 越南电影中的士兵形象

影片《烽火中的邮差》以越南抗美战争为背景，讲述了北越通信兵邮差黄安和阿谭为前线送情报并捎去信件的故事。影片的开始就用一首凄惨的音乐揭示了战争的残酷：

> Con ngủ, ngủ đi con. Đứa con của mẹ ra đời, một đời đau thương. Hai mươi năm, đang con lớn lên ra ngoài chiến trường. Đứa con da vàng Lạc hậu, ngủ đi con.
>
> 熟睡的我的孩子：你打出生以来，没有一天不叫人伤心。二十年后，你长大上了战场。伟大的越南民族的子孙，永远地沉睡吧。

影片中，二等兵黄安在送情报的任务中从一名普通的士兵，成长为意志坚定、勇敢无畏的通信兵。同时，他也见证了战争的残酷性：被美国控制下的南越士兵与胡志明领导的北越士兵互相争斗、手足同胞自相残杀。前线的士兵在混乱的状态下作战，到处都是炮火，一个接一个地受伤倒下，又一个个地被拖走。刚上前线的新兵被这样的血腥场面惊呆了，木然地看着火光冲天的前方。在送情报的途中，黄安与阿谭将士兵们的信件带到了前线。一位受重伤的战士全安躺在担架上，奄奄一息，战友哭着为他读着妻子的来信。镜头特写全安颤抖着想要举起的左手，他用尽力气却都无法再一次抬起手接过妻子的信。在这封信读完时，身负重伤的全安也带着对妻儿的遗憾离开了人世。

影片中的黄安与阿谭要穿过一片丛林才能到达目的地。丛林中有美丽的瀑布,也有幽深的峡谷,风景很是迷人。然而,与之形成鲜明对比的却是可怕的战争现实。丛林是南北越交界线,是战争最前线,丛林中到处密布着地雷、陷阱。

对于战争的态度,这部影片中的南北越士兵也是不一样的。以黄安为代表的北越士兵是怀着统一祖国的信念而战,正如黄安在信中所写:

-Anh ra trường với tư thế một chiến sĩ giải phóng, tư tưởng lập trường vững vàng.

"我为自由而战,怀着坚定的意志来面对这场战争。"

南越士兵则是美军控制下的傀儡。影片中的南越士兵阿巴在中毒弥留之际,说出了心中对自己加入美国控制下的南越军队的真实想法:

–Má, con xin lỗi má, làm nhiều không tốt.

"妈妈,对不起,我做了许多错事。"

而影片《烈血战士》则以穿插回忆的方式再现了越南士兵的战场生活。在战争中,很多士兵并非死于子弹、炸弹,而是死于疾病、饥饿。影片中的士兵们一路行军,双脚灼痛,肩膀疲惫,还要忍受病痛的折磨。正如越南将军武元甲所说的:"全世界每一分钟都有成千上万的人死亡,一百,一千,一万,成千上万的人的死亡,(为了革命与国家的统一)即使他们是我们的同胞,也算不得什么。"①

无论是南越士兵,还是北越士兵,影片中的他们都被无辜地卷进了战争,成为战争的牺牲品。

2. 越南的战争电影中的百姓形象

影片《烽火中的邮差》中,通信员黄安的女朋友阿迪在黄安参军后,一直在家乡等着黄安。两人一直保持着通信,以此来确认在战争中的对方是否平安无事。阿迪在写给黄安的信中,这样叙述战时家乡的状况以及自己的心理态度:

Chàng đặc công anh hùng:

  Ra đồng, ra bãi hay bất cứ đâu, em luôn nghĩ đến anh, mơ về anh, mơ về một ngày mai thống nhất. chiều nào, em cũng gặp một ông lão lái đò làng mình viết thư cho con anh à. Con trai ông ấy nhập ngũ quân đội với anh đấy. Anh ơi, làng mình mùa này nhiều hoa gạo lắm, rừng đỏ một bờ sông quê. Thinh thoảng máy bay Mỹ sẽ qua làng, trút xuống vài lạc bom, em quen dần với bom đạn, trẻ nhỏ cũng quen dần bom đạn. Đôi khi em có những giấc mơ, những giấc mơ Việt Nam diện màu hoa gạo. Hoa gạo đỏ nên hồng, bao nhiêu máu người Việt đã đổ.

勇敢的突击队队员:

  你一定要平安归来。不管在田间还是在河边,我都在想你,我梦想着和平统一的那一天。每天下午,我都会遇到每天给儿子写信的老艄公,他儿子是和你同期参军的。阿哥,现在正是木棉花开的时节,木棉花快要把河岸染红了。不时会有美军的飞机向村里投下炸弹。我和孩子们对空袭已经习惯了。我不时会梦见全国被鲜血染红了。战争中,不知道多少同胞倒在血泊中。

这封信充满了阿迪对黄安的无限思念。同时,表现出阿迪对和平的无限期待,对身处水深火热中的本国同胞的无尽担忧。影片中的阿迪永远有着最美的笑容，然而这样的笑容并没有等待到和平。在黄安回到北方，成为一名邮递员时，阿迪却已经死于美军的轰炸。这是战争留给黄安的无尽遗憾。

阿迪在信中提到的渡船老人，每天他的孙子都会在渡船中记下对父亲的思念：

> Bố ơi, sao cứ đánh nhau mãi thế? Bố đừng chết nhé! Bố mà chết thì lấy ai chở đò cho dân làng mình qua sông? Hôm qua, Mỹ đếm bom trường con bố à, nhưng chúng con chẳng sợ, quen rồi. Tuần trước, có chú bộ đội gọi đò khuya, con cứ tưởng bố về.

> 爸爸，为什么总是打仗？爸爸不要死啊，爸爸死了，谁来渡船？昨天学校被美军炸了，可是我们一点也不害怕。半夜有个要渡船的士兵，我以为是您回来了。

影片中的渡船老人已白发苍苍，只有孙子在渡船上陪着他，谁也不知道战争何时才能结束，而他的儿子也不知能否平安归来。渡船老人能做的仅是守着唯一的孙子，在渡船中等待和平的到来。

该影片中的重伤员全安在临终之时，终于盼来了妻子的来信：

> Anh ơi, hôm nay con mình chồng bốn tuổi đấy. Cưới nhau xong là anh đi, chồng về phép thăm con nếu một lần. Em mua cho con bộ quần áo mới, gặp ai nó cũng khoe bố mua, em rồi con là bố gửi về anh à. Bao giờ hết chiến tranh hả anh? Khi em viết lá thư này, con về chơi quanh em, nó hỏi, mẹ viết thư cho bố à? Em gật đầu, nó đưa cho em viên pin, nói nữa, gửi

ra chiến trường để bố chơi với các bạn. Nghe giọng con, em không khóc mà nước mắt chảy ra. Làng mình vài ngày ra một giấy báo tử. Một lần thấy bưu đã qua nhà, em lập tức xuống tất ngang. Anh ơi, em mơ anh về với mẹ con em, cho bố con thấy mặt nhau. Chiến tranh liên miên này biết ngày nào chấm dứt hả anh?

  *亲爱的：儿子今天四岁了。我们结婚后你就上战场了，你回来看他一次吧！我给他买了一套衣服，见到谁他都炫耀说是爸爸买的。我骗他说是你买的。战争什么时候结束啊？我写信的时候，儿子在旁边玩耍，问我，是给父亲写信么？我点了点头，他把一块电池递给我说，把这个也寄给父亲，让他也玩，我强忍住泪水。每天村里都会送来死亡诊断书。每次见到邮差经过家里，我都会喘不过气来，怕你死去。你回来看看孩子吧。什么时候这漫长的战争才能结束？*

  这封信代表了战争带给所有越南妇女的心灵伤害，"作为妻子和母亲，她们都不愿面临失去丈夫和儿子的痛苦"②。而信中的孩子对战争的无知让所有人都无言以对，而战争并没有因妻儿对亲人的殷切期盼而停止残忍之手，最终还是夺走了孩子的父亲，这对父子最终也未能见上一面。

  影片《穿白丝绸的女人》则用重现反战照片《战火中的女孩》的方式，来表现战争中无辜受害的越南百姓。照片《战火中的女孩》是越南抗美战争的真实记录。1972年6月8日，美联社的越籍摄影记者黄功吾在越南战场抓拍到一张至今都震撼人心的反战照片——《火从天降》（又名《战火中的女孩》）。照片中间是一名因被美军凝固汽油弹袭击后挣脱被烧焦的衣服撕心裂肺地惊叫着裸奔的小女孩。女孩的周围是同样在奔跑的家人，跟着他们的是拿着枪的南越士兵。整张照片的背景则是正冒着滚滚浓烟的村庄。裸奔女孩张开双臂，脸上写满了对战火的恐惧和身体烧伤的痛苦。这张极具反战意义的照片深刻地揭露了战争的残酷，显示了战争带给越南无辜百姓的深重伤害。

除了重现《战火中的女孩》，这部影片还将众多真实的影像资料放在影片结尾部分：母亲携家小避美机轰炸在水中泅渡慌忙逃难的凄惨影像；白发人送黑发人的悲苦影像；亲人全部死于战难，独身一人的孤苦老人影像；被战火烧毁的庄稼地影像等。影片中阿丹的二女儿阿玉身亡于炮火，阿丹号啕大哭的镜头代表着无辜的越南百姓对战争的直接控诉。当阿玉在教室里深情地朗诵，表达自己对家人的感激眷恋和对未来的期望时，天空中战机的隆隆声逐渐掩盖了她的天使之音。炮火之后的废墟中，黑字白纸在天空中飞扬，飘落在学生洁白的白丝绸裙上，飘落在倒塌的教室中。接连两组的影像对比，揭示了战争的残酷，战争带给越南无辜百姓的伤害无法用言语描述，这时候的镜头语言是无声的，只剩沉默中的影像。

## 二、越南电影中的战后受害者

越南电影中除了表现战争中的直接受害者形象，还描述了战争后的间接受害者形象。

### 1. 越南电影中的战后无辜百姓

长达十几年的越战结束后，美国士兵们纷纷撤离越南。他们撤离时留下的私生子"就都成了失去父亲、战争的牺牲品"[③]。影片《恋恋三季》中，美国士兵詹姆斯寻找的遗留在越南的女儿便是越南抗美战争的间接受害者。战争不仅使她失去母亲，也让她与父亲生而分离。影片中,美国战败后,美国大兵随军回国,留下女儿一个人孤零零地守着破败的家园。为了生存,她沦落为陪客喝酒的陪酒女。当她与回越南寻找她的父亲在酒桌上偶遇时,父亲眼中的泪水、脸上的无奈尽是无限辛酸。女孩一直生活在战后的越南,亲身经历了战争带来的痛苦伤痕。在越南影片中,她是千千万万个战后越南孩童的代表。

影片《活在恐惧中》讲述了越南和平统一后,美伪政权下的南越士兵阿载艰苦讨生活以养活妻女的故事。战后,阿载因自己曾是南越士兵,不愿回到家乡,便与阿郁在越南中部重新组建了新的家庭。在新建起的住房前,阿载遇到了第一颗战争遗留的地雷。"这个饱受战争之苦的地方,被战争蹂躏得满目疮痍,看得到的是一片片绿树成荫,看不到的却是战争遗留下来的遍地地雷"④。此后,阿载的人生便跟地雷结下了缘分。他跟着曾是南越解放军游击队员的年德学习如何排雷,将排雷后的地雷碎铁拿去变卖以养活妻女。在排雷的过程中,阿载逐渐获得了新的排雷经验,地雷排到哪里他就将粮食种到哪里。虽然从排雷中获得了生存之物,但是这份工作却使他一直处于紧张、恐惧的情绪中。

影片的排雷场景中,阿载额头直冒冷汗,面色铁青,动作缓慢,肢体颤抖。每次安全排雷后,阿载都是同一个动作——瞬间倒下,呼吸急促,似从死亡线上刚拉回一条命一样。在这份危险的工作中,阿载也亲眼见证了好友年德死于排雷,他却仍不想放弃这份工作。后因非法排雷,阿载被抓进监狱。出狱后,他决定放弃排雷的危险工作,欲将门前的荒地开垦成良田,却发现门前的土地中也都是排不尽的地雷。影片的结尾,镜头远景中,一声巨响,阿载仍在重操旧业。

战争不仅使阿载生活在恐惧之中,也使阿载失去了曾经的伙伴。海仁是阿载曾经的妻子阿顺的哥哥。儿时,海仁与阿载是最好的玩伴。但因战争,海仁加入了越南共产党,阿载则加入了伪军,两个人因战争从好友变成了敌人。

2. 越南电影中的战后忏悔者:美国士兵

"越战是20世纪十大战场之一,从1961年5月14日肯尼迪总统下令100名美军特种部队人员入越开始,到1975年4月30日北越军队解放西贡,战争历时14年才告结束"⑤。在现实中,许多参加过越战的美国士兵幸存者表示,他们回国后几乎每晚都被噩梦所折磨。有的人无法释放自己心中的愧疚与痛苦,便诉诸家庭暴力,对身边的亲人、朋友造成了不同程度的伤害;有的人则遁入空门,通过宗教进行灵魂的救赎。"他们无法摆脱这种梦魇般的折磨与烙在灵魂上的恐惧与内疚"⑥。

影片《恋恋三季》中的美国大兵詹姆斯,因越南战争一直背负着对留在越南的妻女的心灵孽债。战后,他再次重返越南寻找女儿。来到越南,美国大兵住在一家小旅馆中。他每天都坐在楼下的椅子上,凝望着对面曾是水兵酒吧的餐厅,不停地抽烟。那家餐厅,曾经有许多美国人来过。有时,他也让三轮车夫载着他到处逛,拿着女儿的照片逢人便问。影片中的一个场景:一个小女孩乞丐来到他身旁,伸出脏兮兮的手捉着他的胳膊,他似乎看到了自己女儿的影子,脸上露出了微笑。这时候的他,对越南这个国家的想法已与战时完全不同,已从敌对态度向友好态度转变。正如他对卖杂货的小男孩说:"我有一个女儿,她在这里。我一直都没见过她。我收到来信,说她母亲死了。我觉得是时候来找她了。她的样子不是很像我,对吗?是时候来找她了。也许,该跟这个国家和睦相处了。"

重返越南时的不知所措,寻找女儿过程中遭遇的失望,找到女儿后却发现其已沦为酒家女时的辛酸,是战争带给他的,也是他在战争忏悔之路中必然要承受的。

影片《烈血战士》中,提到一位美国老兵:维恩·查理。影片中讲述,1958年到1969年,他曾经在越南广治和岘港服役。战争结束多年后,他再次回到越南,希望通过两个国家之间的文化交流来治愈战争的创伤。"旧日浴血的山头已找寻不到,战争的遗迹却依然比比皆是"[7]。维恩·查理在来越南之前已经与几个越南的战地作家联系。他们的作品与战地越南士兵的日记有很多相似之处,其中写了不少同样的事情。查理提到一名女作家,她参与战地报道和写作多年。因为战争,她非常害怕美国直升机。而战争时,查理就在直升机上,对着地面扫射。当查理看到地上越南人的脸时,他们的感觉给查理的感觉很奇怪,那一刻,查理感觉自己和他们是相同的。查理回忆这些的时候说:"我感到悲痛,这样也好,我需要这种感觉(忏悔的感觉)。"影片中穿插了一位战时美国士兵与越南士兵相遇时的场景:一位美国士兵捡起一位好像已经死去的越南士兵的笔记本。当他读这本日记的时候,他发现自己可以和那位越南士兵进行心灵沟通。他看见了一个像他一样的人,他感觉那个人是活着的。这个场景同查理在直升机中看到地面上越南人的恐惧脸庞时的感觉是一样的。而战后,他们都活在忏悔的悲情之中。

该影片中提出这样一个问题:"为什么一些美国老兵喜欢再次回到越南呢?"而回答是:"这仿佛是一只鹤的故事,这是关于爱、生命和命运的故事。"影片中美国士兵的真诚忏悔使得越南人感受到了其友好之情。对于美国士兵重返越南,该影片做出以上回答是越南人对战后美国士兵的忏悔态度的最好包容。

## 三、越南电影对曾经的战争的态度：牢记还是忘记？

1990—2010 年间的越南影片中，《烈血战士》最能代表对曾经战争的态度。影片通过战地摄影师阿荣的现在生活感受及穿插着的战争记忆，来表达对曾经的战争的态度。

影片以越南胡志明市解放 25 周年纪念为背景对越南抗美战争进行了回忆。作为一名军队摄影师的阿荣，他目睹了太多其他人的命运。在战争结束后，他仍然每天都在问自己，为什么成百万人没有活下来，而只有自己活下来了？在阿荣的战争记忆中，尽管自己的战友都来自不同的地方、不同的背景，但在战争中，阿荣认为所有参战的战士们都是兄弟姐妹。阿荣目睹着成千上万的女人跟亲人们告别，看着她们怀着沉重的心情在寺庙中祈祷亲人平安无恙。

在战争的记忆中，阿荣第一次感受到恐惧是和四个熟悉的同伴最后一次聚在一起时遇到敌机轰炸的情景。战士们根本无法想象即将面临的困难，只希望存活下来，再次享受和平，聚在一起分享悲哀和高兴的回忆。每次一个士兵死亡，战友们都叠一只纸鹤陪伴他到天堂。

在行军的记忆中，阿荣和战友们扔掉了很多东西，而减负越多也就意味着把越多的过去抛在身后。战士阿文便是如此。阿文是来自河内的浪漫大学生，喜欢写诗。他是战士中相对幸福的一员，在战争前经历了一生中最甜蜜的时光——与心爱的女子结婚。在行军中，阿文到处都能看到妻子的影子，只要看到白衣女子在路上行走，他总是以为那是自己的妻子。这么一个浪漫的大学生背着自己的吉他上了战场，却在艰苦的行军路中被迫丢弃自己的吉他。但是，要在长途跋涉中存活下来，背着沉重的吉他进行作战，非常困难。能做的，只能是将浪漫的旋律放进心里。

影片中还出现了一名按摩师阿勇。阿勇在战后当了一名按摩师，从事按摩职业已经 11 年之久，这和他在战争中度过的时间一样长（阿勇在战场上的时间是从 1964 年到 1975 年）。在战争中，阿勇是一名潜伏在敌军中的特工，他爱上了与自己信仰不同的美伪军的女儿。因为战争，他对妻儿隐瞒了自己的真实身份，承受着心灵的煎熬。最终，在和平统一在望之时，妻子发现了他的身份，却无法原谅他。阿勇的妻子带着一双儿女去了美国，而阿勇却无法再去面对妻儿，他只能独身留守在越南，孤独一生。战争带给他生命的伤痛是不言而喻的。

影片用摄影师阿荣的立场表明了对曾经战争的态度："对战争的记忆是不会忘记的，对那些死了的和那些幸存的。"阿荣在战争中的工作是战地通讯记者，专门捕捉重要的瞬间。但他同时也是证人，见证了破坏和死亡的可怕。但是，没有摄像机能真实捕捉战争的惨烈。那些画面一直在阿荣和所有战士们以及那些经历过战争的人的脑海中浮现。阿荣认为，没有人赢得这场战争，所有参与战争的人都失去了一些东西，一些人失去了他们的青春，一些人失去了他们的爱人，还有一些人失去了他们的幸福。在战争中，每个人都有他们自己的命运，有人死去有人活着，有人当官有人做诗人，没有人能够预测自己将做什么。战争会结束，但是创伤依然留在死者的坟墓和活人的心中。阿荣经常问自己，战争是否真的结束了？影片中，他站在川流不息的十字路口，镜头用聚焦的形式对阿荣进行了特写。这时的阿荣发出这样的感慨：如今和平发展的越南，在其平静的背后，还有多少人生活在战争的阴影中？而他，就是其中一个。在战争中，阿荣的战友曾问他："如果我们中的一个人死了，另一个人会怎么怀念他呢？"这个问题在幸存下来的阿强身上得到了回答。对战友亲人的思念默默潜伏在阿强的体内，尤其是在夜深人静时，在睡梦中,这种对战友的思念总会不由自主地出现。梦中,阿文死去的战友们都在他们曾经相聚的小树林里等待着他。每次在梦中相聚,死去的战友都会问他:"你怎么才来啊?"阿文多么希望他们都可以起死回生,希望在梦中把他们都抓住,都拉回到现实中,可是却只能在呼喊声中惊醒,留下的只是无尽的怀念。

　　无论是哪个民族,只要曾经被侵略过、被伤害过,这个民族永远都不会忘记战争的痛苦记忆。在和平年代,那些曾经被伤害的人民也许不会无时无刻不想起这场战争,但可以肯定的是,他们也从未忘却。影片《恋恋三季》就是用隐晦的手法表达了对越战的态度。影片的表面并没有过多提及越战,最明显之处也不过就是引出故事情节的线索:美国大兵寻找遗留在越南的女儿。

　　影片并没有用过于激烈的手法表现其对战争的态度,却是用一些缓和的小细节来体现:卖杂货小男孩木箱里的那只战争中的打火机;苦苦寻找遗留在越南的女儿的美国父亲;人们对街上西方面孔的习以为常……通过这些无处不在的小细节,影片传达了20世纪末越南人民对抗美战争的态度:越南人民没有忘记这场战争,但也不会一直纠结于这场战争,而要做的是如何去与世界各国人民和平相处。

　　以上这两部影片中的战争受害者形象,表明了战争经历者不会忘记战争带来的创伤。战争的创伤或许不会每时每刻都显现出来,但却潜伏在每一个战争经历者心灵深处,而能做的应该是牢记战争的教训,不要让影片中的悲剧再次上演。正如反战照片《战火中的女孩》潘氏金福(Phan Thị Kim Phúc)在美国越战纪念碑前的演讲一样:"我不想讨论战争,因为我无法改变历史。我只希望你们牢记战争的悲剧,能够为制止发生在世界各地的争战和杀戮做出努力。"这句话代表了包括所有战争受害者对战争的最后总结。

## 四、结语

综上所述,战争受害者在 1990—2010 年间的越南电影中是一个较为特殊的群体,可以说是越南电影中独有的一个角色群体。当然,这是由其历史原因造成的。这一阶段的越南电影主要通过重现战时影像的方式对战争受害者进行描述,且着重刻画战争留下来的创伤。越南影片对战争的发动者(如美国)并没有追究过多的责任,而是将他们置于忏悔者的角色加以塑造。因此,无论是战争中还是战争后,参战者还是旁观者,侵略者还是被侵略者,影片都将战争影像深深烙进每一个战争经历者灵魂深处。这样的影像定位很好地诠释了越南影片对曾经战争的态度:人类对于和平的追求是永远不会停止的,而只有记住并反思战争,才能够更好地阻止战争、珍惜和平。

**注释:**

① 翟东升:《劳动党的大战略——越战启示录(下)》,载《IT 经理世界》,2006 年第 Z1 期,第 107 页。

② 朱美娣:《越战时期美国的和平反战运动》,载《乐山师范学院学报》,2007 年第 8 期,第 91—93 页。

③ 洪松:《越战酿苦果 私生子遭殃》,载《中国民兵》,1994 年第 5 期,第 41 页。

④ 周兰:《〈红河〉——越战阴影下的命运捉弄》,载《电影评介》,2010 年第 1 期,第 40—41 页。

⑤ 李集慧:《越战的启示》,载《大众科技》,2000 年第 8 期,第 2—4 页。

⑥ 胡百川:《抹不掉的越战阴影》,载《南风窗》,2000 年第 8 期,第 64—66 页。

⑦ 徐嘉:《重返岘港的美国越战老兵》,载《国际展望》,1994 年第 4 期,第 23—24 页。

(作者系解放军国际关系学院教师)

# 从历史沿革看老挝民族思维的两面性

董泽林

**摘　要**：早在公元前两千多年前，老挝土地上就有卡族人居住，城邦（部落国家）已经出现，8世纪老族人打败了卡族人，在琅勃拉邦建立了第一个老族国家——澜沧王国。老挝大致经历了"城邦林立"、"澜沧王国"、外族占领、老挝王国等几个时期。本文旨在通过论述老挝历史沿革来展示老挝的发展历程，深度剖析老挝民族思维产生两面性的原因。

**关键词**：老挝；历史沿革；民族思维

据我国史籍最初称"老挝"为"潦查"或"老抓"，见于《异域志》中："潦查，俗呼老抓。"至于"老抓"这一名称的来源，是根据老挝人的风俗习惯而来的。由"老抓"演变成为"老挝"，读音相同，挝字相异，在我国史籍首见于明严从简的《殊域周咨录》卷九："建文二年（1400年）八百媳妇国入贡，老挝亦入贡。"

今天的"老挝"一名，在20世纪50年代前后，汉译曾作"寮"，其北部、中部、南部分别被译成上寮、中寮、下寮而一直沿用至今，其实倒是更加切近原音。1945年老挝重新统一，正式国名为 Law，而不用 Lansang（澜沧）。

## 一、老挝的历史沿革

相对而言，老挝也是世界上历史悠久的古国，早在公元前两千多年前，这块土地上就有卡族人居住，出现了城邦（部落国家）。8 世纪老族人打败了卡族人，在琅勃拉邦建立了第一个老族国家——澜沧王国。后来老挝大致经历了"城邦林立"、"澜沧王国"、外族占领、老挝王国等几个时期，才到今天的老挝人民民主共和国时代。

1. 城邦林立时期（公元初年—1353 年）

在古代的中南半岛上，城邦林立，民族、部落不断迁徙，人们往往把首领权势所及范围视为该国疆域，把部落中心地的名称作为该国国名。这一时期出现了像科达蒙、文单（陆真腊）、孟骚等部落国。老挝人从正统观念出发，曾称孟骚为"澜沧国"。其政治中心就在孟骚（今琅勃拉邦）。除上述三国外，在公元 1353 年以前，据史料记载老挝国土还出现过分别以川圹省芒芬高原、以桑怒省香科一带、以南塔省允普卡等地为中心的若干小城邦。

2. 澜沧王国时期（1353—1707 年）

到了 1353 年，昭法昂王子正式建立了澜沧王国。法昂王生于 1316 年，1353 年法昂在琅勃拉邦建立澜沧王国，当时年龄 37 岁，执政时期为 18 年，死于 1373 年。法昂王是老挝历史上第一位统治整个老挝地区的国王，建立了中央集权制国家。在他执政时期，国家威望大增，在中南半岛曾强盛一时，他拥有一支强大的军队，在精神方面则是以国教小乘佛教为思想基础。其后，澜沧王国征服了许多部落，并打败了暹罗人（泰国人的祖先），形成了老挝历史上第一个统一的多民族国家。14世纪，老挝逐步发展成为东南亚最繁荣的国家之一。1577年缅甸军队战胜老挝军队，澜沧王国继而成为缅甸的附属国。1592年，老挝人肩并肩英勇战斗赶走了缅甸人，收复琅勃拉邦。后来一直到1707—1713年才逐步形成了琅勃拉邦王朝、万象王朝和占巴塞王朝三国鼎立的局面。

3. 外族占领时期（1778—1945年）

统一的澜沧王国分化瓦解后，即遭遇外族的入侵和长期占领。1778年至19世纪中叶，暹罗军队水陆并进，先灭了占巴塞王国，而后北上围攻万象，国王逃跑不知去向，暹罗军队俘获王子、公主，劫掠国库，搬走玉佛等珍贵文物。老挝就这样逐步被暹罗征服，万象成为曼谷的管辖区。沦为暹罗（今泰国）的属国后，各王国虽然保留原有的统治制度，但王位继承与高级官员任命由暹罗一手决定，暹罗还派了行政专员控制老挝。1825年，万象国王起兵反抗暹罗统治，被镇压下去，万象王国也随之灭亡。1883年至1885年，琅勃拉邦寻求法国的支持，法国人便趁机入侵老挝。1893年2月，老挝全国都沦为法国的殖民地。1907年3月，法国逼使暹罗签订协议，承认法国在占巴塞、川圹、沙耶武里省的统治权。1911年在起义首领昂克欧遇难后，其部下库马丹接任义军首领与法国军队进行着不懈的斗争。

1945年初，为了完全控制整个印度支那，为其在战争中作最后的挣扎服务，日本于3月9日在印度支那发动了一场"政变"，彻底解决了法国在印度支那的武装力量，夺取法国在印支的殖民政权。法国总督让·德古（Admiral Jeam Decoux，又译德库）海军上将被捕。4天后，日本政府派出10名全权军官，替代法国的总督和行政长官。

在老挝，日军于1945年3月9日占领万象，拘禁了法国的最高驻扎官布拉泽（Brazey）及其行政官员，同时从越南进军占领川圹。3月15日，日本政府宣布给予老挝，特别是给予琅勃拉邦王国"独立"，让老挝参加日本的"大东亚共荣圈"。5月5日。日军占领琅勃拉邦后，随后又包围、击溃了法国在他曲、阿速坡、车邦、东兴、丰沙里等南北各地的军队。法国在老挝的部队，有的被俘虏，有的逃亡到中国，大部分进入老挝各地山林，纷纷作鸟兽散。

至此，日本军国主义完全占领了老挝。日本政府向琅勃拉邦王国派出一名最高顾问，同时委任一名高级顾问接替法国最高驻扎官，其驻所从万象迁至他曲。

在日本占领下，老挝人民又添加了一重枷锁。一方面，日军为了补充战争消耗，大肆抢劫掠夺，许多青壮年被抓去服苦役，日军在各地还犯下了不少奸淫烧杀暴行；另一方面，法国殖民者积蓄力量，伺机东山再起，也加紧搜刮老挝人民的财富和血汗。同时遭受两个帝国主义和本国封建主的三重压迫和剥削，老挝人民的境遇更加凄惨。

不过，值得庆幸的是日本占领老挝的时间不长，1945年8月15日，日本宣布无条件投降，老挝全国各地的爱国组织抓住机遇，纷纷领导各地群众从日本手中夺回政权，并于10月12日向世界宣告老挝独立，成立统一的"老挝王国"。

4. 老挝王国时期（1945—1975年）

这是老挝人民成功反对法、美侵略和干涉，争取和维护民族独立的30年。大致分为4个阶段：

第一阶段是1945—1954年。1945年8月老挝人民举行武装起义，成立了伊沙拉阵线，同年10月12日老挝宣布独立，成立了伊沙拉政府，但是法国不承认其独立。1946年，法国卷土重来，伊沙拉政府不得不解体。1950年，爱国力量重建伊沙拉阵线，成立了以苏发努冯亲王为总理的寮国抗战政府。1954年7月，法国被迫签署《日内瓦协议》，从老挝撤军，长达9年的抗法斗争取得胜利。其实胜利来之不易，老挝先后进行大小战斗3000余次，歼敌近2万人，建立了基本连成一片的革命根据地，占全国领土的三分之二，为整个印度支那抗法斗争做出了突出贡献。

第二阶段是1954—1959年。美国取代法国控制并入侵老挝。1955年老挝加入联合国，1957年组成以富马亲王为首的第一联合政府。1958年，在美国的支持下，亲美军队发动政变推翻了联合政府，老挝国内爆发内战。

第三阶段是1960—1962年。1962年，美国又被迫签订关于老挝问题的《日内瓦协议》。老挝成立以富马亲王为首相、苏发努冯亲王为副首相的联合政府。

第四阶段是1963—1975年。1964年美国支持亲美势力破坏联合政府，进攻解放区，老挝内战再起。同年，美国疯狂轰炸老挝北部川圹、桑怒，老挝军民在爱国阵线领导下进行了英勇的抗美救国战争。1973年2月，老挝各方签署了关于在老挝恢复和平和实现民族和睦的协定。1974年4月，老挝成立了以富马为首相的联合政府和以苏发努冯为主席的政治联合委员会。1975年12月，首届全国人民代表大会在万象召开，国王西萨旺·瓦达纳宣布退位，联合政府宣布解散；大会一致通过九项决议：宣布废除君主制，建立老挝人民民主共和国，任命苏发努冯为国家主席；任命原国王西萨旺·瓦达纳为主席的最高顾问；任命最高人民议会主席、副主席；任命凯山·丰威汉为政府总理；任命富马为政府顾问；确定国旗、国徽以及通用语言和官方文字；老挝人民革命党正式执政。

1986年，老挝开始实行革新开放政策。1991年8月，老挝最高人民议会通过《老挝人民民主共和国宪法》，将老挝部长会议改名为政府，部长会议主席改名为总理，最高人民议会改名为国会，老挝国徽上原有的红星、斧头和镰刀被著名的古建筑物塔銮图案所取代。

老挝人民民主共和国1975年12月2日成立至今有30多年，有五位伟人先后担任了国家主席：1975—1991年的苏发努冯亲王；1991—1992年的凯山·丰威汉；1992—1998年的诺哈·冯沙万；1998—2006年的坎代·西潘敦；2006年朱马里·赛雅颂当选，2011年继续当选连任至今。

## 二、老挝民族思维的两面性

自澜沧王国建立以来，其民族思维中就表现出了较强的两面性特征：一方面是老挝人处事比较谦卑，另一方面是老挝人也具有较强的民族自豪感。

### 1. 谦卑

所谓"谦卑"，即"谦虚，不自高自大"之意，是指甘愿让对方处在重要地位，让自己处在次要的位置。《易经·谦卦》上说，谦卑是指人因为虚心所以能进入对方的心，被别人所接纳。而在沟通时，彼此能够接纳是很重要的，是双方达到良好沟通效果的重要条件，不被别人接纳就不能很好地与别人进行沟通，因此谦卑是一种重要的品格。在老挝，绝大多数老挝人都比较谦卑，在相互交往时都能以对方为主，相互之间的关系十分和谐，很少看到老挝人之间吵架甚至打架的场景。"谦卑"的思维习惯对老挝的对外政策也具有十分重要的影响，老挝在对外交往上表现出了较强的"谦卑"特性。老挝在发展与周边国家的关系时，充分认识到自身发展还十分落后的客观实际，始终将自己处于较低的位置，积极发展与他国之间的友好关系，力争争取更多的外国援助，使国家能够获得更快的发展。事实证明，伴随着老挝参与地区和国际事务不断增多，老挝在国际事务中始终保持"谦卑"的态度，建交国数量持续攀升，到目前为止，老挝已与134个国家建立了外交关系，获得的国际援助也不断增多，国际影响力不断增强，国家地位不断得到提升。

2. 较强的民族自豪感

在保持"谦卑"这一民族心理的同时，老挝人还具有较强的民族自豪感。他们普遍认为，老挝是一个伟大的民族，拥有辉煌的民族发展史，法昂王、塞塔提那王、阿怒王、库马丹、翁乔、巴寨等都被老挝人誉为伟大的祖先，是老挝民族辉煌历史的缔造者。特别是近代以来，在老挝人民革命党的带领下，老挝先后战胜了法国殖民主义和美帝国主义的军事入侵，实现了民族独立。这段辉煌的民族斗争史更加增强了老挝人的民族自豪感，革命战争年代涌现出来的英雄人物和英勇事迹是老挝人民族自豪感产生的源泉，进一步坚定了老挝人反抗外部势力干扰、发展和壮大老挝民族的勇气和决心。

"谦卑"和较强的民族自豪感是相辅相成的，而不是对立的。老挝人谦卑，但不缺乏民族自豪感，在对外交往上能够认识到自身的不足，做到尊重他国，同时不贬低自己；较强的民族自豪感也为老挝人保持谦虚而不自卑的处世态度提供了底气，使老挝在对外交往上能够正视自身的优点和不足，使老挝参与国际和地区事务的能力和决心不断得到增强。

### 三、老挝民族思维产生两面性的原因

从老挝的历史沿革可以看出,在历史上老挝多次遭受外族入侵,包括泰国、缅甸、法国、日本、美国等,尤其是法国,其在老挝进行了长达半个多世纪的殖民统治;同时,老挝也曾出现过辉煌的历史,即建立了统一的澜沧王国。这就直接造成老挝的民族思维具有很强的两面性,老挝在开展对外交往过程中既表现出了作为小国谦卑的一面,但也有自豪的一面。导致老挝民族思维产生两面性的有很多,下面将从历史沿革的角度对老挝民族思维两面性产生的原因进行深入分析。

1. 多灾多难的历史是谦卑的民族情结产生的重要原因

老挝民族思维中谦卑的民族情结一方面是由于老挝国力弱小,这削弱了老挝的国际影响力,老挝对国际和周边局势的影响十分有限。但从历史沿革的角度来看,老挝民族思维中的谦卑情结也与其长期遭受外来入侵有着密不可分的关系。正是由于老挝长期遭受外来入侵,使得老挝在对外交往上将自身处于弱势地位。例如,在历史上,老挝多次遭受暹罗、缅甸等的入侵,尤其是在近代遭受来自日本、法国和美国的殖民入侵,这给老挝社会经济的发展造成了严重的影响,这也是后来老挝经济发展仍处于全球最落后状况的重要原因。因此,在处理与西方国家的关系时,老挝始终将自己置于弱势的地位,不断向外寻求各种援助,而不是将国家的发展壮大寄希望于民族的奋发图强。

2. 根深蒂固的佛教思想是民族自豪感产生的重要原因

在怀有谦卑情结的同时,老挝人还具有很强的民族自豪感,即使老挝发展比较落后,人民生活水平偏低,但这并不影响老挝人具有较强的民族自豪感。在老挝漫长的历史沿革过程中,尤其是在澜沧王国建立以后,佛教迅速成为老挝的国教并一直延续

至今,对老挝社会的发展产生了深刻的影响,佛教思想已经深入人心,使得老挝人民容易安于现状,对物质生活的要求不高。因此,即使老挝发展比较落后,人民生活水平低下,但是人民依然拥有较高的幸福指数,每当老挝社会发展取得一点进步,就会被老挝人民引以为豪,从而转化为较强的民族自豪感。

### 3. 辉煌一时的澜沧王朝以及 20 世纪的反抗西方殖民、争取民族独立的斗争史是民族自豪感产生的重要资本

澜沧王朝是老挝历史上第一个统治整个老挝地区的王朝,澜沧王国也是老挝地区形成的第一个中央集权制国家。在澜沧王朝初期,国家实力不断增强,在中南半岛曾强盛一时,并依靠一支强大的军队,不断对外进行征战,领土面积空前广阔,并多次击退来自外来民族的入侵。正是由于这段辉煌的历史,使得老挝民众具有很强的民族自豪感,认为老挝是一个拥有悠久历史并在历史上强盛一时的国家,在中南半岛地区发展史上具有举足轻重的作用,老挝是东南亚地区十分重要的国家之一。

自沦为法国的殖民地以后,老挝人民一直进行着英勇的反帝反殖民斗争,并最终战胜了法国、日本、美国等新旧殖民主义,走上了独立发展的道路。尤其是在 1954 年法国退出老挝以后,美国入侵老挝,并导致老挝爆发了持续 20 余年的内战,这给老挝人民带来了极大的创伤。但是,英勇的老挝人民革命党自诞生以后,便带领老挝全国各族人民进行英勇的反对美国新殖民主义以及美国支持下的王国政府斗争,并最终取得了胜利,在老挝建立了社会主义制度,使老挝走上了独立发展的道路。这极大地增强了老挝民族自信心,使老挝人民相信他们在老挝人民革命党的带领下能够战胜一切敌人,老挝人民的民族自豪感也得到极大增强。

## 四、结束语

老挝人民民主共和国的诞生,是老挝各族人民团结一心,长期英勇斗争的光辉结果,来之不易。1986年11月,老挝人民革命党召开了第四次全国代表大会,会议通过了一系列重大政治、经济改革方案,探索出了一条新的社会经济发展道路,拉开了老挝革新开放的序幕。从老挝实际情况出发,老挝人民革命党第一次完整地提出了国家经济建设的总体方针和总的奋斗目标;重申在老挝人民革命党的领导下进行政治体制改革,深化经济改革,扩大对外开放,发展商品经济。

### 参考文献

[1] 申旭:《老挝史》,昆明:云南大学出版社,1990年。

[2] 王民同:《东南亚史纲》,昆明:云南大学出版社,1994年。

[3] 贺泽劲:《老挝》,北京:中国旅游出版社,2007年。

[4] 蔡文樌:《老挝——老挝风情录》,北京:世界知识出版社,2008年。

(作者系解放军国际关系学院昆明分院副教授)

# 浅谈缅族服饰文化

宁 威

**摘 要**：服饰文化不仅是物质文化，更是一种精神文化。缅族服饰文化的形成和发展同缅甸地区的地理环境、经济活动、民族文化和宗教信仰有着密切的联系，这使得缅族服饰文化具备了鲜明的地域和民族特色，体现了缅族的价值认同及民族审美个性。本文主要通过对缅族服饰文化的发展轨迹、分类特征进行论述，进而归结其文化特点，以便了解缅族风俗习惯，从而更好地进行中缅跨文化交际。

**关键词**：缅族；文化；服饰

## 一、绪论

在中国古文献中，"服饰"一词较早出现在《周礼·春官》篇中。《周礼·春官·典瑞》云："辨其名物，与其用事，设其服饰。"其指的是服与装饰。"服饰"一词不但包括服装，且包括化妆、发式、配饰、冠帽、鞋袜与衣服等等。概言之，也就是衣服和装饰两大类。

作为人类特有的劳动成果，服饰文化具有两方面的意义：一是具有物质文化意义；二是具有精神文化意义，人们的审美情趣及文化心态、观念等都积淀于物质的服饰之中，从而形成服饰文化的精神构成。不同时期的服饰文化标志着不同的政治、经济、文化、地域以及民族的社会构架，它是社会产生、发展、进步的重要符号。此外，服饰还是社会内部地域划分、等级区别的标志，透过服饰可以看出穿着者本人的经济水平、社会地位和周围人们的审美习惯，体现出社会文化心理结构。汉代的贾谊在《服疑》中言："是以天下见其服而知贵贱，望其章而知其势位。"服饰强烈地反映了等级、阶级的差别。

缅甸的多民族性决定了它的服饰文化也呈现出多民族性。各民族服饰多姿多彩，风格各异。本文主要对缅甸主体民族——缅族的服饰文化进行论述。缅族的服饰文化是缅族审美心理的物化，反映缅族独特的审美情趣。了解缅族服饰文化，有利于我们了解缅族的风俗习惯，从而更好地进行跨文化交际。

## 二、缅族服饰文化的演变与发展

借助文物、壁画、史料等，我们可以了解缅甸服饰文化古今发展脉络，更能从中窥见缅甸历史变迁、社会发展的状态，对于深入了解缅甸文化有着深刻意义。

1. 蒲甘王朝时期（1044—1287年）的服饰文化

通过研究蒲甘时期壁画、碑文以及文学描述可以了解到，蒲甘时期服饰用料比较单调，虽然当时缅人也已知绸缎用丝可织成，但由于怕杀生仍不敢穿绸料衣物。包括皇族在内，人们多穿用农家自织的灰白色略带黄色的土布衣服。所以在蒲甘碑文中，多处看到"土布衣服"一词。蒲甘王朝初期，男子一般着不缝合的筒裙，头戴包头巾。妇女穿缝合成圆筒状袋式筒裙，外披披巾。根据缅甸历史记载，1167—1170年那腊都王在位时候，妇女依王命改穿不缝合的筒裙。蒲甘时期妇女非常讲究发式。从流传至今的古诗中，我们可以得知当时妇女发式竟多达 55 种。

我国唐代史籍中也记载，当时在缅甸的先民骠人男子多穿白色棉布衣，梳着高高的椎髻，身上涂鲸墨并刺有花纹，下身系一块不用缝合的干幔。女子也梳着高大的发髻，佩金银、珍珠首饰和鲜花，肩膀上披披巾。男女皆不着绸缎，因为他们认为丝出于蚕，若穿丝绸衣服就等于杀生，不合佛法之道，故以木棉花纺纱织布为衣。当时缅人的服装基本上与印度人相近。

2. 阿瓦王朝（1364—1555 年）的服饰文化

阿瓦时期，缅甸与中国来往增多，中国的布匹绸缎传至缅甸，衣料比蒲甘时期多样。缅甸纺织业也有较大进步，可染织色布、细布、绸料以及波浪筒裙都已经出现。官宦们戴筒形毡帽，而农民则戴斗笠，人们一般喜用包头办法。女子上身束紧身围腰，无袖，上披披巾。官宦人家妇女可戴金首饰，一般平民则只许戴银或假金首饰。

3. 东吁王朝（1531—1752 年）的服饰文化

东吁王朝时期，缅甸本土第二次大统一。政权的稳定促进了生产的发展，对外贸易十分活跃。当时中国的绸缎、孟加拉的花布大量进入缅甸，使缅甸人的服饰文化水平有了较大提高，花色品种不断增多。根据缅文资料记载，当时，缅族人不论贫富贵贱都穿同一款式的服饰，但质量有所差异。上层人物的服饰布料都用绸缎、天鹅绒、细布等，而且用金丝银线绣成图案。一般平民百姓则用粗布做衣。当时缅甸男子上身多穿半衣袖长袍，袍襟长至膝部，下身穿长筒裙，头上包头。女子上衣为无袖套头长衫，上掩胸部，下至膝部。肩膀披大披巾，披巾有掩住双肩的，也有斜披露出左肩的。下穿筒裙，裙长至脚踝。女子筒裙不缝合，走路时候要用手扶住开口处，以讲究文雅。东吁王朝良渊王时，女子发型已由蒲甘时期的55种减至37种。少女常见的发型为螺形发髻。此外，当时的女子酷爱戴头花，有成朵戴的，也有成串枝戴的。

4. 贡榜王朝时期（1752—1885年）的服饰文化

随着疆域不断扩大，缅甸国力增强，对外贸易进一步发展。来自希腊、意大利、中国、泰国等的既薄又柔软的上等衣料大量进入缅甸。缅甸政府开始鼓励养蚕业。缅甸国内也出产丝织产品。当时缅甸服饰的特点是：服饰料的质量普遍提高，款式也有所增加。1776年，信漂辛王在位时候开始出现被称为"太玛登"的上衣，该种上衣用六片衣料缝成，长身、窄袖、紧腰，腰两侧襟角向上翘起，对襟，开身，无纽扣，在两襟的底角各有一菱形飘带，肩上披披巾。按照当时缅甸法律，男子若碰及或者触摸了女子上衣这两个菱形飘带便构成"非礼"罪，将受到惩处。1778年，辛古王时期曾颁布法令，对缅甸的服饰进行了统一的规定。在该项法令中仅筒裙一项就有21款式。到巴基道王在位时期，缅族妇女的发式只剩下了7种。贡榜后期出现了各种发梳，女子往往用发梳卷出各种发式，余下的7种发式也随之消亡了。

5. 近现代的服饰文化

随着世界改革的变化发展，缅族服饰趋向现代化。男子多不再蓄发留髻。男、女上衣短至腰部或腰以上，料薄，紧身，窄袖，无领或领部呈V字形。殖民时期，缅甸爱国运动蓬勃发展，男子穿缅甸黄色土布制对襟布袢上衣和黑色细布筒裙；女子穿厚细布长袖偏襟上衣，上披披巾，下穿筒裙便成了时髦的爱国装束。第二次世界大战时期至今，缅甸男女服饰没有根本性的变化，但在用料上更趋多样化。女子上衣吸收外国式样进行创新，

样式颇多,丰富多彩。筒裙变成缝合成筒裙状的裙子,

从缅族服饰文化的历史变迁可以看出,缅族主要服饰样式并没有太大的变化,随着社会发展和外界影响略有改进,反映出缅族趋于保守和传统的服饰文化观。

### 三、缅族服饰的分类

缅族信仰佛教,善良,热情,有着淳朴的民风。在参加各种不同的社会活动时,他们也讲究服饰的搭配,以表示礼貌、尊敬、典雅。他们的服饰大致分为以下三种:

1. 发式头饰

缅族对于发型也是极有讲究的。封建时期,缅族刚生下来的小孩剃光头,随后,为使小孩不着凉,常在头顶给小孩留发,头顶部位的头发蓄长以后,用绳束起,成毽子型发束,向上翘起。男孩、女孩都留此种环发,直至12岁时止。12岁以后,男孩剃度当小弥沙,要剃光头。女孩把头顶的毽子型发梳成发髻状。女孩长到16岁时,开始留长发,并把长发在头顶盘一发髻。发髻的样式多达55种。有人还从发髻上垂下一束长发于右耳旁。男子还俗后,在头上右后侧梳一发髻。女子居家时,则把发髻梳在脑后,并插有一把梳子,多为象骨、象牙或香木制成。现代缅甸人小孩的发型如从前,但小伙子们不再梳发髻,而是剃光头、平头或分头等。近年来,年轻姑娘们不再在头顶盘发髻,多留短发或披肩发、烫发等现代流行的发型。年龄稍大些的已婚妇女常把头发梳在脑后,用一大发夹夹住或用手帕等系住。老年妇女则多见在脑后盘发髻,并插一把梳子。

包头巾是缅族男人的"礼帽",在缅文中称为"岗包",意为"包头之物"。包头巾在缅甸的服饰中占有重要的地位,它是区分

地位尊卑的重要标志。每逢正式场合，如集会、庆典、婚礼等，缅甸男人必系包头巾。相传包头巾最早是从印度传入缅甸的。缅甸男人系包头巾习俗始于蒲甘王朝。缅族男人无论王公贵族还是平民百姓都蓄发盘髻于头顶。系包头巾时候，有的把发髻露在外面，把包头巾缠绕于发髻下；有的把发髻全包在里面。包头巾一般为丝质，常见为淡黄色，也有浅粉色的。国王系的包头巾上镶有金丝花边以及钻石、红宝石等各种宝物。系包头巾时，国王要在脑后竖有两叶巾尾，以表示国王的威严和正直。大臣们系包头巾时，也在脑后竖有两叶巾尾。一般平民常在脑后的右边竖起一叶巾尾。系头巾时一定要注意把巾尾竖直，这样才显得有生气。1885年，缅甸最后一位国王褐袍王被英国人掳走，缅甸沦为英国的殖民地之后，缅族男人便不再蓄发盘髻。他们用细藤编成一顶圆形帽戴在头上，然后将丝质头巾包在帽子上，旁边垂有巾尾。现代缅甸人把丝质头巾直接缝在细藤丝编成的帽架上，旁边留有一叶巾尾，戴起来十分方便。

女士则喜欢在头上佩花。缅甸是一个花的王国，缅甸妇女酷爱戴花。无论年长年幼，无论居家出门，人人戴花，而且每天都要戴。她们认为只有戴花才显得高贵、文雅、漂亮。缅甸妇女最爱戴的是黄毛石豆兰花，认为这种花最高贵。古代只有王妃、公主才有权佩戴，一般平民妇女是不能戴的，否则要遭杀头之罪。除了黄毛石豆兰花以外，缅甸妇女还爱戴玫瑰花、菊花、茉莉花等。但这些花一般只有经济情况较好的妇女才能戴得起，经济收入一般的妇女只戴番樱桃花等。穷人家的妇女或农家妇女多采摘野花佩戴。有的花比如木槿花是绝对不能戴的，因为人们认为那是一种鬼花，是不祥之物。

2. 服装配饰

缅族服装的最大特色可以算是筒裙了。缅甸男用筒裙称"笼基",也称"布梭"。笼基有多种结法,有人还用打结处余出的笼基头作口袋用。缅甸最有名的笼基要数若开笼基,特点是随着角度的变化,颜色也不断变化,走起路来闪闪发光,十分体面。在进行重体力劳动时为了行动方便,男子往往将筒裙的前部底边从胯下向后提起掖向背后腰间,看上去就像穿着一条紧腿短裤一般,称之为"各当界"。

缅甸妇女的筒裙称"特敏",筒裙下摆一般齐于脚面,不再留有拖于地面的长下摆。现代特敏筒裙多用细花布、花贡布、花绸布做成,颜色十分鲜艳,印有大花或波状花纹。洗澡冲凉时为了方便,则不着上衣而将筒裙裙腰一直拉至腋下齐胸而穿,称之为"特敏引霞"。

缅甸由于气候炎热,妇女们都穿着透明或半透明的薄如蝉翼的紧身短上衣。为掩饰胸部轮廓,讲究文雅的风度,缅甸妇女在出门时候,尤其是参加集会庆典时,必定要披上一条彩色披巾垂在胸前。古代缅甸妇女披的大都是棉织披巾,近代开始披起丝绸披巾,而现代则披五颜六色的尼龙纱巾居多,看起来显得文雅而庄重。

3. 文身、化妆

缅甸服饰文化中,还有两个较为特殊的现象:一是男子的文身,二是女子涂擦黄香楝木粉浆。

缅族人认为文身会使该人武力大增,所向无敌,遂出现了文身习俗。古代早期,缅甸男子一般在一条腿股上刺上猫的图形,另一条腿上则刺上一些被称为"郭"的黑色斑点。直至贡榜王朝波道帕耶在位期间,监狱总管之子貌甘他认为按照以前文身办法太不美观，不如双股全部刺满鱼鳞状和其他花纹才美，就将双腿之上全部刺上了花纹。以后人们争相效仿，遂出现了后来缅甸男子全身进行文身的习俗。文身的图案花纹很多，在缅甸文身的花纹除了一些鱼鳞状图案以外，还有仿照符篆图形的，有代表日、月的孔雀、兔子图像的，也有天帝、神、魔形象的。传至今日，缅甸男子文身的习俗已经逐步被人们所抛弃，只有在少数人身上还能看到一些文身图案。全腿、全身黥墨文身者更是罕见了。

缅甸女子喜用一种黄香楝粉浆来化妆。黄香楝树木呈黄色，有淡淡的雅香气味。缅甸女子常用该木在石砚上蘸水研磨成浆状，每日擦抹此种粉浆具有防晒的作用，还可使皮肤光滑柔嫩，不长雀斑和粉刺。据缅甸学者考证，缅人擦抹黄香楝粉浆的习俗大约已经有 2400 年了。在室利差旦罗王朝时期，毗湿奴王后就很喜爱擦抹黄香楝粉浆了。据传蒲甘王朝阿朗悉都王在位时，曾偕王妃乘御舫巡游各地，到达帕科库县帕坎基附近的红山时，王妃盛黄香楝粉浆的小盒倾倒，黄香楝粉浆撒了一地，香味飘满御舫，令随从人等惊愕不已，所以至今该地方仍是上好黄香楝木的产地。汉达瓦底国王的公主亚扎达格勒亚曾将自己研磨黄香楝木的石砚捐赠给勃固瑞牟陶佛塔，作为埋于地宫内的镇塔宝物之一，可见古代妇女对黄香楝木的重视和爱惜。

## 四、缅族服饰文化特点

服饰作为人类文化的伟大创造，受到自然环境、气候条件、政治、经济、宗教信仰等诸多因素的影响或制约，因之也就形成了各民族服饰的不同与特色。概括起来，缅人服饰文化特点有以下几点：

1. 具有热带文化特征

缅甸属于热带季风型气候和亚热带季风型气候，炎热多雨，空气潮湿。缅人服饰很好地适应了这些气候特征。平时以光脚穿拖鞋，每天穿筒裙冲凉，女子的披巾等等透着热带风情。在服饰的用料方面，也体现出"柔、薄、透"的特点。

缅甸阳光充足，雨量丰沛，植物茂盛，一年四季花盛开，大地色彩斑斓，优美如画。缅人有史以来就崇拜自然。在身上文有各种动物图案，在服饰上喜欢华丽鲜艳的色彩，印有各种花朵以及水波纹的图形，妇女喜欢佩戴鲜花，努力使自己的服饰与大自然一样绚丽多彩。这一切都反映了缅人模拟自然、崇尚和赞美自然的心态。

2. 带有传统农耕文化特征

缅甸是一个农业国家，绝大多数人依靠农业为生。这决定了缅人的服饰要适应这一需求。男子在进行重体力劳动时，往往将筒裙的前部底边从胯下向后提起掖向背后腰间，看上去就像穿着一条紧腿短裤一般，十分方便。农村妇女在下田劳动时也常把筒裙系得短短的，底裙边提至小腿部位。拖鞋也便于随时下水田干活。上衣也多为窄袖或无袖，不拖泥带水。

3. 带有佛教文化的烙印

缅甸古时，男女皆不着绸缎，因为他们认为丝出于蚕，若穿丝绸衣服就等于杀生，不合佛法之道，故以木棉花纺纱织布为衣。此外，缅人服饰十分注重突出女性身材线条美，女子穿紧身短上衣，袖窄仅能套进胳膊。筒裙也裹得很紧。举手投足之间，女子身材的曲线都显得十分清楚。其具有早期佛教服饰的特点，尤其是初期缅人的服饰，受印度佛教的影响更是显而易见的。

**4. 体现了缅族民族风俗**

缅族服饰注重穿裹严实，讲究文雅风度。平时，男不能穿短裤上街，女子穿着筒裙要长及脚面，走路时不能露出小腿。他们的服饰分为普通服饰、盛会服饰、典礼服饰。缅甸政府机关职员平时上班要穿普通服饰。缅人去佛寺拜佛、到学校上学、出外游玩、参加会议时也要穿普通服饰。着普通服饰时，男子一般上身穿立领长袖汗衫和无领长袖对襟缅式外套，不系纽扣，下身穿"笼基"，脚穿人字拖鞋。女子一般上身穿无领长袖偏襟紧身短上衣，下身穿"特敏"，脚穿人字拖鞋。当参加布施会、婚礼、宴会、茶话会、游园会等活动时，一般要穿盛会服饰。着盛会服饰时，男子上身要穿立领长袖衬衫，系好领扣，汗衫外面要穿无领长袖对襟缅式外套，不系纽扣，脚穿牛皮底条绒带人字拖鞋，肩披披巾垂在胸前。当参加有关宗教、政治、节日等重大仪式和典礼时，缅人要穿典礼服饰。男子上身要穿立领长袖汗衫，系好领扣，下身要穿长笼基，头戴岗包，脚穿牛皮底条人字拖鞋，肩披纱披巾。男子无领长袖对襟外套，多用颜色较深的细布做成，也有用缅制土布做成的，扣子一般为5个纽襻儿，有3个口袋。女子无领长袖偏襟紧短身上衣，多用柔姿纱、珍珠柔姿纱等做成，颜色极艳，有粉红、浅绿、天蓝等。这一切都可体现缅人重礼仪，讲究文雅风度的道德观念。

缅族服饰文化还体现了其森严的等级观念。阿瓦时期官宦们戴筒形毡帽，而农民则戴斗笠。官宦人家妇女可戴金首饰，一般平民则只许戴银或假金首饰。上层人物的服饰布料都用绸缎、天鹅绒、细布等，而且用金丝银线绣成图案；一般平民百姓则用粗布做衣。另外，系包头巾时，国王、大臣要在脑后竖有两叶巾尾，而一般平民常在脑后的右边竖起一叶巾尾。这些都体现出了缅族森严的阶级观念。

## 五、结语

缅族服饰在长期发展演变的历史过程中，形成了其独特的文化特色，除具备实用、审美的一般功能外，服饰作为文化形态的外在表现形式，以其独特的形式语言反映了缅族人民的生产力发展水平、习俗等多方面的丰富内涵。缅族服饰充当着不同时代之间的媒介，使我们在古代典籍梳理中，品味着缅族服饰文化所蕴含的深刻含义，了解缅族的风俗习惯，对更好地进行跨文化交际具有十分重要的现实意义。

### 参考文献

[1] 胡敬萍：《中国少数民族的服饰文化》，载《广西民族研究》，2001年第1期。

[2] 李谋、姜永仁编著：《缅甸文化综论》，北京：北京大学出版社，2002年。

[3] 张殿英主编：《东方风俗文化辞典》，合肥：黄山书社，1991年。

[4] 王全珍：《缅甸》，世界各国知识丛书，北京：军事谊文出版社，1995年。

[5] 王继平：《服饰文化学》，武汉：华中理工大学出版社，1998年。

（作者系解放军国际关系学院讲师）

# 浅析越泰槟榔文化之异同

陈家健

> **摘　要**: 越南与泰国从地理位置来看同属于东南亚,虽然国体不同,但是两国文化方面有某些相似之处,比如槟榔文化。本文通过分析越南槟榔文化与泰国槟榔文化的异同,来透视出东南亚文化的异曲同工之处。
>
> **关键词**:越南;泰国;槟榔文化

## 一、引言

槟榔,属于棕榈科常绿乔木,生长在热带地区。其在中国南方、越南、泰国、缅甸等地区有种植。槟榔果实具有御瘴、下气、消食等功能。自古以来,其受到人们广泛关注,东南亚国家正处热带气候地区,人们很早就形成了嚼食槟榔的习惯,盛极一时。特别是在越南、泰国,人们赋予了槟榔深刻的社会角色,在许多重要的场合,槟榔是必备品,随着社会发展得到传承,从而形成了槟榔文化。槟榔文化属于亚洲国家和地区特有的文化现象之一。越南、泰国同属亚洲槟榔文化圈国家,关于槟榔文化的研究,邹燕燕的《越南槟榔文化初探》、陈艳艳的《浅析泰国槟榔文化》等都有比较深刻的阐释,本文在前人研究的基础上,对越南槟榔文化与泰国槟榔文化进行比较分析，以展现同属东南亚国家的越南、泰国在某些传统文化方面的相似和相异之处。

## 二、越泰槟榔文化

越泰槟榔文化具有一定的可比性，越南与泰国属于东南亚文化圈，其气候条件、地理位置、饮食习惯有很大的相似性。从宗教信仰的角度来看，两国都受到小乘佛教的影响，但是由于所受影响程度不同，槟榔地位和槟榔文化的内涵也不同。

### 1. 越南槟榔文化

槟榔之始：最早记载于大约成书于15世纪的越南汉文小说《岭南摭怪》之《槟榔传》中：

> "上古有一官郎……生男二，长曰槟，次曰榔。二人相似，不辨兄弟。……刘家有一女，名琏，年亦十七八。二人见而悦之，求为夫妻。女未辨其兄弟，乃以一盘粥，一双箸与二人食。弟让其兄，始辨之。……嫁与兄为妻。同居时或忘弟，弟自惭愧，谓兄得妻忘弟，乃不告兄，自去回家。行至林野间，遇深泉，无船可渡，恸哭而死，化成一树，生于江口。兄不见弟，寻到其处，亦投身死于树边，成一块石，盘结树根。妻寻夫到此，又投身抱石而死，化成一藤，旋绕树、石上，叶味芳辛。刘氏父母寻至此，不胜哀恸，乃立祠其地，人皆焚香致拜，称兄弟友顺，夫妻结义。七八月间，暑气未除，雄王巡行，常驻跸避暑祠前，见树叶繁密，藤叶弥蔓。王问而知之，嗟叹良久，命人将果树、采藤叶，亲咬之，唾于石上，其色生红，气芬芳。乃烧石灰合一而食，最为味佳。唇颊红色，知为物重。乃取而归，令各将种植，今即槟榔、美蒟叶及石灰是也。

后凡南国娶会同大小之礼，以此为先。此槟榔所由始也。"

越南传说是这样记载的：

"Về đời Hùng-vương, họ Cao sinh được hai trai giống nhau như đúc tên là Tân và Lang. Người ngoài không biết ai là anh, ai là em. Thầy đồ họ Lưu cho đem bát cơm, đôi đũa ra. Lang nhường cho Tân ăn trước. Thầy đồ biết Tân là anh nên đem con gái gả cho Tân, thật là đẹp đôi! Sau khi lấy vợ, Tân đối với em không được thân thiết như trước. Lang buồn giận, bỏ nhà ra đi. Lang thang mãi, chàng đi tới bờ sông mà lại không có thuyền đò sang ngang. Lang ngồi ôm mặt khóc rồi chết mà hóa thành một cây cau. Đến khi Tân, người anh, biết em bỏ đi không về, liền vội lên đường đi tìm em. Tân đi khắp mọi nơi, hỏi thăm rất nhiều người mà vẫn không thấy Lang. Sau Tân lại đến bờ sông và biết em đã chết. Tân thương khóc em, đập đầu vào gốc cây mà chết rồi hóa thành tảng đá vôi. Người vợ ở nhà, thấy chồng không về, liền chạy đi tìm. Nàng cũng lại tới bờ sông thì được biết là em và chồng đã chết. Nàng thương xót, khóc lóc, ôm tảng đá vôi mà chết theo. Thế rồi thi hài nàng hóa thành dây trầu leo quanh tảng đá vôi. Ít năm sau, Hùng-vương qua đó, biết chuyện, liền sai lấy lá trầu và cây nhai thử thì thấy mùi thơm. Khi nhỏ nước trầu trên đá vôi lại thấy màu đỏ tươi. Hùng-vương cho rằng đó là mối tình thắm thiết giữa anh em, vợ chồng mà ra. Vua cho lập đền thờ ba người. Từ đó về sau, dân chúng biết ăn trầu cho môi thêm đỏ. Rồi ở các đám cưới, người ta thường thấy nhà trai mang lễ vật chính là trầu cau. Khi khách tới tới nhà chơi, người ta cũng đem trầu ra mời khách. Vì thế tục ngữ có câu: 'Miếng trầu là đầu câu chuyệ'."

（1）黑齿文化

越南槟榔树很多，有些地方的人们把嚼槟榔当成消遣和减压的方式，就像嚼口香糖一样。他们嚼槟榔的方法独特，首先把槟榔切成小片，然后连同一种叶子（萎叶）和石灰一起放到嘴里嚼，三样东西在嘴里与人的唾液混合起来会发生一系列的化学反应，最后变成血红色的汁液，时间一长就会"唇红齿黑"。嚼槟榔、染牙是京族的古风，过去男男女女只要到了十七八岁就开始染牙。按照他们的习俗，开始嚼槟榔、染牙，便象征已经成年可以成亲了。从此，这些青年男女便可以自由参加当地举行的任何娱乐聚会，参加对歌，选择对象。随着时代的发展，这种古风已日渐衰微，但在越南农村，你依然还可以看见不少老年妇女的牙齿被染得又黑又亮。在他们眼里，保持牙齿洁白如玉是品质不良、作风不正的表现，而将牙齿染得又黑又亮才是最美的。

（2）待客之道

在越南人家里做客，人们有种观念即"客来非槟榔非礼也"，因此，客到来之后，先奉上槟榔，即使不吃槟榔或者不懂吃槟榔的人，都要象征性地吃上一口，表示回敬。平时访亲探友也要买上槟榔当作礼物。特别是逢年过节，家家户户都要备有槟榔果，以敬拜年长的贵客和亲朋好友。越南民间有句俗话说"Miếng trầu là đầu câu chuyện"，即"嚼槟榔是故事的开始"，意思是说建立感情必须从嚼槟榔开始。

（3）爱情象征物

越南人的恋爱和婚姻的仪式中，都离不开槟榔，因为槟榔是爱情的象征。越南男女青年，男孩子看上女孩子，就会向她送上槟榔，如果女方接受了，就表示女孩子愿意进一步交往。之后媒人提亲时需要携带很多礼物，其中包括槟榔，接受了礼物也就应允了婚约。举行婚礼时，槟榔必不可少，新郎、新娘要给登门贺喜的亲朋敬献槟榔，以表敬意。

随着社会发展，槟榔的地位日益减弱。越南发现槟榔文化逐渐没落之后，近年来又重新重视槟榔文化的保护和传承，以"越南槟榔文化"为主题的跨年度（2012年10月至2013年1月）展览会，在河内国家历史博物馆举行，在会展中展示了100多种有关越南槟榔文化的实物、资料和图片等，吸引很多游客，从而达到携手弘扬和保护越南传统文化——槟榔文化的目的。总之，越南槟榔文化表现形式多种多样。

2. 泰国槟榔文化

（1）泰国槟榔食法

泰国古代嚼食槟榔是一件大俗大雅的事情。上至达官贵人，下至平民百姓，槟榔都是他们生活中不可缺少的休闲食品。茶余饭后，若心情不好，嚼槟榔可以解愁；心情好，槟榔也可以助兴。吃的时候常在蒌叶上抹上红灰（混入姜黄和水之后变成红色的石灰），用蒌叶包住槟榔，有时候也会加入一些烟丝，然后拿来嚼，就如同现在的年轻人嚼口香糖一样，不会咽进食道里。放在嘴里每嚼一次，都会使得槟榔和石灰混合，从而释放出其他物质，有些化学物质会将口水变成鲜红色，因此，我们可以看到，嚼槟榔的人嘴里都是鲜红色的。槟榔很久以来就一直陪伴着泰国人。现在的年轻人大都不喜欢吃槟榔，但无论是新鲜槟榔还是干槟榔，它们仍为外国市场所需。干槟榔用于制革业和制药业。槟榔还可以在急救中当草药用，比如愈合伤口，治腹泻，治疗牙龈和牙齿的疾病等。

（2）槟榔待客

与越南用槟榔待客一样，有客人来时，泰国人会把槟榔盘放在客人面前，槟榔盘中有槟榔果、蒌叶和石灰。其中，槟榔盘的制作是很讲究的，盘上有泰国特色的雕花，雕得很精巧，在盘子内还有各种各样的器皿，上述说的三样东西就分别放在不同的器皿中，以供客人慢用，如此这般摆放，以显主人的热心。

（3）象征友谊

根据泰国史书记载，公元1556年，阿育陀耶初期，缅甸入侵泰国并取得胜利，阿育陀耶国王帕拉玛亨他拉王要求觐见缅甸国王。会晤时，缅甸国王拿出准备好的槟榔招待他，同时也在旁边准备了用来接吐槟榔的器皿，以此来试探帕拉玛亨他拉，而阿育陀耶国王并没有把槟榔吐掉，上述行为说明缅甸国王想与阿育陀耶国王建立一种友谊关系，没有吐掉槟榔的阿育陀耶国王接受了这份友谊。

在泰国文学作品中，同样有以槟榔来象征友谊的作品，如《伊瑙》讲述这样一个故事：金妲拉和布萨芭都是伊瑙的妻子，在一次大典中，布萨芭拿出槟榔招待金妲拉，但是她们不和，金妲拉对布萨芭十分不满，不但不接受布萨芭的槟榔，还打翻了槟榔盘，表示并不接受布萨芭的友谊。

以上两则故事，都说明了作为象征友谊的槟榔，在很多场合都得到重视，如果接受了，则说明双方间的友谊倍增，否则则是关系破裂。

（4）象征美好幸福

泰国是佛教国家，泰国人经常举办一些如拜师、开犁、祭祀和婚礼的仪式，槟榔是不可缺少的佳品。此外，槟榔是泰国祈雨的献品。槟榔有时也用来驱除邪灵，特别是生病怀孕的时候。葬礼中，槟榔被视为可帮助死者安息的东西。每逢重大节日，泰国人请僧侣来家里诵经、做功德，人们都会把槟榔和蒌叶献给前来诵经的僧侣们。泰国人认为，槟榔是平卡聂神的化身，平卡聂神是智慧之神，是无所不知的神灵，献上槟榔就意味着给人们带来幸福。

（5）象征爱情

在泰国婚礼和传统习俗中少不了槟榔，尤其是结婚当日，男方家的迎亲队伍由家中的女性长辈组成，手里捧着槟榔和其他物品向女方家走去。在泰语里，"萨拉痕"（หมากวิเศษ）是指被施了法术的槟榔，在泰国文学作品中常常提到。在《帕罗赋》中，沙明帕莱隐士在对一颗槟榔施法后将其送到了帕罗国王盛放食物的盘子里，目的在于传达敌国两位公主帕彭和帕苹对帕罗国王的爱意，撮合三人的结合。而帕罗国王吃下这颗被施了法术的"萨拉痕"后，便下定了决心要前往敌国亲眼见这两位在脑海里浮现了千百回的美丽公主帕彭和帕苹，作者通过这颗槟榔将三人结合到一块，描写了一段可歌可泣的爱情故事。

泰国槟榔文化逐渐走向荧屏，把槟榔的象征意义演绎到了极致。泰国电影《凄厉人妻》迎合了新时代的口味，虽然是恐怖片，但是其中描述了俊男美女至死不渝的忠贞爱情故事，主人公以黑牙的造型出现，其中不乏以槟榔的爱情象征来展示其中的爱情故事，使槟榔文化得到人们的关注并广泛传播。

## 三、越泰槟榔文化之比较

### 1. 越泰槟榔文化之异

越南和泰国的槟榔文化，虽然都属于亚洲槟榔文化圈里的，但是由于民族不同、信仰不同，有细微的不同之处，主要表现在：

（1）越南的槟榔文化里，槟榔没有象征友谊的含义，而在泰国则有。

（2）在泰国，槟榔代表着美好的事物和吉祥幸福，而这方面在越南则不同。泰国在人死之后的葬礼中，用槟榔祭奠，而在越南则是死后一段时间即祭祀的时候，祭品中才放槟榔。

（3）泰国的"槟榔文化"及时地走向荧屏，意味着人们从物质享受走向精神享受，使得槟榔文化得以传承。而越南，在经济飞速的今天，槟榔文化日益衰落，幸而越南政府开始重视，采取相应措施，举办槟榔文化的主题展览，以挽救和保护走向衰落的槟榔文化。

（4）越南的槟榔文化比较朴实，而泰国的槟榔文化带有神秘佛教色彩，比如受到印度婆罗门教的影响，泰国人认为槟榔是平卡聂神的化身。

（5）在婚俗的一些细节中有所不同。雕刻精美的槟榔盒子是泰国新娘的必备嫁妆，在婚礼中父母喂新郎新娘米饭、水果与槟榔，意味着为新人的婚姻带来和谐、幸福。洞房过后，如果新郎将槟榔盒子倒放过来，表示新娘的贞操受到质疑，整个家族对新娘的疑虑也会随之而来。在越南，新娘由婆婆亲自引进新房，新房里早已备有槟榔、蒌叶、清水、花果等物品，婆婆为新人整被褥、摆草席。婆婆亲手为儿媳整理床被，还有"合卺礼"即是新婚的当天晚上入洞房的仪式，新郎将一块槟榔分一半给新娘，自己留一半，倒一杯酒，各饮半杯，此俗又叫"交缘礼"。

2. 越泰槟榔文化之同

同属东南亚槟榔文化圈的越南和泰国，槟榔文化的相似之处甚多，主要表现在：

（1）越南人和泰国人都有嚼槟榔、染黑齿的习俗，而且都是盛极一时，然后走向衰落。只有老一辈的、位于偏远地区的农村人还留有这样的习俗。

（2）都是爱情象征物，在两国婚俗中，是绝对不可缺少的物品。槟榔象征爱情和永恒，把槟榔当作夫妻恩爱、生死相依不离不弃的象征。

（3）都用于待客，越南有"要拉家常，先吃槟榔"之说，泰国也有"客人上门，端上槟榔盘"，都认为槟榔是待客佳品。

综上所述，槟榔文化，越泰两国存在异同之处，但是通过对比分析，笔者认为，不同的原因是两国社会发展、民族习惯和信仰不同。两国的槟榔文化虽然有走向衰落的趋势，但是在传统婚俗中，仍然得到人们的认可和保护。

## 四、结论

通过分析得知，槟榔文化是在一定地域上产生的社会现象，反映了地域上的文化认同和融通，虽然其有走向衰落的趋势，但是也给我们清楚地认识到文化的共性。同时其由盛及衰的经历也告诉我们，由于社会经济的发展、时代的进步、生活方式的改变，槟榔文化也由其他的文化来代替，但是，正如爱情的话题是永恒的一样，槟榔文化中的爱情象征也是越泰槟榔文化不可缺少的，并且是永恒的。特别是越南，它是一个具有文化积淀的国家，槟榔文化将会得到大力的保护。

### 参考文献

[1] 陈艳艳：《浅析泰国槟榔文化》，载《论说东南亚》，北京：民族出版社，2010年。

［2］廖建夏：《亚洲槟榔文化圈探析》，载《东南亚纵横》，2011年第3期。

［3］邹燕燕：《越南槟榔文化初探》，载《东南亚研究》，2008年第1期。

［4］吴盛枝：《中越槟榔食俗文化的产生与流变》，载《广西民族大学学报（哲学社会科学版）》，2005年第S1期。

［5］邓丽娜：《浅析泰国的传统文化与民俗》，载《赤峰学院学报（汉文哲学社会科学版）》，2013年第1期。

［6］阮氏芳簪：《越南槟榔食俗及其意义阐释》，中央民族大学硕士学位论文，2010年。

［7］熊燃：《泰国传统婚俗的文化内涵》，载《东南亚之窗》，2008年第2期。

［8］王元林、邓敏锐：《东南亚槟榔文化探析》，载《世界民族》，2005年第3期。

［9］刘志强：《中越吃槟榔风俗之比较》，载《广西民族大学学报（哲学社会科学版）》，2006年第S2期。

（作者系云南文山学院外国语学院助教）

地区安全问题研究

# 浅析印尼政府处理亚齐民族分离运动对我启示

龚益波

**摘　要**：亚齐是印尼重要的交通要道，具有重要的战略意义。同时也是印尼资源最富庶的省份之一，拥有十分丰富的石油、天然气、金银矿、橡胶和木材等自然资源，有印尼的"麦加走廊"之称。由于与印尼中央政府在历史成因以及政治、经济、文化上的利益冲突，亚齐形成以独立为主要政治诉求的民族分离运动。它是印尼民族国家现代化进程中的主要障碍之一，由于其分离主义使印尼周遭的地方反抗现象频频出现，不仅影响到印尼国家统一，也严重影响了东南亚地区的安全与稳定，成为世界和平的一大隐患。2005年8月15日，印尼中央政府与自由亚齐运动签署的历史性和平协议，以双方的政治妥协的形式达成双方和解。印尼中央政府在解决亚齐民族分离运动的过程中的做法，也带给我们一些具有借鉴意义的启示。

**关键词**：印尼；亚齐；分离运动；启示

印度尼西亚简称"印尼"，是一个多民族的国家，但到底有多少个民族，由于划分标准的差异，目前并无确切的数字，有人说多达350个，也有人说有100多个。[①] 根据各民族在全国人口总数中所占比例，最多的是爪哇人（Javanese），占45%；其次为巽他人（Sundanese），占14%；再次为马都拉人（Madurese）和印尼马来人（亦称沿海马来人，Coastal Malays），各占7.5%；其他民族共占26%。②作为世界上穆斯林人口最多的国家，印尼88%的居民信奉伊斯兰教，5%信奉基督教（新教），3%信奉天主教，2%信奉印度教，1%信奉佛教，另有1%信奉其他宗教（1998年估计）。③亚齐（全名南格鲁亚齐达鲁萨兰省，Prov. Nanggloo Aceh Darulsalam），是印尼最西部的一个省，位于苏门答腊西北部一块南宽北窄的狭长平原上，东北隔马六甲海峡与马来半岛相望，西濒印度洋，是印尼重要的交通要道，具有重要的战略意义。它是印尼资源最富庶的省份之一，拥有十分丰富的石油、天然气、金银矿、橡胶和木材等自然资源，有印尼的"麦加走廊"之称。由于与印尼中央政府在历史成因以及政治、经济、文化上的利益冲突，这里形成以独立为主要政治诉求的民族分离运动。它是印尼民族国家现代化进程中的主要障碍之一，由于其分离主义使印尼周遭的地方反抗现象频频出现④，不仅影响到印尼国家统一，也严重影响了东南亚地区的安全与稳定，成为世界和平的一大隐患。

## 一、亚齐民族分离运动的历史背景

亚齐曾是一个独立的王国，是印尼版图上最早传入伊斯兰教的地区，后来成为整个东南亚地区伊斯兰教的中心，被东南亚穆斯林公认为前往麦加朝圣的启程地。⑤13世纪末，印尼版图上著名的强大王国三佛齐衰落，亚齐建立了印尼第一个伊斯兰教王国，成为苏门答腊西北部出现的八个小国之一，"南巫里，即今日大亚齐"⑥，是当时马来群岛一带的贸易中心。亚齐内陆居民主要从事胡椒种植业，沿海居民以贸易、渔业及海盗劫掠为生。

"自九世纪阿拉伯人东来贸易以来，这里便成为活跃的重要商港。南巫里正如勃泥之名一样，都是来自阿拉伯人。大概当时已有横渡大洋的大舶，锡兰与南巫里就日益见其重要。"⑦

16世纪初，亚齐建立了统一的伊斯兰教王国，并很快进入了历史上的辉煌时期。17世纪初，在苏丹伊斯坎达尔·穆达的统治下，亚齐达到鼎盛状态，成为印尼群岛西北最强大、最富饶和文化最发达的苏丹王国，统一了苏门答腊岛北部和马六甲海峡一带的大片领土，拥有30个属国，与马来半岛上的马六甲、柔佛等国争夺贸易控制权，同时意欲获得海峡地区的霸权。⑧后亚齐征服了马来亚的柔佛、彭亨、吉打和霹雳等地，并一直保持独立。

1595年荷兰侵入印尼。荷兰对印尼的领土扩张，与当时亚齐的扩张野心发生冲突，对亚齐的发展产生了极其重大的影响。

1869年，苏伊士运河开通之后，"亚齐，比以往任何时候更具有重大的战略意义"⑨。当荷兰对外岛的征服移到亚齐边界时，英国为了自己在苏门答腊的利益而出来阻止，新加坡和槟榔屿的商人们也因荷兰的关税率阻碍其贸易而提出抗议，荷兰因此停止向苏门答腊北部的扩张，这保证了亚齐的独立地位。1871年，英、荷两国出于对自己在亚洲殖民地利益的考虑，共同妥协达成协议：荷兰承认英国在荷属东印度群岛有平等贸易的权利；英国认可荷兰有权在苏门答腊"自由行动"。亚齐的独立因而受到挑战。

1873年3月，荷兰殖民者要求对亚齐实施统治权，遭到亚齐的强烈抵制。随后，亚齐与荷兰之间展开漫长而激烈的战争。荷兰派远征军入侵，并占领首都班达亚齐。亚齐向土耳其、英国、美国和法国求援，但遭到拒绝，于是，亚齐独自抵抗荷兰殖民者的入侵。同年12月，亚齐夺回所有被占领的堡垒，并控制了交通线。1874年1月，荷兰再次占领亚齐首都和王宫，苏丹马赫穆德·沙被迫撤往山区，不久病故，荷兰宣布兼并亚齐。亚齐的反抗斗争转入低潮，但仍由地方领主拥立新的苏丹领导亚齐人民继续开展抗荷斗争。19世纪80年代后，亚齐著名的伊斯兰教领袖杜固·乌马和杜固·蒂罗等，发动大规模的抗荷"圣战"，先后以保卫伊斯兰教，赶走入侵的异教徒为号召，采取游击战术，给荷兰殖民军以沉重打击。1894年后，面对亚齐人民的顽强抵抗，荷兰殖民者意识到任何办法都不可能抚慰亚齐的抵抗热情，于是采取固守防线，收买封建王公贵族，分步削弱伊斯兰教各领袖，最终削弱了亚齐的战斗力。1899年，杜固·乌马在战斗中牺牲，反抗斗争再次转入低潮。1903年，苏丹东古·达乌德·沙投降，1907年欲袭击班达亚齐失败，苏丹被流放。

1939年，在穆罕默德·达乌德·贝鲁的领导下，亚齐乌里玛[⑩]组织了"全亚齐伊斯兰学者联合会"，以保卫伊斯兰教教义为宗旨，鼓励伊斯兰教学校的发展，弘扬伊斯兰教文化。"全亚齐伊斯兰学者联合会"打击荷兰支持的乌略巴朗[⑪]行政官员，并迅速地成为对抗殖民者的核心力量。同年3月初，亚齐不断发生起义，并期望借助日本的力量解除乌略巴朗的权力。

二战期间，日本对东南亚地区的扩张使荷兰在1942年结束了在亚齐的统治。在爪哇地区掀起的民族主义浪潮中，亚齐也积极参与其中。1942年11月，亚齐爆发由乌里玛领导的反日农民起义，但最终被镇压，100多名亚齐人丧失性命。1945年8月15日，日本宣布无条件投降。

1945年8月17日，当苏加诺宣布印尼独立时，亚齐伊斯兰领袖和军方代表最先表示拥护，并捐献了50千克黄金，买了2架飞机送给政府，为印尼的空军和民航事业做出杰出贡献。当时的亚齐伊斯兰领袖东姑道勿德（TMBD）被苏加诺任命为亚齐地区省长,并称他为"地方模范",为印尼的独立战争立下了汗马功劳。

由于亚齐曾经是一个独立的伊斯兰教王国并盛极一时,具有完整的社会体系和独特的文化特征。在反抗荷兰殖民统治时期,亚齐人民表现出不畏强权、英勇好战的民族特性。在荷兰统治印尼的300多年中,真正统治亚齐的时间却只有29年(1914—1943年),是印尼版图上被荷兰统治时间最短的殖民地。在艰难的抗荷斗争过程中,亚齐各个群体之间的相互脱离状态被打破,他们凝聚在一起,形成统一的力量。亚齐民族意识的凝聚及其文化特质给予印尼中央政府极大的震撼,这也为后来亚齐问题的形成留下了沉重的历史伏笔。

## 二、亚齐民族分离运动的形成与发展

在20世纪上半期的印尼民族解放与民族独立运动中,亚齐积极参与并做出了重要的贡献。1946年后,伊斯兰教力量在亚齐的牢固统治和单一的思想意识(伊斯兰教),使亚齐在共和国革命时期成为印尼最稳定的地区。但是它也使亚齐同印尼其他地区保持一定的距离,因为在后来的年代里当其他地区争论伊斯兰教是否应该统治国家时,伊斯兰教在亚齐却已占据了统治地位。[12]

然而,在印尼独立后,爪哇人独揽大权,忽视了外岛民族的利益,令亚齐人不满,他们希望亚齐成为一个自治省,用伊斯兰教的宗教法作为亚齐省的法律。因此,当1950年亚齐被中央政府取消自治权,并入北苏门答腊省,同时禁止实行伊斯兰法时,亚齐与中央政府的矛盾被进一步激化了。

1. 亚齐民族分离运动的产生（1953—1965年）

1950年11月，亚齐宗教兼地方政府领导人达乌德·贝鲁带领全亚齐伊斯兰学者联盟反抗，试图在印尼实现伊斯兰教化，但因其力量弱小而被镇压。1951年1月25日后，局势恢复了平静。之后政府开始加紧措施控制亚齐局势，比如派遣军队进入亚齐，将原有亚齐军派往别处，力图通过消除高级军官在当地的权力实现军队统一化和非地方化，并从中切断亚齐军队与伊斯兰教联合会的联系。同年11月，中央取消了亚齐经济上的特殊外汇交易协议，亚齐失去了绝大部分的出口收入。1952年，中央将亚齐宗教学校收归国有，但对学校资助却极少，亚齐认为这是政府对亚齐宗教的忽视。1953年，亚齐伊斯兰教领导人对亚齐社会中出现的很多有违伊斯兰教义的现象（酗酒、赌博等）尤为担心，认为正是由于中央不给予亚齐单独的建省条件，才产生这样的结果，要改变这样的局面，只有亚齐实现自治。1953年9月21日，达乌德·贝鲁发动叛乱，宣布亚齐加入爪哇"伊斯兰教国运动"。

从严格意义上来说，这次叛乱不能算作分离运动，因为叛乱的目的是加入伊斯兰教国，"叛乱的诉求从来都不意味着建立一个脱离印尼的独立国家"，"叛乱的最初目标仅仅是在既有国家结构的范围内对国家的状态作一些根本的改变"[13]。可以说，这一时期的亚齐叛乱不仅反映了中央和亚齐在政治、经济、文化等方面的矛盾，更反映了世俗政治和宗教政治的冲突，其目的不是推翻印尼现政权，而是对其治国理念和方式进行伊斯兰化改造。[14]

1956年，中央政府意识到单纯的军事镇压无法解决问题，于是针对亚齐制定了一系列宽松政策，使得亚齐局势得以缓和。1957年4月，双方达成停火协定，但是协定因没有解决印尼是否是一个伊斯兰教国家的问题,于是达乌德·贝鲁一派决定继续斗争。1959年,亚齐再次对政府发动袭击。同年5月,中央恢复亚齐特别自治区地位,给予亚齐在宗教事务、习惯法、教育等方面的实际自治权后,矛盾和冲突逐渐缓和,直到1963年这一地方性反叛才彻底平息。

2. 亚齐民族分离运动的激化(1965—1998年)

1965年发生的"9·30"事件,为以苏哈托为首的军人集团上台创造了机会。以军人为代表的新政治势力一统天下,取代了"总统—政党—军队"三种政治势力相互制衡的格局,印尼从此进入了军人威权统治的"新秩序"时期。

强硬的威权政治再次激起亚齐人民的反抗。1976年12月4日,哈桑·迪罗在亚齐发表"独立宣言",成立"自由亚齐运动"组织,宣布为捍卫"亚齐的独立和自由而奋斗"。[15]从此亚齐的民族分离运动进入一个新的时期,主要目标是建立独立的伊斯兰教国,实现民族独立。

"自由亚齐运动"开始阶段一直在进行政治宣传活动,1977年计划泄露,便转为武装斗争,多在丛林活动。苏哈托政府采取了坚决的军事打击和政治高压政策。1979年运动失败,哈桑·迪罗流亡瑞典。1982年,哈桑·迪罗在瑞典首都斯德哥尔摩建立亚齐村,成立流亡政府并对运动进行遥控。运动因此变得四分五裂,在国外国内都产生不了太大的影响。

20世纪80年代末,"自由亚齐运动"死灰复燃,并带有明显的国际背景,因为它"得到伊朗和利比亚的财政支持,培训了大概3500名战士",其他一些国家的穆斯林也提供了这样或那样的援助。[16]1987年,运动组织派遣士兵到利比亚接受军事训练,并开始了地下活动。1989年,"自由亚齐运动"再次兴起并发动第二次武装暴动，这次运动遍及大亚齐、中亚齐、北亚齐、东亚齐和比地亚。运动在1990年到达顶峰，其组织力量在亚齐北部、东部的部分地区得到发展。1992年，运动组织创立了《自由亚齐之声》，利用刊物、传单等宣传分离思想。1997年东南亚金融危机爆发，给印尼带来极其惨重的损失，人民逐渐对政府失去信心。加之政府在军事镇压过程中采取了许多违反人道主义的行为，使得亚齐人民倒向"亚独"。运动因此得到了本地区包括贫困农民、退休公务员、知识分子和失业工人在内的各阶层人士更多的支持。"亚独"势力趁机招兵买马，武装力量达5000人，建立了17个基地。[17]同时，东帝汶的独立更加鼓舞了亚齐人的独立决心，亚齐反抗情绪高涨。随着1998年5月苏哈托下台，亚齐分离运动进入一个新的阶段，并且具有更大的规模和影响，从最初的由少数人参与的武装反叛演变为更多民众参与的政治斗争。

3. 亚齐民族分离运动的发展（1999—2003年）

印尼的威权统治结束后，国家政权出现弱化的倾向，国家的政治、经济都步入转型期，各项政策都没有成熟。此外，东帝汶的骤变以及印尼军队在亚齐实行军管期间所犯罪行的曝光，再度刺激了亚齐分离运动的兴起。此时的运动参与者涵盖了各阶层群众、各政党成员，甚至学生和普通百姓，从而使亚齐分离运动呈现出多元化、复杂化的态势。亚齐分离运动主要以两种形式开展斗争：一种是以"自由亚齐运动"（GAM）为主体的武装反叛，反叛者袭击当地驻军、油气生产设施，并试图建立新的行政管理机构；另一种是以学生团体、非政府组织为主体，发起和平示威和请愿活动，试图通过在亚齐实行全民公决来实现独立。

1999年11月8日，亚齐地方政府成员、来自亚齐各地的学生加上农民共约 150 万人在班达亚齐集会，要求举行全民公决，以决定本地区的政治前途——独立抑或自治。瓦希德当选总统后公开表示，亚齐问题的全民公决只是有关推行伊斯兰法令的问题，不涉及"独立"议题。"2000 年 8 月 17 日，在印尼庆祝独立 55 周年之际，'亚独'分子既不挂印度尼西亚共和国国旗，也不挂'亚齐独立运动'的星月旗，而是悬挂联合国旗帜，并要求联合国在亚齐建立观察站。2000 年 11 月 14 日，约 10 万人在班达亚齐举行'亚齐人民争取和平大会'，呼吁国际社会和联合国干预，协助解决亚齐政治、治安和人权问题；要求荷兰撤销其 1873 年 3 月 26 日对亚齐的战争宣言，并对在 1949 年 12 月 27 日海牙圆桌会议上把亚齐划归印尼政府负责。"[18] 为了缓解双方的矛盾，印尼国会成立了亚齐问题特别委员会，专门处理亚齐问题。同时，印尼政府也与"自由亚齐运动"领导开始谈判。2001 年 2 月，在多次谈判未果和停火协议没有得到执行的情况下，瓦希德政府宣布对"自由亚齐运动"采取"坚决行动"，并于 3 月宣布"自由亚齐运动"为分离主义组织。

2001 年 7 月梅加瓦蒂上台后，也力主和平解决亚齐问题。2002 年 1 月，印尼对亚齐实行"特别自治法"，允许亚齐政府推行伊斯兰教法，大幅度提高油气利润留给当地的比例。2002 年 12 月，双方又在国际社会的调解下，在日内瓦签署了《停止敌对行动和平协议》，这一协议曾被舆论评论为"困扰印尼近 27 年的亚齐问题出现解决的曙光"[19]，但双方一直没有真正实行过停火。2003 年 1 月 9 日，当印尼政府开始解除该组织武装时，双方的对峙和不信任再度显现，并导致流血冲突发生。5 月 9 日，在日本、欧盟、美国和世界银行等有关方面的斡旋下，印尼政府与"自由亚齐运动"在日本东京举行和谈。5 月 18 日，谈判破裂，印度尼西亚外交部长哈桑·维拉尤达说："我们已经走进死胡同，政府方面今后不会积极推动对话进程。"[20]梅加瓦蒂于19日凌晨随即宣布对亚齐进行为期6个月的戒严，恢复亚齐的军队管制，恢复并强化清剿"亚独"的军事行动，19日当晚15艘军舰驶抵亚齐司马威北部沿海，数量装甲车开进班达亚齐，并增派驻军，展开了近30年来最大规模的军事行动，印尼陷入内战。印尼国民军司令部于2004年5月5日发布新闻公报称，政府军上一年度5月开始对"自由亚齐运动"实行军事打击以来，已经歼灭了至少1963名叛乱分子，俘获了2100名，另有1276名投诚；政府已恢复对亚齐省所有228个行政区的管理，而此前的一年，政府只能有效管理其中的129个。[21]

4. 亚齐民族分离运动的解决（2004年至今）

"自由亚齐运动"虽元气大伤，但并没有被彻底剿灭。2004年12月的印度洋大海啸使亚齐民众死伤十几万人，"自由亚齐运动"受到沉重打击。印尼政府再次开始与"自由亚齐运动"领导人就停火问题进行接触，为了全力救灾，双方达成了停火协议。

与此同时，国际社会也不希望亚齐问题影响到印尼的统一和稳定。欧盟强调，他们希望看到一个强大、统一、民主的印尼。美国总统布什在2005年5月26日会见印尼总统尤多约诺表示，美国支持印尼的国家统一[22]。1999年12月3日，中国政府在瓦希德总统来访时发表的《中国和印度尼西亚联合新闻公报》中明确表示："支持印尼政府在维护国家统一和领土完整方面的努力，认为印尼的稳定和繁荣有利于本地区的和平与发展。"[23]东盟各国在1999年东盟首脑会议期间的一份主席声明中说：就这个问题（亚齐分离运动），（东盟）成员国国家首脑或政府首脑重申，他们完全尊重印度尼西亚共和国和其他东盟成员国的主权和领土完整。东盟各国都采取行动积极配合印尼打击分离主义势力，切断"自由亚齐运动"从一些地方走私军火的源头，削弱其力量。

在各方的压力下，2005年1月至5月，通过"亨利·杜南人道主义对话中心"㉔、"危机管理组织"㉕的斡旋，以及芬兰前总统阿赫蒂萨里的调解，印尼政府和"自由亚齐运动"代表在芬兰首都赫尔辛基举行了数轮和谈。在谈判过程中，双方立场逐渐接近。在第二轮谈判中，"自由亚齐运动"开始不再坚持独立的立场，并在第三轮谈判中同意放弃独立要求。5月31日，第四轮谈判结束，双方同意就结束亚齐暴力冲突起草一份和平协议，并决定于7月12日进行新一轮谈判。7月16日，印度尼西亚政府与"自由亚齐运动"谈判代表在芬兰首都赫尔辛基举行的第五轮和谈中就和平协定达成意向性协议，双方将提交各自领导层批准，并将于8月中旬正式签署和平协定。8月15日，印尼政府和"自由亚齐运动"在赫尔辛基正式签署和平协议。根据协议，"自由亚齐运动"不再要求亚齐独立并解除武装。同时，政府撤出在亚齐的编制外驻军和警察，特赦"自由亚齐运动"政治犯。8月31日，印尼政府释放了在押的1424名"自由亚齐运动"政治犯。

2005年12月，国际监督机构人士和印度尼西亚政府官员均证实，"自由亚齐运动"已经完成了解除自身武装的工作。"自由亚齐运动"向政府上缴了840件武器，政府方面按照和平协议的规定，在12月29日以前将多余的政府军士兵和警察有序撤出亚齐。同月27日，"自由亚齐运动"宣布解散其军事组织"亚齐国民军"。

2006年7月，印度尼西亚国会通过了《亚齐自治法》，赋予亚齐省地方政府更大的自治权。根据《亚齐自治法》，亚齐开发石油和天然气收入的70%将由本省支配。该法还规定曾经从事分离主义活动的人可以组建政党，并参加各级政府竞选。同年12月，亚齐地方选举顺利进行，前"自由亚齐运动"发言人伊旺尔达·尤素福当选为亚齐省长，选举结果也得到了印尼中央政府的承认。亚齐问题走上政治和解的道路。

## 三、印尼政府处理亚齐问题对我国的启示

亚齐民族分离运动问题形成于20世纪50年代；70年代，亚齐分离运动的目标逐渐明晰，即为亚齐获取更多更好的政治、经济、宗教等权利；90年代，随着印尼中央与亚齐的不断协商，"亚独"呼声也在政府更加宽容的政策中渐渐平息；2005年8月15日，印尼中央政府与自由亚齐运动签署的历史性和平协议，以双方政治妥协的形式达成双方和解。印尼中央政府在解决亚齐民族分离运动的过程中的做法，也带给我们一些具有借鉴意义的启示。

第一，政治方面，在保持国家领土完整的前提下，根据少数民族人口的比例，确保少数民族在国家政权机构中享有相应比例的代表权，满足少数民族参与国家政权管理的愿望，使其对国家形成一种认同感。在少数民族占多数的地区，确保国家主权的前提下，让少数民族享有更多的自主权，自主地管理本地区的社会事务，这才是缓和民族紧张关系的有效出路。如1999年印尼中央政府出台的第22号法案，对中央与地方的权力关系做出了清楚的表述。在地方行政长官的任免上，中央授予了地方更大的自主权。在地方人民立法会议的职权上，中央授予区级人民立法会议更大的权力。因此，从根本上说，提高少数民族的政治地位，在保证国家主权的前提下，让少数民族享有自主管理其内部事务的权利才是解决民族问题的根本途径。

第二，经济方面，只有切实提高人民的生活水平，才能消除

民族分离主义产生的诱因。亚齐民族分离运动的产生很大程度上，是因为中央在经济利益分配上的不公平待遇。中央政府在利用地方资源发展经济时未能照顾地方利益，其对经济的贡献与其所得到的收益差异使得亚齐人产生了相对剥夺感，从而导致了亚齐人产生对中央政府的严重不满情绪。因此，国家需要根据自身的经济状况，照顾到少数民族地区的利益，为位于边远地区的少数民族制订一些发展地区特色经济的计划，改善少数民族群众的生活状况，这是抑制民族分离主义情绪产生的重要出路。纵观印尼中央政府与亚齐关系的历史变迁可以看出，只要国家重视亚齐的经济发展，亚齐都能够保持相对的社会稳定。

第三，在解决民族问题的过程方面，国家应以缓和为原则，首先谋求一个稳定的社会，然后在稳定的社会中循序渐进地消除产生民族冲突的潜在因素。如果没有一个稳定的社会，即使再好的政策也无法执行。不论印尼政治形势如何变化，只有以制度为保障，从根本上维护亚齐人民的利益，增强他们的国家认同感，才能有效地消除亚齐人民的民族分离主义情绪。因此政府的首要目标是稳定局势，然后从政治、经济和制度等方面确保少数民族地区的长治久安。

印尼的经验表明，政府采取优先和重点发展的战略，有利于集中资源和优势促进经济快速增长，但是在发展过程中需要审时度势，及时调整发展策略，消除由重点发展战略所导致的地区发展差异，逐步实现全面平衡发展。

**注释：**

① 陈鹏：《东南亚各国民族与文化》，北京：民族出版社，1991年，第140页。

② CIA, *The World Factbook 2001: Indonesia*, http://www.odci.

gov/cia/publications/factbook/index.html.

③ Ibid.

④ 印尼国内加里曼丹、中苏拉威西、马鲁古、伊利安岛也不断掀起独立运动。

⑤ 中国现代国际关系研究所民族与宗教研究中心:《周边地区民族宗教问题透视》,北京:时事出版社,2002年,第278页。

⑥ 其余七个为:八喇儿(Ferleck)、巴思马(Basma, Baaman)、须文答喇国(Sumatra)、罗思安(Dagroian)、班卒儿(Fansour)。另两国"未能言之"。参见王任叔:《印度尼西亚古代史》(下),北京:中国社会科学出版社,1987年。

⑦ 王任叔:《印度尼西亚古代史》(下),北京:中国社会科学出版社,1987年,第529页。

⑧ Lee Khoon Choy, *A Fragile Nation-The Indonesian Crisis*, World Scientific Publishing Co. Pte. Ltd, 1999, p.286.

⑨ 梁志明主编:《殖民主义史·东南亚卷》,北京:北京大学出版社,1999年,第190页。

⑩ 乌里玛是亚齐伊斯兰教的传播者,主导亚齐的宗教力量。

⑪ 乌略巴朗是亚齐王国的军事首领,拥有管辖中央与地方的权力,是亚齐王国的实际统治者。

⑫ 梅·加·李克莱弗斯:《印度尼西亚史》,周南京译,北京:商务印书馆,1993年,第298—299页。

⑬ Rizal Sukma, "Aceh in Post-Suharto Indonesia: Protracted Conflict amid Democratization", in: Damien Kingsbury & Harry Aveiling eds., *Autonomy and Disintegration in Indonesia*, Routledge Curzon, London & New York, 2002, p.149

⑭ 陈衍德主编：《多民族共存与民族分离运动——东南亚民族关系的两个侧面》，厦门：厦门大学出版社，2009年，第150页。

⑮ Hasan M. di Tiro, "The Declaration of Independence of Aceh-Sumatra", Aceh, Sumatra, December 4, 1976, *The Price of Freedom: The Unfinished Diary*, Information Department National Liberation Front Aceh Sumatra, Sweden, 1981, p.23.

⑯ "Free Aceh Movement", http://en.wikipedia.org/wiki/Free_Aceh_Movement.

⑰ 赵玲：《印尼亚齐问题及其影响探析》，贵州师范大学硕士学位论文，2009年。

⑱ 江龙晖：《印尼亚齐问题探讨》，载《江南社会学院学报》，2005年第4期。

⑲ 《历史上各国有关领土主权的战争》，新华网，2003年12月1日。

⑳ 《印尼政府宣布不再同"亚齐自由运动"组织和谈》，新华网，2003年5月19日。

㉑ 印尼国民军司令部：《一年歼灭近2000名叛乱分子》，新华网，2004年5月7日。

㉒ 《布什会见尤多约诺 美支持印尼军事改革》，联合早报网，2005年5月27日，http://www.zaobao.com/gj/yx050527_506.html。

㉓ 《中华人民共和国和印度尼西亚共和国联合新闻公报》，中国驻印度尼西亚大使馆网，1999年12月3日，http://www.chinaembassy-indonesia.or.id/chn/3224.html。

㉔ HDC（Henry Dunant Center for Humanitarian Dialogue）成立于1999年，总部在赫尔辛基。它主张以停止导致贫民伤亡、流

离失所的武装冲突是保护平民的最佳途径,致力于可进行和平谈判的武装冲突的世界热点问题。

㉕ CMI,领导人是芬兰前总统,专门从事危机调停和谈判工作。

(作者系解放军国际关系学院讲师)

# 安贝德卡尔与印度新佛教运动

张洪雷

> **摘 要**：1950 年，印度第一任司法部长安贝德卡尔在斯里兰卡召开的"世界佛教徒大会"上宣称，"贱民除了佛教的教诲别无解放之路"，号召印度贱民皈依佛教，从而拉开了新佛教运动的序幕。在继承传统佛教的基础上，安贝德卡尔对佛教的教义进行了新的解释，并以此指导新佛教运动。在新佛教运动中，大批印度贱民开始集体皈依佛教。目前，佛教在印度已经成为第五大宗教。可以说，由安贝德卡尔发起的新佛教运动将印度佛教的复兴推向了高潮。
>
> **关键词**：安贝德卡尔；新佛教运动；新佛教教义

历史上，佛教在印度曾一度辉煌兴盛。但是由于诸多原因，从公元 8 世纪起至 9 世纪，佛教在印度趋于式微，到了 13 世纪初叶，佛教在印度本土几近消亡。然而，到了 19 世纪末 20 世纪初，佛教作为维护民族传统和国家独立的一面旗帜再次回到了印度，并随之开始了影响深远的复兴运动。佛教在复兴运动初期，活动的规模比较小，彼此间几乎没有什么联系，因而发展一直比较缓慢，直"到 1951 年前后，印度佛教徒才发展到 18 万人"[①]。

而真正将印度佛教的复兴推向高潮的是印度新佛教运动②之父安贝德卡尔（Ambedkar，1891—1956年）。

安贝德卡尔出身于贱民家庭，受过西方教育，痛恨并力图改变根深蒂固的种姓制度。1950年，安贝德卡尔在斯里兰卡召开的"世界佛教徒大会"上宣称，"贱民除了佛教的教诲别无解放之路"，号召印度贱民皈依佛教，从而拉开了新佛教运动的序幕。在继承传统佛教的基础上，安贝德卡尔对佛教的教义进行了新的解释，以此指导新佛教运动。随后，大批印度贱民开始集体皈依佛教。到了1956年，他借纪念释迦牟尼诞生2500年的机会，组织了50万贱民在他的家乡那格浦尔举行了皈依佛教的仪式，将新佛教运动推向了高潮。尽管此后不久安贝德卡尔猝然离世，但是在他去世后，那格浦尔、阿默达巴德、阿格拉等地，贱民集体皈依佛教的活动仍愈演愈烈。据估计，在安贝德卡尔去世后的两年中，约有1000万人改信了佛教。"到1961年，据说全印度佛教徒已经发展到2500万，占当时印度总人口的7%（官方统计是325万）。"③可以说，由安贝德卡尔发起的新佛教运动将印度佛教的复兴推向了高潮。

## 一、安贝德卡尔将贱民解放与佛教复兴紧密结合，发起了新佛教运动

安贝德卡尔在青年时期接受了完整的西方教育。他深受西方自由主义和民主主义的熏陶。印度独立以后，他成为马哈拉施特拉邦和印度政府的司法部长。安贝德卡尔早年因家庭影响归信基督教，但他作为贱民所遭受的种种歧视，令他一直在思考整个印度社会中贱民如何才能得到解放的问题。

1923年，他先后在孟买高等法院、孟加拉法律学院任律师和教授。在法庭上，他为维护贱民的利益慷慨陈词。法庭之外，

他积极组织领导改善贱民地位、反对虐待和迫害贱民的斗争，使其在贱民中威信越来越高。1927年的圣诞节，安贝德卡尔带领贱民焚烧《摩奴法典》，以表达他们对印度教的挑战和宗教信条的反叛。他自称这一行动相当于1789年的"法国大革命"，充分反映了他对人权、自由、平等、博爱的期待。他曾说过，在从英美留学结束后回到印度的时候，他便从社会中感受到了自己被当作"贱民"的屈辱。1935年，他召开了名为"被压迫阶级大会"，并在会上发表了一篇宣言，宣称："我虽然生下来，不得不是印度教徒，但在死时，我决不会仍是印度教徒。"他公开表明自己会脱离印度教，并为自己所要改宗的宗教，提出了四项原则标准：第一，不论所选的是哪种制度，它必须能激发人类和社会价值的最优秀成分；第二，不论所选的是哪种宗教，它应该能够符合理性本身；第三，一个可接受的宗教必须能激发自由、平等和博爱的精神；第四，无论所选择的是什么宗教或哲学，它都不应该歌颂现实的屈辱，更不应该将贫穷加以圣化。正是由于这四个标准，安贝德卡尔后来才选择了佛教，认为佛教是唯一可以拯救印度贱民阶层的思想武器。

　　与此同时，安贝德卡尔充分扬其所长，利用自己所学的法律改造印度社会的偏见。他曾经是印度独立宪法起草委员会的主要成员，其参与完成的印度独立宪法，以及后来正式通过的印度新宪法，都成功地废除了贱民制度。今天，从法律条文说，印度并没有"贱民"这个阶层。出身贱民的安贝德卡尔，从1947年印度独立起，就是当时尼赫鲁总理的内阁成员，他还担任过印度独立后第一任的司法部长，也在马哈拉施特拉邦做过多年的邦司法部长。1951年，他向国会提出的一项限制印度教的法案。此法案因未得到尼赫鲁及国大党的支持，最终未能获得通过，安贝德卡尔愤而辞职。在接下来的两年中，他又连续在国会选举与地方选举中遭遇失败。一系列的打击和失败，使他清醒地认识到，立法与从政仍不能从根本上去除种姓制度对贱民的压迫。法律条文的规定是一回事，种姓制度制约下的民众行为则是另外一回事。他必须回到1935年的结论，即放弃印度教，寻找另外一个宗教，即佛教。

其实，早在1908年，安贝德卡尔进入孟买大学的那一年，他从一位瑜伽士上师接受过佛陀传纪和教义的教导。到了1950年5月，安贝德卡尔参加了世界佛教联谊会（World Fellow-ship of Buddhists）在当时的锡兰首都科伦坡召开首届世界大会，并公开表示：印度的贱民以佛教作为归依。1956年，他从贱民解放斗争的实际出发，用现代的观点，对佛教的基本教义重新做了解释，完成了他的首部佛教著作——《佛陀及其正法》（Buddha and His Dharma）。同年，他参加了在尼泊尔首府加德满都召开的第四届世界佛教联谊会，并发表了一篇题为《佛陀或马克思》（Buddha or Karl Marx）的论文。该文中，他指出自己曾在佛教与马克思的共产主义之间游离不定，并解释了为什么佛教是印度贱民阶层的唯一归宿。实际上，安贝德卡尔选择了非暴力的原则，也就意味着选择了非暴力的宗教，这在印度社会中是有悠久传统的。如此，近可以同甘地的思想相通，远则可以与佛教一脉相承。在他看来，佛教具有宗教应有的25个优点：一、宗教是自由社会必需的；二、并非每一种宗教都是好的；三、宗教必须与生命的现实有关；宗教绝非一大套关于神、灵魂或天堂与地狱的玄思；四、把神当成宗教的中心是不对的；五、把"灵魂的拯救"当成宗教的中心是错误的；六、以动物祭祀牺牲当成宗教的主要内容是错误的；七、真正的宗教存在于人的心中，而不是在经典之中；八、人与道德才是宗教真正的本质，若非如此，宗教只是残酷的迷信；九、人生中间不能仅有道德而没有宗教；十、宗教的作用是为了重建快乐的世界，它无需侈谈世界的起源或末日；十一、此世间的不幸源于利益的冲突，只有依靠中道才能解决冲突与矛盾；十二、私有制是贫富不均的主要原因；十三、为了社会的良性发展，必须消除苦及苦因；十四、一切人类都是平等的；十五、财富与出身不能成为衡量一个人地位的标准；十六、对人而言，真正重要的是其崇高的理想，而非出身高贵；十七、四海之内皆兄弟，永远不要放弃对人类的友谊，哪怕是对你的敌人；十八、每个人都应该有权利学习，学习与食物都是人生必需的；十九、没有德性的学习是危险的；二十、没有一成不变的东西，没有必须永远固守的规则，一切都可以被探究被检验；二十一、没有永远不可置疑的结论；二十二、一切事物都在因果律中；二十三、没有永恒的东西，一切都在变化中，存在是不断生长变化的；二十四、战争是错误的，除非它真正是出于公理与正义；二十五、胜者应该善待败者。④ 这些优点能够确保"自由"、"和平"、"平等"、"快乐"、"友爱"等重要的价值观的实现。最终，他向印度千百万受压迫受歧视的贱民发出号召，鼓动他们参与1956年10月15日在南印度那伽浦尔城举行的皈依佛教的大会。据说这一天也是阿育王改信佛教的日子。约有50万人参加了这场皈依大会。这是自阿育王时代以来印度历史上最大的一次皈依佛教典礼。在典礼上，安贝德卡尔欢呼道："从今天起，我们脱离了地狱！"并带领大众，许下了22个愿望。在随后的一个月中，安贝德卡尔巡回各个城市，组织了一场又一场的皈依大会，全印度有300万人成为新的佛教徒。然而7个星期后，即1956年的12月6日，这位印度新佛教运动的领导者与思想家病逝于新德里。

如果把甘地看成近代印度的独立运动的精神领袖和印度的国父，安贝德卡尔就是近代印度的人权运动之父，也是新佛教运动之父，对印度佛教复兴的贡献是巨大的。为此，他获得了印度佛教史上与佛祖释迦牟尼并列的圣人的美名。今天的印度佛教徒称他为慈父，并高呼万岁。他死后火化的地方也成了圣地，并仿照桑崎大塔建成了安贝德精舍。其巨大的影响力也受到印度国家领导人的重视。"1985 年当时的总统辛格和拉吉夫·甘地总理参加了安贝德卡尔 94 岁的诞辰活动。"⑤

## 二、安贝德卡尔反印度教、反种姓制的思想成了新佛教运动的原动力

与甘地、尼赫鲁等印度教徒社会活动家不同，安贝德卡尔的思想是反印度教的，往往处于他们的对立面。主要体现在：

首先，尽管甘地和安贝德卡尔都被称为贱民运动的领袖，但是两者对贱民斗争的方式所持的态度是截然不同的。甘地认为，贱民解放最好的方法不是改信其他宗教，也不是同英国人合作，而是同印度教徒一道参加反英的独立运动。在反对英国统治的斗争中，通过印度教徒的不断忏悔和良心发现来废除不可接触制。安贝德卡尔认为，种姓印度教徒必须承认贱民在文化和宗教上的差异，把他们当作穆斯林、基督教徒、锡克教徒那样的特殊集团来对待，只有这样，他们的政治、经济和社会权益才能得到保障。他斥责甘地对贱民运动的态度是虚伪的，是别有用心的，不赞成利用贱民反歧视斗争达到某种政治目的。他还指出，在种姓印度教徒对待贱民不如动物的情况下，贱民不可能与他们团结一致。改善贱民地位，最好是制定一系列政治、经济、文化方面的具体措施，如实行独立选举，以利于贱民更好地参加政治生活，增强其政治发言权；制定法令以促进贱民制的废除；分配给他们土地以摆脱对其他种姓的依附；为贱民开设学校以提高其文化水平。此外，他甚至还提出了建立贱民单独居住区的主张。

其次，安贝德卡尔从自身的种种经历中认识到，贱民受歧视、受虐待的根源在于印度教和种姓制度。贱民要摆脱低贱的地位，与种姓印度教徒在社会、经济和政治上享有平等地位，必须从根本上废除种姓制度。"他认为，印度的社会改革，应首先杀死种姓这个'怪物'。种姓按出身把人分成相互隔绝、相互排斥的部分，人们的职业由出生决定，个人没有选择和发挥才能的余地。种姓是一种'地位高的人们站在利己的立场上使同是印度人的下层人民永远处于被支配地位的社会制度'。'它带来的是印度人的分裂和堕落'。它培养了狭隘的集团意识、对其他种姓的敌对情绪和妒嫉心，无法产生超越种姓圈子的公德心。"⑥安贝德卡尔还充分地认识到种姓制度是印度教的一部分，它与印度教的宗教信仰密切结合在一起，具有了深厚的宗教基础。印度教法典制定的各种严格规定和限制，成为维护种姓制度的宗教法依据。因而还必须打破印度教经典神圣权威。而甘地则是虔诚的印度教徒，对印度教传统生活方式深信不疑。他认为贱民制度并不是印度种姓制度的本意。种姓制度本身是好的，应当维护。

再次，他们对待英国殖民统治及政治改革的态度也完全不同。在某种程度上，这也是两者在对待种姓制度、贱民制度等根本性问题上存在巨大分歧的进一步延伸。甘地认为，与印度正处于英国人殖民统治下这一问题相比，废除贱民制只能是个次要问题。印度各阶层、各教派只有团结一致，摆脱英国的殖民统治，取得政治上的独立，贱民问题才可能得到解决。而安贝德卡尔认为，仅有政治上的独立是不够的。如果说种姓印度教徒有权利反抗英国殖民统治，那么贱民更有百倍的权利反抗婆罗门的统治。尽管他并不否认英国的殖民统治给印度带来了巨大的灾难。生活在底层的贱民更是最大的受害者，他们的地位在英国统治下没有任何改变。但是他也认同英国的统治给印度带来了自由、平等、博爱的观念和法制，以及诸如铁路、邮政等现代文明。在一定程度上，如果没有英国的保护，以婆罗门为首的种姓印度教徒势必将贱民踩在脚下。他认为，在进行变革之前应先进行社会变革，因为一方面，贱民如果没有基本的权利，自治对他们来说毫无意义；另一方面，在贱民问题尚未得到解决之前，印度尚未实现民族一体化的情况下，要求完全的独立是十分危险的。

由以上我们可以看出，安贝德卡尔在对待印度教、种姓制度及不可接触制的问题上，持否定、反对的观点，而对英国人统治及政治改革的态度则很保守。这使他受到来自正统印度教、国大党等多方面的谴责和质疑。从客观上讲，他的观点确实有利于英殖民政府在印度实施"分而治之"的政策，同时，他对印度教的分析与批判也存在不少偏颇之处。但是，我们也应看到，安贝德卡尔思想的形成有着复杂的原因，与其作为贱民的种种经历有着密切的联系。儿时，安贝德卡尔在学校便遭受种种歧视。后来，从西方学成归来后，他也曾试图在印度教范围内改良社会，改善贱民的地位，如他曾号召贱民放弃被种姓印度教徒看来是"不洁净"的生活习惯，试图通过这种方式在种姓体系中争取平等地位。但根深蒂固的种姓偏见，使种姓印度教徒无法接受贱民地位提高的任何事实。水塘、道路可以对穆斯林开放，却唯独不能对贱民开放，甚至可以对苍蝇、蚊子之类的小虫实行"不杀生"，却可以任意虐待和杀害贱民。类似于以上这些的种种经历使得安贝德卡尔的改良幻想最终破灭了，最终使他走上了反种姓制度、反印度教的道路；同时也应看到，甘地及其他国大党的领袖们喜欢利用印度教语言和生活习惯来组织和领导群众，这引起了不仅是贱民，而且也包括广大穆斯林在内的非印度教徒的反感，使他们感到国大党只代表了印度教徒而不代表全体印度人。甘地试图通过反英斗争把印度各界融合在一起的愿望固然是美好的，但在印度社会中是不现实的。根深蒂固的种姓歧视，尤其是对贱民的歧视，不是通过种姓印度教徒的良心发现就能克服的。可以说，安贝德卡尔对印度教、种姓制度的种种批判触及了印度教的深层结构，击中了其痛处。也正是这些反印度教、反种姓制度、反不可接触制的思想，最终成了安贝德卡尔带领大批贱民改宗佛教、争取解放的原动力。

### 三、安贝德卡尔的新佛教教义构成了新佛教运动思想和行动的指南

新佛教教义是安贝德卡尔从新佛教运动的实际出发，用现代的观点对传统佛教的基本教义重新做了解释。新佛教教义集中体现在他所著的《佛陀及其正法》一书中。这些教义已成为印度新佛教运动思想和行动的指南。

其实这种做法在印度古已有之。享有"佛国王"称号的阿育王"并不是专心一意地皈依佛教，对其他宗教他也崇拜。只要对他的统治和经商有利，什么宗教他都信。古今中外所有剥削阶级的统治者，在宗教信仰方面都是实用主义者，阿育王也不例外"⑦。为了通过佛教更好地维护帝国统治，他主持了佛教史上的第二次结集。与阿育王一样，安贝德卡尔也更多地受达摩波罗佛教改革主义思想的影响，特别是其"改革佛教中与现实社会不相适应的内容"的观点。在对待传统佛教的许多问题上，他采取了改革主义、实用主义的原则。

佛教的基本教义是讲业报轮回，按照这一理论，每个人现世的社会经济地位都是前世的果报。诸如此类佛教消极方面的特性，在安贝德卡尔看来，对唤醒被压迫的贱民阶层为争取解放而斗争是不利的。于是，他把佛教经典中凡是符合贱民斗争需要的内容，都说成是佛教固有的；不符合贱民斗争需要的内容，则说

成是后代比丘们所加，或者是受了印度教的影响。在对传统佛教的基本教义重新解释时，他还把许多自己的思想加了进去。其新佛教教义主要体现在：

首先，安贝德卡尔认为，传统佛教的"四圣谛"（苦、集、灭、道）说把人生看作是"苦"的连续。这虽然能引起生活在社会最底层的贱民的共鸣，但这种理论对人生的理解过于悲观和消极，无法唤起贱民投身于改变现状的斗争。相反，佛教的这些消极因素，很可能成为被压迫阶级接受佛教的障碍。于是，安贝德卡尔把"四圣谛"重新加以解释：佛教虽认为"一切皆苦"，但并不美化贫困，也不鼓励贫困者的忍耐和屈从精神，而是认为，贫困、负债等是"苦"。因此，佛教并不反对被压迫阶层和贫困阶层打破"苦"的现状，为争取自身地位的改善而斗争。

其次，受达摩波罗佛教改革主义的影响，安贝德卡尔对印度比丘和僧伽组织提出了自己的观点。他认为，僧团不受种姓、性别、身份、地位的限制，向所有人开放，其成员一律平等。比丘不应该是苦行者，更不应有一般苦行者的那种自我满足、蔑视他人等特点。比丘也不应像印度教的婆罗门祭司那样，相信神灵、主持仪式、索取物质利益。安贝德卡尔对印度社会中的比丘不关心社会活动，只致力于自我完善的做法极为不满。为了对日益增加的新佛教徒进行教化活动，他曾呼吁印度的比丘给予帮助，但未得到什么响应。他向大菩提会提出请求，希望派比丘帮助新佛教徒提高佛法水平，也未有结果。因此，他对当代的印度比丘（南传佛教）进行了言辞激烈的批判。他在《佛陀及其正法》（*Buddha and His Dharma*）中直称，比丘不能只限于自我修养，还应该致力于社会服务。只有通过服务社会，才能完善人格。比丘应该为广播佛法而努力。出家不是脱离世俗的自我修炼，而是为了获得为在俗信徒广泛服务的自由与机会。

再次，安贝德卡尔认为传统佛教的业报轮回理论过于消极，对现实的斗争是不利的。他认为，佛教虽相信因果报应说，但"业报"是用来维护现世的道德秩序的，只与现世相联系，与前世和来世无关，即现世现报。每个人所做的善业或恶业，必在现世中得到报应，并由此决定了他的生活状况，而非来世。安贝德卡尔还结合物理学的"物质不灭"、"能量守恒"规律对佛教的轮回转世理论做了解释：人的肉体由水、火、土、风四种物质构成，在人死后，这四种元素游离于宇宙空间，随后在一定的条件下，又重新结合，重新构成新的生命体。因而佛教的轮回转世是物质的转世，而非灵魂的转世。

此外，安贝德卡尔还对佛祖释迦牟尼离家出走的原因等传统佛教的观点进行了新的解释。总之，新佛教教义与传统佛教已经有了很大的区别，佛教界人士及佛教研究者纷纷指责安贝德卡尔的这种行为。"有人说，佛教的教诲基于慈悲，而安贝德卡尔的佛教是基于仇恨，说他的佛教充满了憎恨和侵略性"[⑧]。但回顾历史，我们不难发现，印度佛教在发展的过程中为不断适应时代的要求先后进行了四次结集。安贝德卡尔从新的时代背景出发，用现代的观点对传统佛教的基本教义重新做出符合时代要求的解释，自然也就在情理之中了。

## 四、结束语

安贝德卡尔发起的新佛教运动极大地推动了佛教在印度的复兴。在19世纪80年代后期至21世纪初形成了贱民皈依佛教的又一个高潮。2001年11月，有5万—7万贱民在新德里举行皈依佛教仪式，他们沿着安贝德卡尔的足迹，以皈依佛教的方式反抗印度教对他们的压迫和歧视。几乎在同时，有2万多贱民在喀拉拉邦改信佛教，其他人数较少的零散皈依活动也常见诸报刊。目前，"印度信仰佛教的人数接近 800 万"[9]。佛教在印度已经成为第五大宗教。但是在半个多世纪的新佛教运动中，印度佛教长期困在"贱民宗教"的有限格局之中，佛教与贱民之间几乎已经画上了等号。新佛教运动如果仅仅局限于贱民阶层，不能扩展到整个印度社会，它就不可能得到全体印度社会的认同，就不会有深入的发展，更不可能实现真正意义上的复兴。展望未来，新佛教运动的领导者们还需要对佛教的教义、教规和改宗的佛教徒中出现的各种问题进行探讨，努力构建适应当今印度社会特点的新型佛教。

**注释：**

① 杜继文主编：《佛教史》，南京：江苏人民出版社，2006年，第 391 页。

② 安倍德卡尔将印度贱民解放与佛教复兴紧密结合，发起了印度的新佛教运动。

③ 杜继文主编：《佛教史》，南京：江苏人民出版社，2006年，第 391 页。

④ 摘自 *Buddha or Karl Marx*，http://www.ambedkar.org/ambed/20.Buddha or Karl Marx.htm#a1。

⑤ 吴永年、季平：《当代印度宗教研究》，上海：上海外语教育出版社，1998 年，第 145 页。

⑥ 朱明忠、尚会鹏：《印度教：宗教与社会》，北京：世界知识出版社，2003 年，第 264 页。

⑦ 季羡林：《罗摩衍那初探》，北京：外国文学出版社，1979年，第 35 页。

⑧ 朱明忠、尚会鹏：《印度教：宗教与社会》，北京：世界知识出版社，2003 年，第 270 页。

⑨ 孙士海、葛维钧主编:《列国志·印度》,北京:社会科学文献出版社,2003年,第44页。

## 参考文献

[1] 王晓丹:《印度社会观察》,北京:世界知识出版社,2007年。

[2] 陈峰君主编:《印度社会述论》,北京:中国社会科学出版社,1991年。

[3] 罗米拉·塔帕尔:《印度的变化和冲突》,印度麦克米伦出版公司,1978年。

[4] 杜继文主编:《佛教史》,南京:江苏人民出版社,2006年。

[5] 尚会鹏:《种姓与印度教社会》,北京:北京大学出版社,2001年。

(作者系解放军国际关系学院讲师)

# 浅析印巴核军控的现状与挑战

陈伟明

**摘　要**：南亚是国际政治舞台上日益引起密切关注的地区，随着国际形势的剧烈变化，特别是随着印度的快速崛起，南亚在国际战略格局中的地位正在逐步凸显。南亚地区核武化的历史证明了在无政府状态国际体系下国家的普遍行为模式：国家为实现自保，将寻求权力的最大化和安全的最大化。作为南亚仅有的拥核国家——印度和巴基斯坦，两国长期处于典型的"冲突状态"，是否会因此使用核武器或发动核战争，一直是国际社会所担心的。本文将探讨让南亚核军控步履维艰的原因，以及南亚核军控遇到的挑战。

**关键词**：南亚；印巴冲突；核军控

在南亚地区，印巴两国拥有共同的历史，但它们之间充满了不信任感、冲突和战争。印巴两国尖锐对立的战略文化不仅使冲突与对抗成为两国关系的主旋律，而且使南亚地区长期以来动荡不断，这种冲突升级趋势在两国的常规战争中已经造成了危险的后果，而当两国都具备核打击能力之后，则有可能造成更为严重的灾难。[①]因此，印巴两国建立安全和信任措施，特别是在核领域加强信任措施建设，通过对话谈判解决两国所有悬而未决的问题，对避免印巴之间爆发核冲突，维护南亚地区的和平稳定具有十分重要的意义。

## 一、印巴间核威慑的脆弱性

西方对军备控制的研究产生了核威慑理论、核冬天理论等，其中最有影响的是核威慑理论。[②] 核威慑理论第一次以完整的战略理论形式出现是在 1954 年，其标志是美国当时的国务卿杜勒斯提出大规模报复战略，宣称美国从此将保留"用我们选择的任何手段，在我们选择的任何地区"，对外国侵略即刻实行报复的自由。有效核威慑的基础在于威慑的可信性。这牵涉到物质和技术因素，也涉及精神和心理因素。即要有实力（核武库的规模、水平和生存能力），要有使用实力的决心，以及让对手明确无误地了解这两点。威慑的成功与否不仅取决于实力和使用实力的决心，而且取决于对手内心的感性认识和评估。

印度和巴基斯坦之间持续紧张的对峙态势，对于已经核武化的南亚地区是个极大的挑战，很有可能会擦枪走火，引发大规模的战争，甚至导致核战争。由于印巴都具备核打击能力，因此无法排除双方发生核冲突的可能性。虽然该地区勉强维持着稳定的核威慑态势，但是在不确定的环境下也可能出现紧张情况。人们最担心核武器在印巴之间所起的稳定作用是有限的：一是印巴都是新兴的有核国家，不会像美国、俄罗斯或者其他老资格的核国家那么理性；二是在印巴之间的传统冲突有可能逐步升级演变成核战争。

此外，印巴间存在难以消除的安全困境问题，其主要原因在于：印度将巴基斯坦视为潜在敌人，而且自诩为地区大国及地区事务的控制者，试图发挥全球影响力；而另一方面，巴基斯坦将印度不断增强的优势视为对本国主权的威胁，并且试图对印度进行遏制。尤其是对巴基斯坦来说，1965年和1971年的印巴战争进一步强化了巴基斯坦的不安全感。因此，巴基斯坦的战略思想家们得出结论：本国不可能依靠外部力量确保自身生存，必须采取自助战略。所以，巴基斯坦确信由于在常规军事力量方面与印度存在较大差距，因此只有研发核武器才能维持两国之间的战略平衡。在这种缺乏相互信任和安全感的环境中，军备竞赛不仅破坏了印巴两国的双边安全，而且从整体上对南亚地区的和平与稳定造成了非常不利的影响。

就目前情况来看，印巴之间都没有显示出足够的政治意愿来控制军备。自1998年印巴进行公开核试验以来，两国核竞赛有增无减，使南亚成为核关注的焦点。印巴两国也经历了几次紧张的对峙和冲突，虽然核威慑对抑止冲突升级发挥了重要作用，但南亚核威慑因印巴之间实力的巨大差距、技术条件和手段选择的有限性，无法达到外界预期的稳定性，所以，印巴之间的核威慑依然相当脆弱。

## 二、印巴间核军控的重要性

在南亚实行核军控至少有两个因素十分重要：其一，南亚是一个危机和战争频发的地区，也是一个核战争可能的引爆点。为了降低战争的可能性，阻止核武器的使用，印巴间的核军控显得至关重要；其二，印度和巴基斯坦都面临着严重的人类安全挑战，但这两个国家把更多的国家资源用于防务，而没有用在迫在眉睫的社会需求上面。印度和巴基斯坦都需要停止具有毁灭性和竞争性的军备建设，把更多的资金用于社会的发展进步与安全稳定上面。因此，印巴间核军控在南亚地区显得十分重要，并且具有某种程度上的强制性。

1. 有效预防战争

自从 1947 年两国独立以后，印巴之间就不断陷入战争的漩涡。1998 年，两国公开核武化后，又同时笼罩在核阴影之下。随后，南亚核危机演变为三个阶段：一是印度与巴基斯坦相继进行核试验后，两国之间的紧张局势；二是 1999 年印巴间的卡吉尔冲突；三是 2001 年 12 月印度议会大厦遭到恐怖分子袭击后，印度与巴基斯坦在边境地区的武装冲突。因此，未来印巴双方爆发战争的可能依然存在，情势仍然紧张，为了降低印巴之间战争的可能性，印巴双方之间主动有效的军控是至关重要的。

随着印巴双方军火库中都引入了核武器，印巴之间核军控的紧迫性进一步加大。印巴之间爆发核战争的可能性也是存在的，这主要是因为：（1）印巴间相互战略判断的失误；（2）常规战争的逐步升级导致核武器的使用；（3）在政治危机的压力下核威慑失败导致核战争；（4）一些偶然事件或是未经授权的核武器使用；（5）恐怖分子、计算机系统的蓄意破坏，这种攻击伪装成对手进行的核攻击。因此，通过核军控来阻止核武器的使用，建立稳定的威慑关系是至关重要的。

印巴之间缺乏有效的沟通与对话，也构成了印巴之间核力量威慑的另一个挑战。在南亚地区，近些年，非国家行为体，例如恐怖组织，不但较为复杂地影响着印巴之间的战略关系[③]，还是在南亚地区核武器使用的一个潜在影响因素。实际上，今天印巴之间的核关系与 20 世纪 50 年代美苏之间的核关系极为相似，但美苏之间为了威慑稳定而走向了军备控制。核威慑与军备控制有着内在的逻辑联系，军备控制在某种意义上说包含了威慑理论的延伸。威慑理论研究如何避免战争，军备控制理论研究如何使得威慑稳定来避免战争。就像斯蒂芬·坎伯恩（Stephen

Cambone）所指出的，威慑与军控是联系在一起的，威慑一直都是军控的一个驱动力。④ 如果在两个竞争对手之间没有适当的相互军控措施，核威慑注定依然脆弱。就像是20世纪60年代的美国和苏联一样，今天的印度和巴基斯坦需要采取措施来稳定它们的相互威慑力量。

2. 控制国家成本

在国家功能上，南亚地区国家长期关注核问题、国家间军事对抗以及国内冲突，而对各种与发展相关的"人类安全"议题关注不够。南亚地区是世界上最贫穷的地区之一，面临着大规模的人类自身发展的安全挑战。安全挑战主要源于地区内国家间冲突、种族和宗教矛盾、恐怖主义、跨国犯罪、毒品走私、贫穷饥饿、民族问题、流行疾病、政府失能、践踏人权、压制少数族裔、环境恶化、难民及其安置、缺乏干净的饮用水等等。⑤

在南亚，如此严重的人类自身发展的挑战，一直危害到国家安全，也可能导致国家体系自身的崩溃。尽管国家的发展处在一个不稳定的状态，但印度和巴基斯坦的国防经费都高得不合比例。在2009年联合国发布的人类发展指数中，印度和巴基斯坦分别排名第134位、第141位，但是它们的国防开支分别排在世界第9位、第35位，印度为363亿美元，占GDP的2.6%；巴基斯坦为47亿美元，占GDP的2.6%。⑥ 在可预见的未来，印巴之间还会保持着较高的国防开支。此外，核武器的增加，将势必会增加印巴两国的经济负担。印度的核项目每年都会花费7000亿—8000亿卢布，相当于印度每年GDP的0.05%。⑦ 巴基斯坦的核武库的花费也相当高。有人认为，核威慑要比常规部队花费少，核武器也是常规军事力量的一个替代。但事实是，即使一个国家获得了核威慑力量，但仍会保持有相当数量的常规军事力量。就像是卡吉尔冲突，印巴双方都拥有核力量，但只使用常规军事力量。所以，核武器并没有减少常规军事力量的开支，反而加重了两国的经济负担。

另一方面，印巴两国的尚武精神也在一定程度上增加了社会成本，军事开支的飙升会挪用政府其他优先项目的机会，诸如医疗和基础教育。[⑧]巴基斯坦的军事开支同样造成了很大的社会成本，让国家的经济处在不稳定的状态，使得巴基斯坦摇晃在失败国家的边缘。所以，根据目前的实际情况，南亚地区的一个首要任务就是以核军控来减少国防开支。

## 三、印巴间核军控面临的挑战

核武器并没有使印巴两国增强安全感，相反，两国关系在核试验之后进入了一个新的持续紧张的时期。核试验之后，印巴两国之间经历了一次战争和一次严重的政治危机，威胁使用核武器的言论在这期间从未间断过。因此，从技术的角度分析，印巴之间稳定的核威慑关系近期难以形成。此外，印度和巴基斯坦两国的核指挥与控制体系尚不健全，这也增加了两国之间爆发核冲突的危险。所以，印巴之间的核军控前景面临着诸多挑战和结构性障碍。

### 1. 印巴间核威慑依然处在建设和形成阶段

印巴间核威慑依然处在建设和形成阶段，主要原因之一是印巴双方缺少核军控的共同利益目标。因为两国都处在核威慑形成的关键阶段，双方都不愿意主动采取核军控措施，因为这会影响到未来军事力量建设的计划和战略选择，也会降低双方刚刚起步的核能力的可靠性。印巴双方都认为没有对称或非对称制衡的核力量，就不可能摆脱战略上的被动甚至是战争失利，正是由于这个原因导致了南亚核军备控制问题的严峻性和复杂性。

　　印度强力推进战略核力量的建设，推进导弹武器试验发射，加快太空力量建设，着手反卫星武器的研发。从长远的国家目标来说，印度是要成为一个世界性的大国，而印度核力量的发展也是和其长远国家目标相匹配的。所以，印度在有了近程导弹、中程导弹之后，还在试图发展远程导弹、洲际导弹；有了陆基核力量后，还要试图发展海基核力量、空基核力量，也就是要建立所谓的"三位一体"核力量。因此，成为一个世界性核大国，这将是印度核力量发展的终极目标。

　　直到现在，巴基斯坦也没有发布一项核政策方针。即便是巴基斯坦所说的获得最低限度的核威慑力量也是极其困难的。低限度是一个模棱两可的概念，不能把它看成一个一成不变的想法。巴基斯坦正在进行的导弹发展计划同样显示，这个国家核力量建设还不完善。虽然巴基斯坦发展了不同类型的导弹系统，拥有不同射程和载荷的能力。⑨许多正在进行的导弹发展计划，既包括新型导弹系统的建设，也有旧有系统的升级改造。此外，巴基斯坦还希望建设海基的核威慑能力。非常明显，像印度一样，巴基斯坦的核力量建设也是在形成之中。

　　在印度和巴基斯坦的核力量建设中，有两件事情十分明显：一是两个国家都处在核力量建设的形成阶段，第二次可靠的核打击能力仍有欠缺；二是印巴在核力量建设中极具竞争性和交互性。这些因素使得印度和巴基斯坦都不愿意主动承诺任何的核军控。只要它们对自身的核力量受到第一次核打击后，没有存活的信心的话，印巴双方肯定都不会做出任何限制自己核力量建设的实质性举动。因此，在可预见的未来，印巴间主动的实质性的军控仍无法实现。

2. 印巴之间的政治纷争

印巴间的政治并没有给双方足够的政治空间进行有效的军备控制。印巴之间有着极其复杂的冲突历史，这样带来的后果是它们的政治关系如履薄冰，分歧严重。印巴之间的核心问题克什米尔争端依然无法解决，也看不到双方解决这一问题的希望。如果这个问题无法解决，改善印巴关系就无从谈起。而造成这一局面的深层原因在于两国互相对立的战略文化致使双方的政策都缺乏灵活性，而且都将这种灵活性视为向对方示弱的标志。正是由于存在这样的恶性循环，印巴之间进行的谈判总是难以取得积极进展，根本解决实质性争端问题更是无从谈起。而两国关系一旦出现风吹草动，又很容易演化成剑拔弩张的危险局面。[⑩]

冷战之后，印度就认为，巴基斯坦利用恐怖组织来干扰印度的战略实施，这不但使双方的政治关系变质，也使得双方的战略关系更加紧张和脆弱。在 2001 年、2002 年和 2008 年，以巴基斯坦为基地的恐怖组织发动了对印度的恐怖袭击，不但把双方关系迅速拉到谷底，还把双方带到了战争的边缘，双方核力量升级到危险的水平。为了应对恐怖组织针对印度的袭击，印度采取了新的战略方针，称为"冷启动"，使得印巴之间的政治战略关系更为复杂。印度在 1999 年卡吉尔冲突和 2001—2002 年军事对峙中，就采取了这一战略方针。在印度的决策者看来，在核阴影下，未来以巴基斯坦为基地的恐怖组织发动的恐怖袭击依然是个潜在的威胁，印度依然要面对低烈度战争的危险。因此，印度需要这一战略方针，来快速部署常规军事力量，以赢得与巴基斯坦的有限战争。巴基斯坦对于印度所采取的这一战略反应强烈，批评印度制造了印巴间的另一场可能的战争。[⑪]

实际上，印度的"冷启动"战略方针给印巴之间本已十分脆弱的政治和战略关系增加了新的不确定性。一方面，由于印巴双方持久对峙，力量失衡和相互的零和战略思维，印巴之间的政治关系已经错综复杂；而另一方面，印度的战略方针又使得双方的关系更加不确定。简而言之，历史因素在印度和巴基斯坦之间造成了不信任感，这种因素目前仍在两国之间制造着敌意。受此影响，两国都不准备解决核心问题。印度以谋求地区强国乃至世界大国为目标，而巴基斯坦则否认这种现实，而且不会忍受整个南亚由印度占据绝对优势地位。所以，印巴关系在可预期的未来也没有缓和的迹象。在这样的政治环境下，印巴两国都产生了对军备控制的抵触。

3. 区域外力量的介入

南亚核军控一个难以逾越的挑战是印巴之间的持久对峙，但是南亚地区的安全困境还与区域外力量的介入有关。南亚地区安全存在多重博弈：一是各国国内矛盾积重难返，二是南亚主要国家之间存在广泛的不信任与猜忌，三是外部势力的干预。[12]

巴基斯坦的安全关切明确指向印度，印度的战略忧虑与中国有关，甚至与中国对美国的战略关切相关。这个连续反应在南亚地区的核扩散历史中十分明显。巴基斯坦发展核武器计划是由于担心印度正在建造核武器，从那以后，巴基斯坦的核计划就直指印度。而印度核武器计划又直指中国。[13]

实际上，中国是印度主要的战略考量之一。印度担心中国和巴基斯坦建立密切的关系，这是权力政治平衡所驱动的结果。印度一再强调自己担心中国与巴基斯坦的关系，而印度的军备建设与中国有关，也暗示与巴基斯坦的安全和战略态势有关。因此，印巴之间的战略竞争和军备建设很大程度上也是由于中印之间的战略态势影响的。由于印度相对于中国处于军事劣势，因此它根本不愿意主动承担军控,印度认为,只要它能与中国平起平坐,印度才愿意实行军控。巴基斯坦相对于印度,也是同样的问题。

此外,印度发展核武器的政策目标,与美国在全球范围内防止核扩散的战略目标存在着重大冲突,因此在相当长时间内核武器问题都是制约印美关系发展的一个重要因素。在经历了一段时间的交锋之后,美国逐渐接受了印度已拥有核武器这一现实,但拒绝承认印度的核国家地位。小布什政府上台以后,美国认为,"印度具有崛起为大国的潜质,美国应密切关注印度在地区平衡方面的作用,中国是美印两国的共同考虑因素"[14]。从奥巴马政府"重返亚太"的美国战略来看,印度和美国互有需求,促使美国政府对印度核政策做出重大改变的重要原因,在于美国和印度在把中国视为潜在威胁和主要对手这一点上有共同认知,并且在限制中国崛起上有着共同利益。

因此,南亚核军控又产生了新的不稳定因素:印度虽然不接受或不允许外部势力干预或介入其势力范围。但由于印度认为中国因素在上升,美国力量在积极介入,印巴之间核军控的谈判总是难以取得积极进展。不但如此,还会使得中国、印度、美国和巴基斯坦之间的关系极为错综复杂。

## 四、结论

南亚是一个持久竞争和冲突不断的地区,这个地区最有可能爆发战争的国家——印度和巴基斯坦都拥有核武器。印巴在战争中使用核武器的可能性是存在的,为了能够削减核武器的使用,双方都应该进行核军控。但南亚却呈现出传统安全问题与非传统安全问题均异常突出的局面:一方面印度和巴基斯坦这两个南亚大国保持着基于"最低威慑"的核力量,另一方面在克什米尔问题上又几乎面临难以解决的死结。尽管有这些问题需要解决，但印度和巴基斯坦仍不愿意实行核军控，印巴之间的核军控在南亚的安全环境中面临着结构性的挑战，核军控之路任重而道远。

**注释：**

① ［巴基斯坦］萨法尔·伊克巴尔·奇马：《印巴为何总是剑拔弩张？——从战略文化看印巴冲突的深刻根源》，载《军事广角》，2009年第3期，第16页。

② 刘华秋主编：《军备控制与裁军手册》，北京：国防工业出版社，2000年，第113页；夏立平：《亚太地区军备控制与安全》，上海：上海人民出版社，2002年，第16页。

③ 关于非国家行为体对印巴关系的影响，参见 Sumit Ganguly and S. Paul Kapur, "The Sorcerer's Apprentice: Islamist Militancy in South Asia", *The Washington Quarterly*, 2010, Vol.33, No.1, pp.47−59.

④ Stephen Cambone, "An Inherent Lesson in Arms Control", *The Washington Quarterly*, 2000, Vol. 23, No. 2, p.217.

⑤ Mahbub ul Haq, Human Development Center, *Human Development in South Asia 2005: Human Security in South Asia*, Karachi: Oxford University Press, 2006, p.7.

⑥ SIPRI Yearbook 2010, http://www.sipri.org/yearbook/2010/files/SIPRIYB201005−AB.pdf, accessed June 23, 2010.

⑦ C. Rammanohar Reddy, "Nuclear Weapons versus Schools for Children: An Estimate of the Cost of Nuclear Weaponisation", in M.V. Ramanna and C. Rammanohar Reddy, eds., *Prisoners of the Nuclear Dream*, New Delhi: Orient Longman, 2003, pp.360−408.

⑧ Jean Dreze, Amartya Sen, *India: Development and Participation*,

New Delhi: Oxford University Press, 2002.

⑨ Bhumitra Chakma, "Pakistani Missiles: Explaining Procurement and Strategic Implications", BIISS Journal (Bangladesh Institute of International and Strategic Studies), 2007, Vol.28, No.1, pp.45–69.

⑩ [巴基斯坦]萨法尔·伊克巴尔·奇马:《印巴为何总是剑拔弩张?——从战略文化看印巴冲突的深刻根源》,载《军事广角》,2009年第3期,第17页。

⑪ For a Pakistani perspective on the Indian "Cold Start" doctrine, see Maleeha Lodhi, "India's Provocative Military Doctrine", *The News International*, January 5, 2010.

⑫ 赵干城:《南亚地区安全的多重博弈》,载《当代世界》,2009年第7期,第23—25页。转引自杨晓萍:《南亚安全架构:结构性失衡与断裂性融合》,载《世界经济与政治》,2012年第2期,第82页。

⑬ Bhumitra Chakma, "Toward Pokhran II: Explaining India's Nuclearization Process", *Modern Asian Studies*, 2005, Vol.39, No.1, pp.189–236.

⑭ 傅小强:《南亚:大国关系新布局》,载《世界知识》,2006年第6期,第36页。

（作者系解放军国际关系学院助教）

# 印度东北部地区的安全问题

陈 伟

**摘 要**：印度东北部由阿萨姆河谷地带、普尔万恰尔和梅加拉亚的米基尔山区组成，是众多种族融合、栖息的聚居地，总共有 200 个以上的山地部族。自 1947 年印度从英国殖民统治下获得独立，印度东北部地区的安全形势一直没有得到根本改观，种族冲突问题成为印度政府难以根治的痼疾。尽管印度政府处心积虑，穷尽办法去应对，但解决之道依旧漫长而遥远。印度东北部地区时不时爆发的武装斗争和冲突成为印度政府挥之不去的梦魇。

**关键词**：印度；东北部地区；安全问题

## 一、印度东北部地区的历史渊源

印度东北部目前由 7 个邦组成："阿鲁纳恰尔"邦（大部分是由侵占我国的藏南地区构成，中国历来不予承认）、阿萨姆邦、梅加拉亚邦、曼尼普尔邦、米佐拉姆邦、那加兰邦和特里普拉邦，自古以来就是进入印度南亚次大陆的东部门户。已知最初的移民是公元前 5 世纪迁徙到这里的奥斯特里克人种（Austeric Stock），定居在布拉马普特拉河谷地，是现今生活在阿萨姆邦博多人的祖先。之后陆续有中国西南部的部族越过帕特凯山脉，进入该地区的山区河谷定居。经过千年的民族迁徙和融合，印度东北部地区成了各色人种和民族混杂的大熔炉。如今生活在印度东北部平原河谷的居民主要有阿萨姆人（Asamese）、博多人（Bodo）和梅泰人（Meitei）等；部落民则主要有那加人（Naga）、米佐人（Mizo）、库基人（Kuki）、喀思人（Khasi）、特里普里人（Tripuri 或 Tippera）、查克玛人（Chakma）、高若人（Garo）、利昂人（Reang 或 Riang）和贾提亚人（Jaintia）等。他们与印度主体大陆居民在文化、习俗、语言、宗教等方面存在巨大差异。

在英国殖民时期，印度东北部是最后并入英属印度版图的地区。英国人为了便于对该地区的统治，大力提倡和鼓励内部移民。与此同时，英印殖民当局采取"划线隔离"的办法将这一地区和印度主体大陆的交往隔断开来。英国人的这一举措为以后印度东北部地区的民族分离主义和民族宗教矛盾种下了祸根。印度总理尼赫鲁曾感叹道："东北部的部落民从来都没有感到自己属于一个叫做'印度'的国家。"[①]

1947 年印度独立后，由于南亚次大陆的分治，该地区的地理位置变得益发的敏感。分治结果使得印度东北部地区仅通过一条宽约 20—40 公里不等的西里古里走廊与印度其他地区相连。这种地理现状也使得"我们与这些地区的关系绝对谈不上接近，更不紧密。居住在那里的居民还没有建立起对印度的忠诚和热爱。甚至大吉岭和噶伦堡也没有摆脱倾向蒙古人的偏见"[②]。这是印度独立运动领袖、后任印度副总理帕特尔写给尼赫鲁信中的原话。这封信内容还反映出了"印度独立后的领导人和媒体对该地区缺乏兴趣和正确的了解"[③]。

建国初期正是由于印度高层对于东北部地区的漠视，当地经济和社会的发展得不到当局应有的重视，经济状况长期处于停滞和待开发状态。加上东北部地区的居民对于来自德里的控制充满了不满和猜疑，使得东北部地区的种族主义和分离主义运动风起云涌，该地区的安全局势始终处于紧绷和动荡之中。

## 二、当今印度东北部地区的安全现状

印度建国后，东北部地区民族冲突与分离主义活动十分严重，至今已造成5余万人丧生。从1992年以来的12场民族与种族冲突中，有7400名以上的平民、2100名安全部队人员和4500名武装分子丧生。④这些武装冲突不仅对当地人民的生命财产安全造成重大损失，而且极大地妨碍了当地的社会稳定和经济发展。经过印度政府的强势打击，印度东北部地区的一些民族分离主义势力遭到重创，活动势头有所收敛。但由于民族宗教冲突的深层次问题没有得到根本解决，表面平静的局势下依然暗潮汹涌。如果印度政府控制处理不当，一些小规模暴力冲突事件的星星之火都有可能演变成为席卷东北部地区甚至印度全国的燎原之势。

1. 局势总体可控，小规模冲突和暴力事件时有发生

"东北部各邦几乎天天有枪声"，这是中国环球时报驻印度记者陈断辉在报道印度东北部乱象时用的标题，印度东北部地区的安全形势由此可见一斑。

印度东北部各邦的乱象主要体现在四个方面：一是东北部各邦基于历史、民族和宗教原因想脱离中央政府谋求独立，林林总总的反叛分离组织和武装割据势力遍布整个东北部地区；二是一些邦的民族分离组织和武装分子活动频繁，并以此为基地将恐怖袭击扩展到东北部其他一些地区；三是与穆斯林民众混居的几个邦，民族宗教矛盾仍是一个让人恐惧的火种，很难说清

什么时候会酿成大灾难;四是东北部许多原来高举"民族独立"、"自由斗争"旗帜的武装组织性质逐渐发生了蜕变,演变成采取极端方式活动的恐怖组织。它们制造暗杀、爆炸事件,绑架敲诈普通民众,走私武器和毒品,成为印度历届中央和地方政府久治不去的社会顽疾和社会稳定的大患。

2. 民族冲突随时可能升级成印度全国性的危机和灾难

2012年阿萨姆邦爆发的当地民众和穆斯林的种族冲突,最终演变成一场全国性的安全危机。种族冲突不仅造成大量人员伤亡和财产损失,也引发了新德里、孟买等地的抗议示威以及全印各地东北邦人的集体"大逃亡"。

事件起因是阿萨姆邦的博多自治区内先后有4名穆斯林遭到不明身份的武装分子杀害,当地穆斯林组织于是将责任归咎于博多族,随即展开复仇,最终导致事件全面升级。大规模的暴力流血冲突从博多自治区迅速蔓延至阿萨姆邦全境,仅半个多月的时间里,就造成80人死亡,40多万人流离失所,400多条村庄被毁。

为控制局势的恶化,印度内政部、国防部派数千警力和陆军部队进入冲突地区,并在部分地区实行宵禁。与此同时,印度政府还要求相关机构检查所有社交媒体平台,寻找煽动性和攻击性的内容,并临时关闭245个涉及传播煽动性言论的网站,其中包括脸谱、推特等知名社交网站。

然而,紧张事态并未缓解。新德里、孟买、加尔各答等大城市开始出现抗议示威活动,并陆续发生暴力事件。孟买上万名穆斯林集会,抗议阿萨姆邦的骚乱,其间少数人开始砸毁、焚烧公交车辆,并与维持秩序的警察发生冲突,导致两人丧生,数十人受伤。随后,关于穆斯林将对阿萨姆邦在内的东北诸邦人采取大规模报复行动的流言不胫而走,在印度西部和南部各大城市务工、学习的东北邦人员不断收到短信恐吓,一些人甚至遭到暴打和杀害。一时间,数万名居住在印度卡纳塔克邦、马哈拉施特拉邦、泰米尔纳德邦的东北邦人为免遭屠戮,纷纷逃离,集体返乡。逃亡大军不仅给印度的公共交通系统带来巨大压力,也加剧了社会的混乱。阿萨姆邦骚乱演变成波及印度全境的安全威胁,"印度追求多元化和谐社会的努力遭到沉重打击"。

经过印度政府数个月的努力,阿萨姆邦的骚乱才最终平息下来,但穆斯林和东北部民众的隔阂和伤疤短时间内难以愈合,谁也无法预知下一次危机何时会爆发。

### 三、印度政府对东北部地区安全问题的应对策略和政策

冰冻三尺非一日之寒。印度东北部地区安全形势的动荡由来已久,其中最主要的原因是社会种族矛盾问题一直没有得到根本的解决。虽然每个邦的问题不尽相同,但社会种族关系紧张则是暴力恐怖事件源源不断的导火索。原有旧的种族矛盾解决了,新的矛盾又层出不穷,印度中央和地方政府常常顾此失彼,应接不暇。

经过政府数十年的努力,那加兰、曼尼普尔、米佐拉姆邦等地一半的反叛组织已经投诚或与政府达成停火协议。由部族身份认同危机引发的分离主义运动刚出现曙光,部族与其他族群的矛盾冲突已由潜在状态上升为较大范围的流血冲突。消除分离主义势力,彻底解决印度东北部各邦的安全问题,一直是印度各级政府孜孜追求的目标和梦想。为此,印度政府出台许多政策和措施,试图从根本上解决问题。

1. 推行国家一体化，增强对国家的认同

印度是一个具有复杂种族、宗教、多元文化的国家，历史上多数时间处于分裂状态，没有任何一个封建王朝曾经统治过整个南亚次大陆，阿育王的孔雀王朝也只是短暂统一了印度的北部。只有在英殖民统治时期，南亚次大陆第一次成为一个大一统的国家，印度东北部地区才因此第一次并入印度的版图。当地的民众无论从心理上还是身份认同上对"印度国家主体"存在疑问，对印度这一国家的认同感不强，最明显的例子莫过于曼尼普尔邦。

曼尼普尔人在血缘上属于蒙古人种，文化上深受中华文化的影响。曼尼普尔王室通常被认为来自中国的唐朝。曼尼普尔民间一直维持着对龙的崇拜，每年端午他们也有吃粽子、赛龙舟等习俗。曼尼普尔邦大部分民众拒绝被印度文化同化，自发不学习印度国语印地语，不看印度歌舞片，而且市场上大部分货物都来自中国。1964年成立的团结民族解放阵线是曼尼普尔邦最早的反叛组织，目标是发动武装斗争把曼尼普尔从印度"解放"出来。因此，争取印度东北部地区民众对于印度国家的认同，就成为印度政府一项艰巨的任务。

为了增强其他部族对印度国家的认同感，印度首任总理尼赫鲁1964年组建了国家一体化委员会，用以促进各种族或宗教的融合。国家一体化包括强行在印东北部推广印地语，规定至少35%的文件将使用印地语发布。邦政府规定政府机关公务员要掌握印地语，学生必须学习印地语。⑤ 同时，在宗教传播上企图实现印度教化。在"阿鲁纳恰尔"地区活动的印度教团，如罗摩克利希那传道会和萨尔达传道会等，均得到政府的财政支持。在阿隆和代奥马利的教会学校中，学生每天念的祈祷词是："我是一个印度人。印度是我的祖国。印度是我的生命。印度的利益是我的利益。"⑥用语言和宗教信仰强化对印度的认同取得了一定的效果,但要使印东北部各种族完全融入印度斯坦民族仍有很长的路要走。

2. 实施《武装部队特殊权力法案》,强化军事存在,保持对分离和恐怖势力的高压态势

《武装部队特殊权力法案》是印度国会1958年针对印度东北部的动荡局势制定的。该法案授权军队介入"动荡地区"(Disturbed Area)的社会治安,以维护局势稳定。《武装部队特殊权力法案》实质上是一种特殊情况下的军管措施。

2010年上半年,印方宣布"阿鲁纳恰尔"的第来普和昌朗县为"动荡地区",由此适用《武装部队特殊权力法案》。2010年10月,印度内政部长奇丹巴拉姆(Chidambaram)宣布将该法案在第来普和昌郎县的适用期再延长6个月。

2010年初,印度政府决定增设26个营的"阿萨姆步枪队"(Assam Rifles)编制,并深化印缅两国的边界联合巡逻。扩编后的"阿萨姆步枪队"从46个营增至72个营,部署在印缅两国边境地区和阿萨姆邦境内的人员也将从15个营增至41个营。

印度安全部队对分离主义的武装组织和一些零散的武装分子保持了一定程度的军事威慑。在实施阻击、控制方面也做了大量卓有成效的工作,但只要还存在分离主义的土壤,印度东北部分离与恐怖主义组织在当地的活动就将延续下去。

3. 加大政府投入力度发展当地经济,让当地民众安居乐业,从而使武装组织、分离主义分子逐渐遁形

印东北部的石油、天然气、煤炭、森林、水等自然资源十分丰富,但由于地理因素、基础设施落后等诸多不利条件的制约,

印东北部与印度其他地区相比,经济发展大约落后 50 年。加上时常爆发的武装冲突和暴力恐怖事件,当地民众的生活苦不堪言,从而也对中央政府心生不满。

提高当地经济发展水平,把东北部经济发展纳入全国经济发展轨道,成为印度中央政府和东北部各邦政府首要考虑的经济任务。基于这种考虑,1972 年印中央政府在西隆成立了东北部理事会(NEC),统筹安排、协调东北部 7 个邦的发展规划。

印度前总理瓦杰帕伊在 2000 年访问东北部时宣布为东北部每年提供 50 亿卢比,设立"农村基础设施发展基金"。[7] 这是印度政府经济政策向东北部地区倾斜的一个明显例子。此外,印东北部的水利资源和热能潜力巨大,加大清洁能源的开发,促进经济发展,也是一条行之有效的路子。

但同时必须清醒看到,由于印度政府官僚体制行政效率的低下,腐败成风,许多经济的发展规划并未落到实处,印东北部的经济发展和基础设施建设依旧十分缓慢。

## 四、结束语

印度东北部地区山川纵横,风景如画,外表安详宁谧、秀丽,但这里并非波澜不惊、一潭死水。各种民族宗教矛盾、社会矛盾交织在一起,武装分离叛乱组织多如牛毛,使得印度东北地区犹如一个巨大的火药桶,随时可能爆发。虽然印度从中央到各级邦政府采取了许多政策和策略,但解决之道依然遥遥无期。印东北部地区时不时爆发的武装冲突和暴力恐怖事件成为印度政府挥之不去的梦魇。

## 注释:

① Jawaharlal Nehru, "A Note by the Prime Minister on His Tour of the

North Eastern Frontier Areas", 15-18 October 1952, p.4, cited in Sajal Nag, Contesting Marginality—Ethnicity, *Insurgency and Subnationalism in Northeast India*, New Delhi: Manohar Publishers & Distributors, 2002, p.21.

② 傅超主编:《印度东北地区的安全威胁》,北京:军事谊文出版社,2006年,第4页。

③ 同上,第4页。

④ Mandy Turner and Binalakshmi Nepram, *The Impact of Armed Violence in Northeast India: A Mini Case Study for* the Armed Violence and Poverty Initiative, p.4.

⑤ 傅超主编:《印度东北地区的安全威胁》,北京:军事谊文出版社,2006年,第315页。

⑥ 同上,第320页。

⑦ 同上,第381页。

# 参考文献

[1] 孙士海主编:《印度的发展及其对外战略》,北京:中国社会科学出版社,2000年。

[2] 傅超主编:《印度东北地区的安全威胁》,北京:军事谊文出版社,2006年。

[3] 王宏纬:《喜马拉雅山情结》,北京:中国藏学出版社,1998年。

[4] B.G.维尔吉斯:《重新确定印度的方向》,成都军区政治部联络局,2005年。

[5] 靳希民主编:《国际安全与安全战略》,北京:军事科学出版社,2000年。

[6] 雷启淮主编:《当代印度》,成都:四川人民出版社,

2000年。

［7］赵小卓：《印度国家安全战略》，载《外国军事学术》，2000年第2期。

［8］王传宝：《印度的大国梦：机遇与挑战》，载《世界经济与政治论坛》，1999年第5期。

［9］孙士海、葛维钧主编：《列国志·印度》，北京：社会科学文献出版社，2003年。

（作者系解放军国际关系学院讲师）

# 浅谈泰南穆斯林的现存问题

刘学成

> **摘　要**：历史证明，只要存在不同的民族，就存在各具特色的文化，不管其遵循的是何种生活方式，是何种价值观，只要有存在的合理性，就有其存续的必然性。不同民族群体之间有着各具特色的宗教信仰及社会文化。泰南穆斯林民族与泰族之间的差异多于认同，隔阂多于沟通。近年来，由于历史沿革、宗教信仰、民族政策、外来势力渗透等原因，泰南因穆斯林民族问题经常引发暴恐事件和反政府活动，使人民生命财产、国家资源、旅游开发等遭受重大损失，该问题一直是泰国政府感到棘手的问题。
>
> **关键词**：泰南；穆斯林；政策

笔者在泰国学习、工作、生活期间，多次到泰国南部考察、访问。每当抵达泰国南部，到处都能听到马来语广播，到处都能看到穆斯林身影，到处都能看到因动乱而未能得到有效开发的旅游资源，到处都能看见荷枪实弹的"黑衣战士"——猎勇军。笔者顿时感到这个地区与泰国其他地区的不同，联想起各种媒体经常闪烁的"泰南"动乱，联想起因暴力事件频发使这块美丽富饶、物产丰富、风光旖旎、民风纯朴的土地遭受战火的创伤，这些也引发笔者对这片充满向往和神奇的土地进行许多思索。本文力求从穆斯林概况、宗教信仰、民族政策、地区问题等方面，就泰国南部边境地区穆斯林问题对泰南局势的影响进行分析，以寻求解决泰南穆斯林问题和恢复往日的安宁的途径。

### 一、泰南基本情况

1. 历史沿革

根据历史考证，泰南北大年、也拉、沙敦和陶公四府，即是我国不同时期史书所载的"赤土国"、"盘盘国"和"狼牙修国"，当时婆罗门教和佛教在当地较为兴盛。公元13世纪，泰南北大年是中国与阿拉伯海上贸易航船必经之地，由海陆交通中心发展成为港口城市。作为繁荣的商贸城市，大量的阿拉伯人来此经商，他们把伊斯兰教带入马来半岛并在当地迅速传播，一个包括现泰南四府和马来西亚北部部分州的伊斯兰王国——北大年王国就在此时期诞生。14世纪中叶，繁华一时的北大年王国后来逐渐衰落，沦为中南半岛的泰族佛教强国——阿育陀耶王朝的属国，每三年须向阿育陀耶王朝进贡。

阿育陀耶王朝被缅甸征服后，北大年王国又获得暂时的自主。暹罗定都曼谷后于公元1791年开始先后五次征战，并于1832年征服了北大年王国，使它再次成为暹罗的属国。1902年北大年被正式并入泰国版图，并把该地区划分北大年、也拉、陶公、沙敦等府。至今在泰国中部曼谷周围地区的穆斯林，就是征服北大年后，从泰南强行迁移而来的"战俘"的后代。

2. 泰南穆斯林基本情况

泰南地区包括春蓬、拉侬、洛坤、素叻、甲米、攀牙、普吉、沙敦、宋卡、北大年、陶公、也拉、博他伦、董里等14府。泰南是泰国穆斯林主要聚居区，泰南穆斯林（绝大部分是泰籍马来人）人口约 150 万，约占泰南总人口的 27.9%，其分布以宋卡府为界，宋卡以北主要以泰人和华人为主。宋卡府本身的穆斯林人口比例达 32%，往南是与马来西亚接壤的沙敦、陶公、也拉、北大年四府，则是以穆斯林为主，分别占当地人口的 77.5%、66.8%、61.1%、78.5%，平均达 71%，通常称为"泰南边境穆斯林"。泰国全国有 3100 多座清真寺，南部五府占了多数；到 20 世纪 90 年代中期，单是陶公府就有 438 座。

历史上，北大年国王于 1457 年宣布本国为伊斯兰国家，在此前后其辖境内的马来族居民相继皈依伊斯兰教，北大年成为伊斯兰教在东南亚的传播中心之一。从 19 世纪直至 20 世纪初，北大年一直是马来亚半岛最重要的伊斯兰文化教育基地，那里有许多伊斯兰宗教学校——旁多克（Pondok）。该地区被割裂为分属暹罗和英属马来亚的两个部分后，居民的共同信仰并未因强权的介入而出现裂变，《古兰经》的清规戒律仍是划归暹罗的马来人日常生活的行为规范，其思想、政治仍是伊斯兰化的，从而与暹罗其他民族有很大不同，这一状况一直延续至今。

3. 泰南主要分裂组织

（1）北大年联合解放组织（PULO）：北大年联合解放组织创建于 1962 年，它以武装暴力活动作为"解放北大年"，建立独立伊斯兰共和国的手段。它还成立了流亡政府，设立了公共关系、教育、工业、国防、内政等 9 个部，有 22 名"内阁成员"，"总统"叫敦库比罗（Tunku Biro），20 世纪 80 年代末仍在国外。其下属的武装组织北大年联合解放军（Pattani United Liberation Army，简称 PULA），指挥部设在陶公、北大年和也拉三府交界的布多山上。近年来，该组织多次声称对在泰南发生的针对政府机构的爆炸事件负责。

（2）民族革命阵线（Barisan Revolusi Nasional，简称 BRN）：系老牌的分裂主义组织，成立于 1960 年 3 月 13 日。该组织后来一分为三即：BRN-Co-ordinate、BRN-Congress 和 BRN-Ulama。它们分别代表三种斗争诉求：一是北大年马来王国首先成为马来西亚的一部分然后最终独立；二是在泰国版图内享有某种程度的自治；三是争取北大年的完全独立。在此三派中尤以 BRN-Congress 实力最强，除了在泰进行政治和军事活动外，在马来西亚还设办事处。

（3）"统一"联盟：由于泰国政府的连年征剿，老牌分裂组织的势力日渐萎缩，难以形成影响力。后来，BIPP、BRN-Congress、BNPP 及 New PULO 等几个分裂组织为了协调行动，避免从国外接受资金时出现混乱，结成一个联合组织并命名为"统一"联盟（BERSATU）。该组织成员曾受训于利比亚，专门负责实施爆炸并培训分散于边境三府的成员。此外，成员中还有一个号称为"北大年伊斯兰圣战者组织"团伙，专门受雇实施各种爆炸，有近 20 名成员被警方通缉。

（4）北大年伊斯兰圣战者组织（Gerakan Mujahidin Islam Pattani，简称 GMIP）：成立于 1985 年，成员主要是从"北大年国民解放阵线"中分裂出来的，活动未能取得成效，2010 年在马来西亚有活动。

## 二、泰南穆斯林民族与其他民族的区别

泰南穆斯林与山地民族不同的是，穆斯林马来人主要是通过精神上的信仰维持族群统一，自觉或不自觉地与其他民族划分出文化鸿沟或族群界线。在穆斯林看来，泰族佛教徒是无信仰的族类，在现实社会中，这种宗教思想上的固守与偏见又常常被

激化，甚至会卷入政治生活中，成为民族分离、民族动乱的导火索。泰南马来人的宗教观念与意志是有其特定社会历史背景的，他们中的多数人世居农村，生活在传统保守的伊斯兰社会中。马来人深信其所信奉的宗教使自己卓尔不群，并且把本民族各成员作为一个整体联系起来。宗教至少在理想中统治着他们生活的各个方面。姑且不论对教义的理解，伊斯兰教至少给信奉者的心灵带来了对世界的终极关怀，借助于矢志不渝的坚定目标，初元状态下的虚念妄想得以被替代，信奉者从而得到最终的解脱。可以说，伊斯兰信仰是穆斯林的精神支柱，在这面宗教旗帜下，穆斯林结成了统一体。

穆斯林自觉的信仰意识加剧了他们与泰族的隔离程度。马来村民的多数事务，如庆典、仪式等都带有显著的宗教色彩，并且只限同一信仰者参加，穆斯林的社会圈子局限在他们自己的范围之内。近代以来，泰南马来人保留了大部分传统的社会机构及其活动方式，例如，在北大年的穆斯林社区中，许多活动都是围绕着寺院和宗教学校进行的。再者，马来人围绕在自己的穆斯林领袖周围，宗教和宗教领袖统治着马来人生活的社区，从而构成社会生活的重要元素，使得马来穆斯林社会与外界的隔绝状态持续下去；马来人在南部五府居住区域的相对集中，也加剧了他们对自我空间的坚守和对外来事物的排斥。在对外界形成自觉的隔离感的情况下，一些人还对异族与外来移民抱有潜在的敌意及排斥的态度。在分离主义运动中，一些人屡屡发动突然攻击或者阴谋破坏，客观上给外界造成一种不良印象，泰南诸省是一个无序而易变的世界，这给生活在那里的泰人制造了不安全的气氛。

### 三、泰国政府对穆斯林民族的政策

长期以来，泰国历届政府均实行"大泰族"政策，一直对非泰族实行"泰化"政策。至今虽说华人可以办华文报刊,但华人不被承认为少数民族;而马来族虽被承认为少数民族,但无法拥有本族文字的报纸。

北大年王国成为暹罗国的属国后,一直努力试图分离,自公元1786—1902年间,发生6次叛乱。1902年北大年被正式并入泰国版图后,泰国历届政府更置历史和文化差异于不顾,无视当地人民的反抗,极力推行"泰化"政策。当地一些抗争引来了无情的镇压,倾向分离的人士受到残酷的杀戮。

在1948—1957年泰国军政府执政期间,政府对南部穆斯林采取了同化加歧视的政策,军政府首领誓言要在25年间把北大年完全"泰化",不准他们用马来语交谈,查封伊斯兰教学校,摧毁许多具有伊斯兰教特征的建筑物和历史古迹,强迫他们穿着泰服,更换泰人姓名以及将更多的泰北居民迁移到北大年。他们还在当地大建佛像、佛塔和佛庙,规定学校里必须开设有关佛教伦理道德的课(1975年还曾有5名穆斯林学生因拒绝膜拜佛像而被刺死)。1960年沙立·塔纳乍罗军政府时期,借口泰南约550所乡村伊斯兰学校(Pondok)"成为分裂组织的集会地"而下令划归教育部管理。

这种偏激的政策极大地激化了当地穆斯林与中央政府的矛盾,当地穆斯林与政府不断抗争却遭到了残酷的镇压,从而激起了强烈的反抗,各种伊斯兰教分裂主义组织应运而生。1960年3月13日,一批从BNPP中分裂出来的人组成"北大年马来民族革命阵线";1962年,"北大年联合解放组织"(简称PULO)成立。他们目标都是"从泰国当政者的压迫下解放北大年马来人,让北大年成为一个独立的伊斯兰教共和国"。

在与政府对峙的几十年里,先后出现的大大小小分裂组织有40个左右。目前,泰南边境地区较激进的分裂主义组织有:"北大年联合解放组织"、"民族革命阵线"、"统一"联盟和北大年伊斯兰圣战者组织等。随着时间的推移以及国内外形势的变化,分裂主义组织也发生了一些演变,一些已销声匿迹,另外一些组织重新组合企图重现其影响力。

自20世纪80年代初期,泰国政府开始改变以往的高压"泰化"政策,重视南部发展,诗丽吉皇后为帮助南部发展,还在泰国南部资助多所手工艺工厂,增加就业机会,政府允许穆斯林重新穿上马来人服装,同意赦免投诚的穆斯林游击队员。80年代后期,随着冷战的结束,在和平解除泰马边境地区马共游击队后,泰国政府在加大对伊斯兰叛乱武装进攻的同时,对伊斯兰教也采取一些保护政策以笼络人心,并加大对泰南的经济投入,实施"南部发展计划",改善当地基础设施和公共设施,加强民众工作,消除民众对政府的不信任感,注意解决民众关切的卫生保健、禁毒问题,提高人民生活水平,改善居住条件。上述措施使广大穆斯林民众感到政治气氛日益宽松,日常生计不断改善,从而趋向追求和平稳定的生活,不再真心支持伊斯兰教分裂主义运动,一些分裂组织也萌生归顺之心,以致泰南的伊斯兰分裂运动走向没落,影响力逐渐减小。1984年,2万多名伊斯兰武装分子向政府投诚;1997年底,新老PULO及其他组织的武装900多人先后加入了政府的安置计划,脱离武装活动。但由于政府以往的发展项目与当地文化及宗教不相适应,相当多的当地官员对伊斯兰教缺乏基本了解,泰南开发项目的效果不尽如人意。

尽管大多数泰南边境穆斯林不再幻想实现伊斯兰复国,但由于种族、宗教、文化上的较大差异,加之经济上仍明显落后于泰南其他地区,当地穆斯林对泰国还是缺乏认同感,分裂主义在当地仍有某种程度的社会基础。此外,一些分裂势力的死硬头目藏身境外,伺机作乱,泰南局势仍然存在隐患,不靖事件仍随时发生。

**四、泰南边境地区穆斯林现存的问题**

1. 双重国籍问题

泰马边界全长647公里，大量居民跨境而居。20世纪30—40年代，泰南经济强于马来亚北部地区，居住在泰马边境特别是马来亚吉兰丹州的许多马来人，受雇于泰境内商人并与泰籍人通婚生育。泰马两国分别进行户口登记时，这些人在两方都进行申报，成为两边都有登记的泰国公民和马来西亚公民。1969年，马来西亚发生华人与马来人之间严重的种族骚乱，事后马来西亚政府发现华人与马来人人口比例相近，即号召泰籍马来族前去登记户口，在泰出生的马来人子女也可申请马来西亚户口，泰马双重国籍问题由此产生。

由于持有双重国籍在往返于泰马之间以及跨境就业等方面可享有很多便利，加之泰马两国未能就此问题达成一致，双重国籍问题因此悬而未决，不仅影响两国关系，而且不时给泰南地区安全带来隐患，一些恐怖分子就具有双重国籍，作案后逃窜境外，逍遥法外。

2. 外来势力渗透问题

（1）外来伊斯兰势力的染指。自20世纪80年代当局改变高压政策后，国外伊斯兰势力在泰南的影响有日渐加深的趋势，许多穆斯林乡村权势的子女甚至多到中东国家就学，中东地区乃至世界伊斯兰世界发生的重大事件在泰南地区均有所反应。泰南穆斯林分裂组织事实上得到了国外穆斯林组织在资金、武器及培训等方面的秘密支持，马来西亚的伊斯兰教党和其他穆斯林组织，甚至一些政界要人也直接支持泰南穆斯林组织的分裂活动,并为他们提供庇护所。(2)非政府组织在泰南的活动。20世纪90年代末以来,非政府组织在泰南穆斯林地区活动频繁,他们通过一些大学教师进入广大穆斯林日常生活,进行名目繁多的社会调查,对当地发展项目提出了许多环保和人文方面的意见和建议,在当地有很强的影响和号召力。20世纪90年代中期,在北大年外海发现一个面积为5180平方千米、储量达58亿立方米的油气田,泰马双方经过多轮谈判,最后决定合作开采争议地区海域的油气,计划在宋卡府乍纳县建一座天然气分离厂。但在实施过程中,由于非政府组织以环保、人文和腐败等为由,发起和组织民众反对和阻止项目的实施,加上一些政治集团出于各种不同的既得利益从中作梗,发生了两起以暴力冲击政府为该项目举行的公众听证会的事件,这成为政府的棘手问题。

3. 泰南穆斯林政治取向问题

长期以来,泰南穆斯林在政治生活中一直受到压制,并在历届大选中被各种政治利益所利用,在泰国社会中地位和作用不很明显。泰南地区作为民主党的传统基地,以往民众的政治态度多数倾向民主党,穆斯林政治家从政后也主要归于民主党门下。随着穆斯林政治家的作用日益凸现,一部分人在民主党内越来越感到"待遇不公"。

1985年,泰南地区教育部所属学校按教育部规定,在以穆斯林学生为主的学校供奉佛像,强制穆斯林学生更用泰语名,某些政府禁止穆斯林女公务员穿着穆斯林服装,内政部要求将穆斯林村庄按意译重新命名等事件,引起穆斯林一系列抗议活动。

4. 政府打击恐怖分子难度日益增大

此前,泰国政府一直矢口否认国内存在恐怖组织,也从不承认国内藏有任何恐怖分子,南部暴力活动一直被泰国政府归结为"分离主义运动"。但是,"伊斯兰祈祷团"首领汉巴利的被捕和近几年来发生的一系列恐怖活动却清楚地表明,泰国并没能对"恐怖主义"产生免疫力。2014年5月,泰国中部华欣县一天内发生了两起爆炸事件,造成多名无辜百姓和多名警察受伤,这进一步证明了泰国南部恐怖分子的存在,并较以前有了进一步深化。以前只是在重要时节,主要地区进行暴恐活动,现在有从南往北发展的趋势。加之,他们地形熟,情况明,语言通,亲友多,凭借境外支持境内配合,利用边境的有利条件,时而藏身境内,时而逃到境外,时而搜集情报,时而组织暴恐活动,时而举行反政府行为,严重威胁到人民的生命财产安全。2000年以来,为稳定南部边境局势,泰国政府将打击南部恐怖主义提上议事日程,并在2002年底修改了《刑法法典》和《反洗钱法》等规定,规定恐怖活动及相关行为是严重的犯罪行为,加大了量刑力度,增强了人力物力,增加了打击恐怖活动的经费预算等,以加大打击力度。

## 五、结语

长期以来,泰国政府和泰南穆斯林民族之间的矛盾是由于历史沿革、宗教信仰、民族政策、外来势力渗透等原因引起的。在化解矛盾的举措上,泰国政府长期实行"大泰族"和"泰化"政策,以高压态势解决问题,行动上缺乏同泰南穆斯林民族之间沟通和合作,经济和发展上缺乏有力支持,加之文化差异和信仰的不同,形成了差异多于认同、隔阂多于沟通的格局。20世纪80年代初期,泰国政府开始改变以往的高压"泰化"政策,重视南部发展,诗丽吉皇后为帮助南部发展,增加妇女就业机会,还在南部资助修建了多所手工艺工厂,政府允许穆斯林重新穿上马来人服装,同意赦免投诚的穆斯林游击队员等,都没能真正解决泰南恐怖主义问题。2002年底，泰国修改了《刑法法典》和《反洗钱法》等规定，增加了经费，加大了打击力度等措施，均未见成效，形势反而在某种程度上有所恶化，南部恐怖活动此起彼伏。因此，要想真正解决泰南穆斯林民族问题，减少泰南恐怖活动的发生，泰国政府除了实行优惠政策，增加人力物力投入，加大打击力度，还应加强沟通，加深了解，真正重视穆斯林群体的需求，同时强化与境外尤其是马来西亚的合作。否则，泰国政府将难以清除历史沉渣，化解民族矛盾，在今后相当一段时期里，泰南穆斯林问题仍将严重影响到泰国社会安全，仍将是泰国政府面临的挑战，仍将是泰国政府难以解决的棘手问题。

## 参考文献

［1］潘远洋主编：《泰国军情探析》，北京：军事谊文出版社，2010年。

［2］云南省外办政研处：《泰国南部基本情况介绍》，昆明，2008年。

（作者系解放军国际关系学院昆明分院副教授）

# 从我军参加 2014 年度"金色眼镜蛇"联合军事演习看中泰军事安全合作制约因素

潘远洋

> **摘　要:** 中泰两国军事安全合作关系从无到有,硕果累累。未来中泰两国进一步加强军事安全合作、共同维护地区和平与稳定的发展趋势毋庸置疑。但从我军参加 2014 年度"金色眼镜蛇"联合军事演习一事来看,中泰军事安全合作不可避免地受到各种因素干扰和制约。
>
> **关键词:** 军事演习;军事安全合作;制约因素

中泰两国从 1975 年正式建交至今 30 多年来,两国间的军事安全合作关系从无到有,从单一到全方位、宽领域、多层次,从高层互访、武器贸易、防务安全磋商到军事训练、人员培训,可谓硕果累累。中泰两国之所以在军事领域的交流与合作能取得如此丰硕的成果,主要取决于以下条件:首先,中泰两国久经考验的政治互信是两国间军事安全合作的前提基础;其次,中泰两国地区战略利益一致;再次,中泰友好交往源远流长,两国地理相近,血缘相亲,文化相通。然而,不可否认的是,中泰军事安全合作不可避免地受到各种因素干扰和制约。笔者拟通过我军参加2014年度"金色眼镜蛇"联合军事演习，就未来制约中泰军事安全合作的因素做一分析。

## 一、"金色眼镜蛇"联合军演与我军的开创性举动

2014年2月11日，由美泰两国主办的2014年度"金色眼镜蛇"多国军事演习在泰国彭世洛府正式拉开帷幕。本次军演之所以广受媒体关注，是因为这是中国自2002年起开始派遣观察员观摩"金色眼镜蛇"年度军演以来，首次派出军队参加该演习。

"金色眼镜蛇"联合军事演习始于1982年。该演习最初只是美泰两国举行的年度例行性双边联合军事演习；组织与参演由美军太平洋总部协调，由美军太平洋特种作战司令部、空军作战司令部、空军运输司令部与泰军最高司令部等联合指挥；参演单位包括美太平洋陆军、太平洋海军陆战队、太平洋空军、太平洋舰队、陆海空和海军陆战队后勤单位，以及泰国皇家陆、海、空军和海军陆战队；演习旨在提高美军与盟国军队在东南亚地区的战备水平和联合作战能力；演习内容每年侧重点有所不同，包括电脑模拟兵棋推演、野外实战演练、人道主义救援行动以及反恐训练四个部分。

自新加坡于2000年、日本自卫队于2005年和印度尼西亚于2006年加入该演习后，演习已由原先单纯的双边战斗演习，演变为美国与其盟国在东南亚地区举行的最重要、规模最大的年度诸兵种联合军事演习。2002年的"金色眼镜蛇"演习是在"9·11"恐怖主义事件后在东南亚举行的有史以来规模最大的一次三军联合演习。演习于当年5月14日至28日在泰国的罗勇府、春武里府、尖竹汶府、巴真武里府和华富里府举行；参演人数多达22000人，其中美军14000人，泰军7700人，新加坡军人77名，共出动飞机105架、17艘军舰和3000多辆军车；中

## 从我军参加 2014 年度"金色眼镜蛇"联合军事演习看中泰军事安全合作制约因素

国、越南、马来西亚、印度尼西亚等 18 个国家派出观察员观摩演习。令人关注的是,2002 年的"金色眼镜蛇"演习已不再采用传统的作战环境,而是让部队作战官兵体会更加真实的作战环境,更为重要的是除了传统演习项目外,打击恐怖主义首次成为演习的主要内容。

2014 年度"金色眼镜蛇"多国军事演习已经是自 1982 年以来的第 33 次。中外媒体和观察家普遍认为,中方首次实兵参演"金色眼镜蛇"可谓"开创性举动",意义非同一般。"中国作为泰国的周边国家,长期以来从演习的旁观者变成了参与者,参演的角色发生了转变。这说明在本地区,中国军事能力特别是地区军事影响能力的提高不能够被忽视。"[①]"中国参演是积极信号,能够减少不信任。所有国家都感到放心。此举也将促进中国与东盟的军事关系。"[②]也有军事分析人士表示,中国参与美国领衔或主导的大规模联合军演,不仅能强化两军互信,而且还可以进行"软性博弈",展示重建全新亚太安全格局的信心和能力。

然而,媒体、分析家对我军参加 2014 年度"金色眼镜蛇"多国军事演习的"热捧"是一回事,事实是另一回事。较之美军 9000 人、泰军 4000 人、新军 80 人、日本自卫队 120 人、韩军 300 人、印(尼)军 160 人和马军 120 人的参演规模,中方只派出了 17 人的参演分队,在参演的 8 个国家中人数最少,且仅参加演习的人道主义救援行动演练部分,主要参演科目只局限于指挥协调中心工作和室内推演、工程援助演练、医疗救援和军事医学研讨交流活动。近年来,我军逐步参与美军主导的演习,一方面体现中方的自信在增强,另一方面也有利于建立中美两军基层部队的互信,维护地区的安全环境。但中国此次参演人数之少,参演科目仍被局限于敏感度较低的非传统安全领域,所有的战斗性演习被排除在外,明显与中国不断增强的国力和在维护区域和平乃至世界和平中所发挥的作用和地位不符。美方对中方的防范可见一斑。

## 二、泰国无奈"走钢丝"

"金色眼镜蛇"被认为是亚太地区迄今为止最大规模的多国军事演习，其科目十分复杂，并且具有明显的实战色彩。泰国作为美国在亚太地区的重要盟国，也是"金色眼镜蛇"军演的主办方之一。泰军作战理念和条令基本照搬美军，参加演习是为了发展全面的作战能力，从人员、装备上做好准备，应对可能出现的各种情况。由于泰军的武器大部分从美国购买，泰国参加"金色眼镜蛇"演习也是为了跟上美军的技术层次，向美军学习作战战术和武器装备的使用。而美军则主要向泰军学习丛林作战经验。泰国同时作为中国的全面战略合作伙伴，与中国保持着密切的军事安全合作关系，尤其是自2007年中泰两国共同签署《中泰战略合作联合行动计划》以来，中泰两军以反恐为主要内容的"突击"系列联合演训，自2007年起至2013年已先后在本国和对方国家举行了6次。为此，双方都有着进一步提升军事安全合作空间的强烈愿望。就中国军队参加本次"金色眼镜蛇"演习一事上，泰国持乐见其成的态度。但是，据《环球时报》记者透露，一些泰国军官表示，美国并不希望中国加入"金色眼镜蛇"演习。每次演习前，美国都会在夏威夷召开联合会议。从这次联合会议上可以感觉到，美国更欢迎中国以外的亚太国家参加联合军演。本次演习另一个令人关注的焦点即是缅甸正式应美国邀请，首次以第二类观察员国身份参加。泰国媒体认为，这是西方与缅甸之间关系改善的强烈信号；也有专家认为，美国此举是同缅甸进行军事合作所采取的第一个步骤，目的是为把缅甸拉入对中国的战略包围圈。③

## 从我军参加 2014 年度"金色眼镜蛇"联合军事演习看中泰军事安全合作制约因素

此事使泰国处于尴尬的境地：一方面既想加强与中国的军事安全合作关系，另一方面又不得不顾及美方的面子。泰国陆军司令部的乐蓬大校就透露，中国能否加入"金色眼镜蛇"演习最终取决于美国，因为演习的绝大部分经费来自美国。因此，如果中国就参加本次"金色眼镜蛇"演习一事征询美方意见，美国会将问题推诿到泰方；如果征询泰方意见，泰国会将问题推诿到美方④，就不足为奇了。

### 三、中泰军事安全合作的制约因素

随着 2012 年中泰战略合作伙伴关系的正式确立，可以确信，中泰军事安全合作将朝着更深入、更广阔的空间发展的总体势头不会改变。然而，不可否认的是，泰国作为一个东南亚国家，在各种区域内部矛盾和外部势力的影响下，其自身的外交政策不可避免地受到外部因素的干扰或左右。我军参加 2014 年度"金色眼镜蛇"联合军事演习一事再次证明了这一点。笔者认为，目前，对中泰军事安全合作产生制约的因素主要来自以下两方面。

一方面，泰国不想因与中国的军事安全合作步伐太快而使美国不悦。作为泰国的重要经济伙伴和军事盟友，美国在泰国的外交中始终占据着举足轻重的地位。"9·11"事件后，美国借反恐名义重返东南亚，加强了与包括泰国在内的东南亚盟友的军事合作，并于 2003 年接纳泰国为"非北约主要盟国"。泰国每年都从美国获得大笔军事援助。泰军无论是在武器装备还是在人员培训方面很大程度上仍依赖美国。因此，美国影响力的存在，将使泰国在中美之间不得不保持外交关系的平衡。从美国方面看，美国对于中泰军事安全合作关系的发展亦十分警惕。尽管目前中泰演习的主题只是反恐，但中泰两军日益密切的关系已经引起了美国方面的紧张，担心中国从接受美军训练的泰国部队身上了解美军的作战特点。泰国在发展与中国军事安全合作关系的同时，十分注重美国的感受自然在情理之中。所以，当2009年时任中国国防部部长梁光烈访泰期间，就双方2010年举行联合军演"大体上"达成了共识，并由中方提议中泰举行规模相当于"金色眼镜蛇"的联合军事演习且愿意为此承担经费时，泰方却选择举行规模小很多的军演就不出人意料了。诚如时任泰国国防部部长巴维·翁素万针对"突击—2010"中泰特种部队反恐联训所称："我们一开始希望只有50到100名士兵参加。这是双方合作的第一步。泰国和美国花了20多年时间才把联合军演（指"金色眼镜蛇"联合军事演习）发展到现在的规模。"⑤其寓意不言而喻。

另一方面，泰国是东盟组织创始国之一，"立足东盟"始终是泰国外交政策的根本出发点，因为对于东南亚国家而言，唯有通过相互的协调合作，才能在地区事务中占据有利态势。泰国在与东盟成员国保持密切的政治、经济、文化等方面联系的同时，主张加强同东盟各成员国的军事和防卫合作，强调东盟国家集团安全防卫的重要性。因此，泰国也不想因与中国的军事安全合作过于密切而使东盟国家心存芥蒂。不可否认，冷战后东盟国家积极发展各自的军事力量和加强彼此间的军事合作，背后也受某种所谓"中国威胁"因素的影响，特别是与南海争端有关的东盟国家，如越南、马来西亚、菲律宾、印度尼西亚等，发展军力带有一定的防备中国的考虑。另外，成员国在联盟内部之间存在领土领海纠纷，如泰、越、柬因泰国湾大陆架主权之争，泰柬边境因柏威夏寺主权之争，以及泰马边境因穆斯林分离主义运动而引发纠纷和冲突等的情况下，加强军备也有相互防备的意图。如果泰国撇开其他成员国，频繁与中国进行各种联合演训并不断加大规模和力度，势必引起相关国家的焦虑，不仅对在成员国之间建立互信措施不利，而且会加剧成员国之间的相互猜疑。这是泰国所不愿意看到的。例如，中泰海军陆战队于 2012 年 5 月 11 日在粤东红海湾畔的"蓝色突击—2012"联合演训中进行登岛反恐作战演训，时机恰逢中菲海上对峙，训练科目又是敏感的登岛作战。中泰低调行事，避免使用"军事演习"的说法，但是依旧挡不住外界的遐想。泰国英文报纸《曼谷邮报》就评论说，即使是低层面的联合训练，仍会让马尼拉感到沮丧。[⑥]可见，其他东盟国家尤其是与中国存在领海主权争端的国家，如果在对华关系方面出现问题，其影响将可能波及中泰关系包括军事安全合作关系的正常发展，虽不至于根本改变泰国的对华政策，但负面冲击却是难免的。

## 四、结语

中泰两国在进一步深化两国间军事安全合作关系的过程中，必然会受到泰美关系、中美关系以及中国和东盟关系的影响，短时间内实现跨越式发展的期盼是不现实的。但无论如何，我军首次参加 2014 年度"金色眼镜蛇"联合军事演习，这一开创性举动说明中国的地区军事影响力的提高不容忽视，也表明中国在本地区的外交和军事形象有一个积极转变。中方实兵参加"金色眼镜蛇"联合军事演习将经历一个由易到难、由浅入深、由保障到主战的转型过程。可以预见，一方面随着中国国力和自信心的不断增强以及军事透明度的不断提高，另一方面随着中美两国两军之间以及中国与东盟之间的互信不断加强，未来中泰两国军事安全合作关系的发展必然会在现有基础上再上新台阶。

**注释：**

① 《中国实兵参演金色眼镜蛇体现军事影响力提高》，中国

新闻网，2014 年 2 月 11 日，http://www.chinanews.com/mil/2014/02-11/5824219.shtml。

② 《中国参加"金色眼镜蛇"军演释放积极信号》，中国新闻网，2014 年 2 月 14 日，http://www.chinanews.com/mil/2014/02-14/5838109.shtml。

③ 《"金色眼镜蛇"意欲震慑中国 美不欢迎中国参加》，中国新闻网，2013 年 2 月 17 日，http://www.chinanews.com/mil/2013/02-17/4567950.shtml。

④ 同上。

⑤ 《中泰明年举行联合军演 美国作为观察员》，战略网，2009 年 12 月 4 日，http://mil.chinaiiss.com/html/200912/4/a1fef9.html。

⑥ 于冬、刘文平：《登岛，挡不住的遐想——中泰"蓝色突击—2012"联合训练》，载《南方周末》，2012 年 6 月 4 日。

（作者系解放军国际关系学院教授）

# 冷战后东盟区域内海上军事安全合作的基本态势分析[①]

贺利 虞群

> **摘 要**: 自冷战时期始,东盟国家便通过举行双边海上联合军演、海上联合巡逻、海上情报合作等方式,开展区域内双边海上军事安全合作。冷战结束后,随着海上安全形势的演变,东盟国家不断深化区域内海上军事安全合作,主要呈现出以下基本态势:区域内双边海上军事安全合作愈趋深入;区域内小多边(三边、四边)海上军事安全合作日益勃兴;东盟全体成员国多边海上军事安全合作机制逐渐完善。
>
> **关键词**: 东盟;海上军事安全合作;基本态势

东南亚国家联盟(以下简称"东盟")自1967年成立以来,先后经过4次扩张,最终于1999年发展成为拥有10个成员国的区域组织,几乎覆盖整个东南亚地区。尽管东盟的成立在某种程度上是冷战的产物,但东盟缔造者们最初并未赋予其政治安全合作的功能,而是突出其经济、文化和社会领域合作的功能。然而,随着地区安全形势的发展,东盟在冷战时期逐渐开展政治与安全领域的合作,尤其是海上军事安全合作。大部分东盟国家之间通过联合海上巡逻、海上联合军演等方式，开展双边海上军事安全合作。

冷战结束后，随着各国海洋权益的拓展和海上安全形势的严峻复杂，东盟一改冷战时期讳谈军事安全合作的传统，不仅秉承双边合作模式，还扩展至三国或四国参与的小多边合作模式，并且先后建立了东盟海军司令会议、东盟国防部长会议等多边合作机制，不断深化东盟成员国间海上军事安全合作，以达到增信释疑，保交护航，增强地区"抗御力"，最终实现"东盟安全共同体"的宏伟目标。

总体而言，冷战后东盟区域内海上军事安全合作呈现出以下基本态势：

## 一、东盟区域内双边海上军事安全合作愈趋深入

东盟国家间双边海上军事安全合作始于冷战时期。冷战后，随着地区安全形势的演变，东盟国家间双边海上军事安全合作得到了进一步的加强。除了各国海军舰艇频繁互访、海军官兵密切往来以外，东盟国家间加强了双边海上安全事务磋商、海上情报共享、海上联合军事演习、海上联合巡逻等领域的合作。

1. 双边海上军事安全合作机制日臻成熟

东盟国家在传统双边边境合作机制的基础上，加强了双边海上军事安全合作机制的建立。目前，东盟国家间双边海上军事安全机制主要包括：

（1）边境委员会下辖的海上军事安全合作机制。东盟国家利用边境委员会作为海上军事安全合作机制的主要有泰马、印马、马菲等。其中，泰马边境委员会机制最为成熟和深入。2000年，泰国和马来西亚对两国于1977年签订的《边境合作协定》进行

了修订和扩展。新的边境合作协定规定两国边境合作包括以下内容：合作打击走私、偷渡行为；通过联合演训、人员互访以及情报交换，加强边境地区安全；支持并促进经济社会发展方面的合作；为两国划界提供便利；发生自然灾害时确定救援事项。根据该协定，泰马边境合作机制主要包括以下3个层次：国防部长级会议（总边境委员会）、武装部队总司令级会议（高级委员会）、军区司令级会议（地区边境委员会）。地区边境委员会下设6个分委员会，分别为：陆地工作小组、海上工作小组、空中工作小组、情报工作小组、边境管理工作小组、应对自然灾害工作小组。其中，海上工作小组作为海上军事安全合作的直接执行者，负责两国海上安全磋商以及海上安全合作事项的规划和实施工作。根据历次泰马海上工作小组会议的内容来看，海上边境巡逻、联合海上演习、双边军舰及团组互访等内容都由该小组负责规划协调。②

（2）其他机制下的海上军事磋商机制。除了边境委员会外，东盟国家间还积极构建其他形式的机制平台，进行包括海上安全在内的安全事务合作。非边境委员会框架下的合作机制主要有：《菲印防务安全领域合作性活动协议》框架下的联合防务合作委员会会议（成立于1997年）③、新印国防部防务政策磋商会（成立于1997年）④、《菲马防务合作备忘录》框架下成立的菲马防务合作合成委员会（成立于2001年）⑤、《菲文防务合作备忘录》成立的菲文联合防务工作委员会（成立于2006年）⑥、《泰越政治安全合作协议》框架下的政治安全工作组会议（成立于2006年）⑦、泰马双边高级委员会（成立于2007年）⑧。此外，菲律宾和越南于2010年签订了《菲越防务合作备忘录》；⑨2011年，菲越海军签订了《谅解备忘录》，提升双方在搜救、自然灾害预警及其他海洋安全问题上的合作和信息共享。⑩尽管还未成立相应的联合委员会，但根据这两份备忘录，菲越之间已经构建起了双边海上军事安全合作机制。

尽管上述合作机制中，大多数都是双边军队层面的合作，但毋庸置疑的是，海上军事安全合作是其合作的重点领域。

2. 双边海上军事情报合作不断加强

自冷战时期起，定期召开双边情报交换会议便是东盟国家间情报合作的主要形式之一。鉴于东南亚地区的自然地理特征，与海上安全相关的情报无疑是东盟国家间军事情报合作的重点内容。例如，泰国与印尼军队自 2007 年起召开年度情报交换会议。2010 年 6 月，两国军方第三次情报交换会议在泰国举行。[11] 泰国与新加坡军队自 2000 年起召开年度情报交换会议。[12]

双边安全合作机制下的情报委员会也是东盟国家海上军事情报合作的重要平台。例如，泰印双边高级委员会下设的情报分委员会，经常会就地区海上安全形势进行评估交流，相互提交有关海上安全问题的情报分析报告。泰马地区边境委员会下属的情报工作小组，也经常就海上安全问题进行情报交换。情报合作同时也是菲印联合防务合作委员会会议、菲马防务合作合成委员会、菲文联合防务工作委员会等双边合作机制的重要内容之一。[13]

3. 双边海上联合军事演习水平大幅度提升

目前，东盟区域内部双边海上联合军事演习主要有：新加坡—泰国（代号 Singsiam）、新加坡—马来西亚（代号 Malapura）、印尼—马来西亚（代号 Malindo Jaya）、印尼—泰国（代号 Sea Garuda）、泰国—马来西亚（代号 Seaex Thamal）、印尼—新加坡（代号 Englek）、印尼—文莱（代号 Helang Laut）、印尼—菲律宾（代号 Corpatphilindo）、新加坡—文莱（代号 Pelican）。

由于东盟海军装备实力的提升,以及海上威胁来源的多样化,较之冷战时期,东盟国家间双边海上联合演习的演习科目和演习效果也分别相应得到增加和提升。

例如,在新泰两国海军于 2010 年 9 月举行的联合演习中,新加坡海军派出"坚信"号护卫舰、"英勇"号导弹驱潜快艇和"刚韧"号巡逻舰参与演习。泰国海军则首次派出"却克里"号轻型航母、"达信"号护卫舰及三架 S-70B 型海军直升机参加。包括东南亚地区唯一一艘航母在内的新泰两国参演舰艇编队阵容强大,演习水平也达到了一定的高度。新加坡国防部表示,新泰联合演习的深度与广度这些年来都有所提升,已从常规的海军作战演习扩大为包括维护海上安全的演习。[14] 再如,泰国和印尼于 2009 年 8 月在望加锡海峡和西伯利斯海域举行的"海上金鹏鸟"(Sea Garuda)联合海上演习,涵盖了反潜艇、水面作战、海上救援等科目。[15] 双边海上联合演习科目的增加,从中也可见一斑。

再以新加坡和马来西亚每年举行代号为"马拉普拉"(Malapura)的双边联合演习为例。2008 年 12 月,新马举行第 19 次演习。新加坡海军派出"可畏"级"独立"号巡逻艇和"顽强"号护卫舰、"胜利"级"活力"号导弹艇;马来西亚海军则派出"勒吉尔"号轻型导弹护卫舰、"杰巴特"号导弹护卫舰和"彭亨"号巡逻舰。[16] 新加坡派出的"顽强"号护卫舰于 2005 年 7 月下水。由于参照了"拉斐特"级护卫舰的成熟设计,并在其基础上进行了全面升级和改进,"顽强"号护卫舰不仅隐身性能突出,而且具备更为完善的防空、反舰和反潜能力,有"隐身多面手"之称。[17] 马来西亚海军的"彭亨"号巡逻舰是"梅科"级近岸巡逻舰,是马来西亚重点打造的"南海机动舰队"的重要舰艇。[18] 新马在联合演习中派出这两艘新服役的舰艇,显示了新马联合演习的高水平。

4. 双边海上联合巡逻数量显著增多

冷战时期，东盟国家间开展海上联合巡逻的国家仅有印马、印菲这两组国家。冷战结束后，出于联手应对海洋安全威胁的考量，东盟国家间双边海上联合巡逻数量显著增多。

1992年，印尼和新加坡达成协议，在马六甲海峡进行联合巡逻。1994年，马来西亚和菲律宾正式开始进行海上联合巡逻。自1999年起，泰国和越南开始沿两国泰国湾海域分界线C-K线进行联合巡逻。2011年9月，印尼和越南两国领导人在会晤时表示，将建立联合海上巡逻队以及两国海军间的通信线路，以"加强南海安全"。[⑲]

## 二、东盟区域内小多边（三边、四边）海上军事安全合作日益勃兴

在双边合作不断深入的基础上，东盟国家也开始尝试三国、四国间的小多边海上军事安全合作。多国海上联合巡逻是东盟区域内小多边海上军事安全合作的主要形式。

2004年7月，印尼、马来西亚和新加坡三国在马六甲海峡开展了代号为"MALSINDO"的三边全天候协作巡航行动，在各自的领海内打击海盗及海上恐怖主义等非法行为。2005年8月2日，新加坡、马来西亚、印尼和泰国四国开始对马六甲海峡进行代号为"空中之眼"的联合空中巡逻。2008年9月，四国军方代表共同签署马六甲海峡"海上和空中巡逻合作协议"。

2012年6月，印尼、菲律宾、越南和文莱四国海军，共同探讨在南海的印尼纳土纳群岛附近海域实施联合巡逻。今后在联合巡逻过程中，各国海军舰船将通过无线电交换信息，协调

行动,从而提升监视效果。[20]2012年8月,菲律宾提议,由菲律宾、印尼和马来西亚联合进行海上巡逻,以打击海盗、走私及和"基地"组织有联系的活动。三国的有关部门将研究该建议,同时考虑实时交换情报与迅速反应安排,以应付海上紧急事故或跨境罪案。[21]

此外,菲律宾、印尼和马来西亚三国于2005年发起的"南方海岸监视线"行动,也是东盟国家间海上军事安全合作的另一重要举措。

### 三、东盟全体成员国多边海上军事安全合作机制逐渐完善

冷战结束后,东盟国家在继续加强区域内双边及小多边海上军事安全合作的基础上,开始尝试东盟全体成员国多边海上军事安全机制的构建。1992年7月,东盟第25届外长会议通过的《东盟关于南中国海问题的宣言》,标志着东盟全体成员国多边海上军事安全合作的发轫。作为东盟高级外交官员和防务官员之间联合论坛的东盟特别高官会议(ASEAN Special SOM),是东盟国家尝试全体成员国多边军事安全合作的首个多边机制。自1996年起,东盟各国防务官员通过参加该会议安全合作工作小组,就包括海上安全在内的安全问题进行对话与合作。[22]

其后,东盟国家在东盟框架外先后建立了东盟国家武装部队首脑非正式会议(ACDFIM)、东盟国家陆军司令多边会议(ACAMM)、东盟国家海军司令会议(ACNM)、东盟国家空军司令会议(AAFCC)、东盟国家军事情报首长非正式会议(AMIIM)和东盟军用枪械射击比赛会(AARM)等多边军事安全对话与合作机制。[23]2006年,东盟国防部长会议(ADMM)召开,标志着东盟框架内防务和军事安全合作机制的正式确立。在

上述会议机制中，东盟国防部长会议、东盟国家海军司令会议，都是东盟国家全体成员国参与的多边海上军事安全合作的重要机制。

1. 东盟国防部长会议（ADMM）

根据2004年第十届东盟首脑会议通过的《万象行动纲领（2004—2010）》，东盟国防部长会议机制于2006年正式建立。防长会议机制的建立，既标志着东盟框架内防务和军事安全合作机制的正式确立，也标志着东盟框架内海上军事安全合作机制的正式确立。《东盟国防部长会议概念文件》规定，东盟国防部长会议是最高级别的东盟部长级防务与安全磋商合作机制，直接向东盟首脑会议负责。现存的所有防务安全对话合作机制都须纳入防长会议的框架之内，其活动均应向防长会议报告。[24]迄今为止，东盟一共召开了8届国防部长会议。从历届防长会议主题来看，海上安全领域的合作是该机制的重要内容。

2011年第五届东盟国防部长会议通过的《国防部长会议三年工作计划（2011—2013）》规定：东盟国家应加强对本国国防政策的解释，并且发表年度东盟安全观文件（annual ASEAN Security Outlook），以增加国防政策透明度；举办军方和民事部门共同参与的防务安全领域的研讨会等，积极参与东盟海事论坛；促进东盟国家间军事团组及人员互访，加强相互间就防务及安全事务的磋商；加强海上安全及搜救方面的合作；发展军队参与减灾和应急行动中的协调机制，加强训练和演习，力争制订军队参与减灾及应急反应标准作业程序（SOP）；举行首届东盟人道主义救援及减灾行动桌面模拟推演（HADR TTX）；在应对非传统安全及跨国安全威胁领域加强合作；成立东盟维和中心网络，进行联合规划、训练和经验分享；保持和加强东盟成员国间军事交流活动。[25]

2. 东盟国家海军司令会议（ACNM）

在东盟框架外现存的各种多边军事安全合作机制中，东盟国家海军司令会议是唯一由海军主导的东盟全体成员国多边海上军事安全合作机制。该会议机制首创于2001年，每两年召开一次。通过此合作机制，东盟国家间海上军事安全合作得以深入开展。

首届海军司令会议主题为"东盟海军在援助减灾方面的合作"。与会各国海军司令主要围绕以下议题进行讨论：（1）本国自然灾害形势；（2）海军在应对自然灾害方面的作用与任务；（3）海军在应对自然灾害方面的执行能力；（4）有关自然灾害援助和合作的需求。[26] 2005年3月，以"应对当前和未来的海上挑战"为主题的第三届东盟国家海军司令会议在新加坡举行。围绕大会主题，各国海军司令就本国及地区海上安全形势交换了意见。除此以外，与会各国海军代表还参观了新加坡港口交通运作控制中心，并参加了由东道主新加坡主办的游艇比赛。[27] 2011年7月，第五届东盟国家海军司令会议在越南河内举行，旨在深化东盟海军在应对地区面临的安全挑战方面的实质性合作。除内陆国家老挝派出驻越南武官外，其余东盟国家均由海军司令出席此次会议。本次会议的主题是"东盟海军合作促进海上和平与安全"。本次会议主要包括两大内容：其一，就当前地区安全形势、海军在应对未来地区安全挑战中的角色和合作措施等议题交换和分享观点；其二，讨论越南提出的"东盟海军合作的目标"和"东盟海军年轻军官交流计划"两份文件。除此以外，各国海军司令还就2011—2012年度本国预备主办的地区合作活动进行登记，越南自愿承办第一届东盟海军年轻军官的

交流活动。㉘

### 3. 东盟国家军事情报首长非正式会议（AMIIM）

海上军事情报合作是东盟区域内海上军事安全合作的重要组成部分。目前，东盟国家间军事情报合作较为成熟的机制，是始于2003年的东盟国家军事情报首长非正式会议。

东盟国家军事情报首长非正式会议的实质功能，是作为东盟国家武装部队首脑非正式会议的秘书处。同时，东盟国家军事情报首长会议也是东盟各国军事情报首长进行情报交换与分享的重要平台，以及各国军队建立互信、增进理解的重要渠道。各国军事情报首长借此场合，就当前地区安全形势交换总体情报评估，或者就本国情报工作的成功经验进行相互交流。非传统安全领域的情报合作是东盟国家军事情报首长会议的重要领域。例如，2005年在菲律宾马尼拉召开的第四届会议的中心议题是反恐领域的情报交流。㉙2010年在越南河内召开的第七届会议的主题便是"提高东盟国家军事合作效率，联手应对地区非传统安全挑战"。在此次会议上，各国军事情报首长就反恐、预防和减少自然灾害和疾病以及处理环境问题等方面，进行了情报交换和共享。㉚此外，评估成员国间情报合作的成效与不足，规划下一阶段的情报合作也是此会议的重要内容。例如，2011年3月召开的第八届会议上，东盟国家情报首长做出决定，由菲律宾在2011年9月主办首届东盟军事分析员恐怖主义情报交流会议，加强反恐情报合作。㉛

鉴于东南亚地区以海洋为主的自然地理特征，海上军事情报的交流与合作无疑是东盟国家间军事情报合作的重要内容。

### 4. 东盟海上安全情报共享演习（AMSISX）

与上述以多边会议的形式实现情报合作不同，2012年7月8

日至 10 日，东盟举行了首届海上安全情报共享演习（AMSISX），来自东盟各国的 60 余名海军人员参与了演习。这是东盟国家首次共同举办旨在提高海上情报共享的演习。这一演习由新加坡海军和印度尼西亚海军共同主持举办，并由新加坡樟宜机场指挥和控制中心与各国海军指挥中心共同指挥。在这次演习中，所有参演国都将通过设于新加坡以及各国指挥中心的东盟情报共享平台（AIP）实现信息互联。该平台在 9 日的开幕式中正式启动，是由新加坡海军和印尼海军共同开发，东盟各国的海军参与研发，旨在为东盟海军提供共享平台。演习中，参演国模拟演练了对遭遇海盗、抢劫以及海上恐怖主义活动等海上突发安全事件的情报共享。同时，新加坡与印尼海军还在开幕式上共同签署了潜艇救助支援与合作相关的协议。㉜

**注释：**

① 本文系 2011 年度国家社科基金军事学项目"东盟国家海上军事安全合作研究"（编号 11GJ003-002）阶段性成果。

② 根据泰马边境协调办公室网站内容整理，参见 http://www.tmbco.org/。

③ 菲印两国于 1997 年签订《菲印防务安全领域合作性活动协议》，并根据该协议成立了双边联合防务合作委员会。委员会每年召开一次例会，其职能为执行、管理和监督两国间包括军事训练、联合军事行动、军事代表团互访以及情报交换在内的防务合作事项。海上军事安全合作自然也是其重要职能之一。例如，2010 年 12 月 14 日，菲印联合防务合作委员会在菲律宾马卡蒂召开年度例会，双方就深化东盟各国军队及海上安全领域合作交换了看法。双方还就加强两军边境联合巡逻、情报交换以及军事训练和教育领域的合作与交流达成了一致。"DND Hosts Defense and Security Cooperation Committee Meeting with Indonesia", http://www.gov.ph/2010/12/16/dnd-hosts-defense-and-security-cooperation-committee-meeting-with-indonesia/.

④ 新印国防部防务政策磋商会成立于1997年，为两国国防部提供了一个就双边防务关系的合作发展进行讨论，并就地区安全和防务事务交换意见的平台。会议还关注加强双边防务合作以应对诸如恐怖主义和海盗的跨界威胁。1997年召开首次会议，时隔4年后，于2001年召开第二次会议。此后，便无召开后续会议的公开资料。参见http://www.mindef.gov.sg/imindef/news_and_events/nr/2001/nov/13nov01_nr.html。

⑤ 菲马两国于1994年签订《菲马防务合作备忘录》，并据此于2001年成立菲马防务合作合成委员会。委员会职能主要是执行、管理和监督包括国防工业合作、情报交换、军事教育训练合作等在内的双边防务合作事项，委员会会议则充当了两国就地区安全事务交换意见的平台。2011年11月4日，两国召开第五次委员会会议。会议讨论了南海事态的发展、通过东盟防长扩大会议框架下专家工作小组进行的地区军事合作（马来西亚与澳大利亚联合主持的海上安全工作小组以及菲律宾和新西兰联合支持的维和行动工作小组）。"PH-Malaysia Combined Committee on Defense Cooperation Convenes", http://www.dndph.org/press-releases/ph-malaysia-combined-committee-on-defense-cooperation-meets.

⑥ 菲文两国于2001年签订《菲文防务合作备忘录》，据此成立菲文联合防务工作委员会。该委员会职能与菲印联合防务合作委员会大致相同。2010年11月，该委员会召开第5次会议，就双边防务合作进行了交流与探讨。"PH-Brunei Defense Cooperation", http://www.dndph.org/2010-press-releases/ph-bruneidefense-cooperation.

⑦ 2008年7月3日，泰国和越南在曼谷举行了第三届泰国越南政治安全合作工作组会议。在开幕式上发表讲话时，泰国国家安全理事会秘书长 Surapol Phuanaiyaka 中将明确指出，泰国与越南的政治和安全合作是在国际和地区正在发生复杂演变、面对非传统犯罪、粮食和能源安全、人口拐卖和自然灾害等各种挑战的背景下进行的。参见《越南与泰国进行政治和安全合作》，载《越共电子报》，2008年8月4日。

⑧ 尽管泰马边境委员会也下设高级委员会，但鉴于两国陆地边境问题较之海上边境问题更为突出，马泰高级委员会涵盖面主要以陆境为主，兼顾海上边境安全。而且，根据笔者获得的2007年6月15日由泰国国防部部长签署的马泰高级委员会泰方委员名单，专任海军将领无一人入围，也可佐证海上安全不是该委员会重点关注的领域，但从其历次会议内容看，海上安全问题亦有所提及。

⑨ 参见菲律宾国防部战略评估事务部长助理办公室网站，http://www.dndph.org/press-releases/ph-vietnam-mou-on-defense-cooperation。

⑩ 《菲越元首谋划在南海"结盟"，海军签合作备忘录》，载《环球时报》，2011年10月27日。

⑪ 泰国内阁关于国防部提交的第二次泰印高级委员会的议案文件，2009年3月17日，http://www.navy.mi.th/bkkinfo/doc/106-krmw095224.doc。

⑫ 参见泰国驻新加坡大使馆武官处网站资料，http://www.navy.mi.th/sinatta/activity.htm。

⑬ 参见菲律宾国防部战略评估事务部长助理办公室网站，http://www.dndph.org/。

⑭ 《联合早报》，2010 年 9 月 22 日。

⑮ 泰国印尼海军举行 SEA GARUDA 15B-09 海上联合演习，http://www.thaipr.net/general/242445。

⑯ [德] 凯特·雅各布斯：《新加坡共和国海军——新加坡海峡的守卫者》，陈洁译，载《海军译文》，2009 年第 4 期；原载德国《海军》，2009 年第 2 期。

⑰ 《隐身多面手：新加坡"可畏"级护卫舰》，凤凰网，2011 年 11 月 3 日。

⑱ 《马来西亚打造南海机动舰队，可执行作战任务》，星岛环球网，2009 年 5 月 11 日。

⑲ 《越南印尼拟建联合海上巡逻队，加强南海安全》，环球网，2011 年 9 月 15 日。

⑳ 《越南等四国海军拟联合巡逻南海打压中国渔船》，新华网，2012 年 6 月 14 日。

㉑ 《印菲马考虑展开联合海上巡逻》，载《联合早报》，2012 年 8 月 31 日。

㉒ ASEAN Secretariat, "Concept Paper for the Establishment of an ASEAN Defence Ministers' Meeting", http://www.aseansec.org/18511.htm.

㉓ Bhubhinder Singh & See Seng Tan (ed.), *From "Boots" to "Brogues": The rise of Defence Diplomacy in Southeast Asia*, RSIS Monograph, No.21, 2011, p.8.

㉔ 在首届防长会议上，东盟各国通过了《东盟防长会议概念文件》。根据该概念文件规定，防长会议的目标在于：(1) 通过成员国防务安全对话与合作，以促进地区和平与稳定；(2) 向东盟现有防务与安全领域高级防务与军事官员对话与合作机制提供指导；(3) 通过更为深入地理解防务及安全面临的挑战以

及提高透明度和开放性,增进相互之间的期望和信任;(4)推动《巴厘第二协约宣言》中确定的"东盟共同体"的建设,深化落实《万象行动纲领(2004—2010)》中关于"东盟安全共同体"的建设规划。ASEAN Secretariat, "Concept Paper for the Establishment of an ASEAN Defence Ministers' Meeting", http://www.aseansec.org/18511.htm.

㉕ ASEAN Secretariat, "ASEAN Defense Ministers' Meeeting (ADMM) Three (3) -Year Work Programme (2011-2013)", http://www.asean.org/documents/18371-i.pdf.

㉖ 《东盟海军司令磋商会议》,载泰国《海事情报》,2001年8月,总第117期,http://www.navy.mi.th/sctr/navyinfo/nvi8117/page1.htm。

㉗ "RSN Hosts 3rd ASEAN Navy Interaction", *Navy News*, Issue 02, 2005, http://www.mindef.gov.sg/navy.

㉘ "ANCM-5 to Promote Practical Cooperation among ASEAN Navies", http://qdnd.vn/qdndsite/vi-vn/61/72/184/165/165/154700/Default.aspx.

㉙ "ASEAN Defense Chiefs Forge Closer Defense, Military Alliances", Manila, November 13, 2005, http://www.newsflash.org/2004/02/hl/hl103182.htm.

㉚ "ASEAN Intelligence Officers Meet in Hanoi", http://admm.org.vn/sites/eng/Pages/aseanintelligenceofficersmeetsinhanoi-nd-14539.html?cid=230.

㉛ "ASEAN Military Intelligence Exchange Discussed", http://findarticles.com/p/news-articles/manila-bulletin/mi_7968/is_2011_Sept_25/asean-military-intelligence-exchange-discussed/ai_n58196184/.

㉜ "ASEAN Navies Hold Maritime Security Information-Sharing

Exercise", http://www.channelnewsasia.com/stories/singaporelocalnews/view/1212539/1/.html.

（作者贺利系解放军国际关系学院在读硕士研究生，<br>虞群系解放军国际关系学院讲师）